▶ 제5차 교육과정 고등학교 국정 국사 교과서는 '1910년대에 가장 활발하게 활동한 독립운동단체는 광복회였다'라고 소개했습니다. 광복회는 대구 달성토성에서 결성되었습니다. 그러나 달성토성에는 광복회를 소개하는 안내판 하나 없습니다.

▶ 1920년대를 대표하는 의열 독립운동단체는 의열단이었습니다. 의열단은 대구은행에 근무하던 이종암이 만주로 망명하면서 가져간 자금으로 활동 근거지를 마련하는 등 창립에 박차를 가할 수 있었습니다. 이종암 지사는 끝내 순국했습니다. 그가 독립운동 자금을 조달했던 은행 건물(위 사진)은 독립운동사에 남을 만한 유적임에도 불구하고 지난 여름 아파트를 짓는다고 부수어버렸습니다.

▶ 우리의 정신사는 이런 수준인가, 한탄하지 않을 수 없습니다. 이종암 지사가 운명 직전 잠시 머물렀던 집이 대구 남산동에 허물어지기 직전 상태로 남아 있는데, 생가가 아닌데도 '생가터'라는 안내판을 붙여두었습니다. 틀렸다고 지적을 해도 바로잡지 않습니다.

▶ 이런저런 안타까움을 담아 이 책을 씁니다.

"내 한 목숨 바쳐
나라의 빛을 되찾으리라"

대한제국 의열 독립운동사

《대한제국 의열 독립운동사》를 펴내며

　1903년 11월 24일, 고영근 등 지사들이 일본까지 찾아가 을미사변 중요 범인 중 하나인 우범선을 처단했다. 1905년 5월 12일, 외교관 이한응이 영국에서 자결했다. 같은 해 11월 22일, 을사늑약 강제 체결 닷새 뒤인 이날 원태우 지사가 이토 히로부미伊藤博文의 얼굴을 돌로 가격했다. 11월 28일 홍만식 이래 민영환, 조병세, 김병학, 이상철, 송병선 등 선열들이 자정 순국했다.
　1905년 11월 18일 결사대 '자강회'가 조직되었다. 기산도·이상철·박종섭·박경하·안한주·이종대·손성원·박용현·김필현·이태화·한성모·구완희·이세진 등으로 결성된 자강회는 창립 두 달 뒤인 1906년 2월 16일 을사오적 중 하나인 군부대신 이근택을 급습, 칼로 여러 차례 찔렀다. 하지만 이근택은 죽지 않았고, 기산도 등은 일제에 체포되어 모진 고문과 악형을 당했다.
　기산도는 출옥 후에도 임시정부에 독립운동 자금을 보내려고 노력하다가 다시 피체되어 5년 옥고를 치렀다. 감옥에서 풀려난 그는 고문으로 절름발이가 된 다리를 끌고 전라도 일대를 유랑하다가 끝내 장흥에서 사망했다.

1906년 2~3월, 매국노들을 모두 제거해야 나라를 살릴 수 있다고 생각한 나철·서창보·오기호·이기·홍필주·최인식·강상원 등이 을사오적 주살을 시도하다가 실패했다. 나철·오기호·최인식·강상원은 동지들이 당할 악랄한 고문을 덜어 주기 위해 스스로 주모자를 자칭, 10년 유배형을 받았다.
　그 후 풀려난 나철은 민족종교를 통해 구국의 길을 모색했고, 1909년 1월 15일 단군을 숭앙하는 대종교大倧教(본래 이름은 단군교)를 크게 일으켰다. 대종교는 민중의 전폭적 지지를 얻어 교세가 폭발적으로 확장되면서 독립운동 세력의 기반으로 자리를 잡았다. 일제는 1915년 종교통제안宗教統制案을 공포, 대종교를 불법화했다. 대종교는 존폐 위기에 몰렸고, 분을 참지 못한 나철은 1916년 8월 15일 자결하였다.
　1908년 3월 23일 전명운·장인환 두 지사가 통감부 외교고문 스티븐스Stevens를 저격하여 죽였다. 스티븐스는 샌프란시스코까지 와서 '일본의 한국 지배는 한국에 유익하다'는 성명서를 발표하는 등 지독한 친일파였다.
　그날 아침 전명운과 장인환은 각각 오클랜드 선창에서 스티븐스를 기다렸다. 전명운이 먼저 스티븐스를 권총으로 저격했지만 사살되지 않아 격투가 벌어졌다. 이때 뒤이어 장인환이 총격을 가해 스티븐스를 처단했다. 장인환은 "스티븐스 같은 자를 죽이지 않으면 우리나라의 운명은 영영 사라지고 말 것이다. 스티븐스를 죽이고 나도 죽는다면 조국 대한의 영광이 될 것이다!"라고 선언했다.
　1909년 10월 26일 안중근 의사가 이토 히로부미를 사살했다.

안중근 의사의 이토 사살 성공 소식을 들은 이재명·김정익·이동수·조창호·김정익·김태선·김병록·김용문·박태은·김이걸·이응삼·김동현·이연수 등은 이제 친일 매국노 이완용과 이용구를 없애는 것이 국권수호의 첩경이라고 판단, 야학당에 모여 오랜 논의 끝에 이완용부터 죽이기로 했다. 1909년 12월 22일 명동성당에서 이재명은 인력거를 타고 지나가는 이완용에게 칼을 휘둘러 허리와 어깨 등을 찔렀다. 하지만 이완용은 절명하지 않았고, 이재명은 일본경찰의 창검에 왼쪽 넓적다리가 찔리는 중상을 입은 채 체포되었다. 지사는 1910년 9월 30일 순국했다.

이 책은 대한제국(1897~1910) 시기인 1903~10년의 의열 독립운동사를 담았다. 경술국치부터 독립까지의 의열 독립운동사는 지면관계상 부록 형식으로 책 끝부분에 소략하게 붙여두었지만 향후 별도의 단행본을 써서 살펴볼 일이다. 다만 나는 의열 독립운동 40년사를 《소설 광복회》, 《소설 의열단》, 《소설 한인애국단》 3부작으로 완성해서 발표했으므로 "민족중흥의 역사적 사명"을 다했노라 감히 자부할 수 있다.

"한국 단편소설의 아버지"[1]로 평가받는 작가이자 '일장기 말소 의거'를 일으킨 독립유공자 현진건은 단편 〈고향〉에서 '조선의 얼굴'을 "음산하고 비참한" 몰골이라 했다. 주인공 노동자가 그처럼 된 것은 대대로 일구어왔던 농토를 동양척식주식회사에 빼앗긴 탓이다. 생계를 위해 간도로 갔던 부모는 굶어죽고 병들어 죽었다. 우리 민족이 어찌 일제에 저항하여 의열 투쟁을 벌이지 않을 수 있겠는가!

---

1) 김윤식·김현, 《한국문학사》(민음사, 1973), 153쪽.

1915년 8월 25일 "1910년대 최고의 독립(의열)운동단체(제5차 국정 고등학교 국사 교과서)" 광복회가 대구 달성토성에서 결성되었다. 나는 대구 사람이다! 독립운동과 의열투쟁을 담은 책을 써서 대구사람의 의기를 보여야 마땅하다.

아무쪼록 이 졸저 《대한제국 의열 독립운동사》가 우리 국민들의 역사의식을 올곧게 바로세우는 과업에 조금이나마 이바지할 수 있기를 소망하면서 서문을 쓴다.

2023년 8월 1일
정만진

대한제국 의열 독립운동사

을미사변 주요 범인 우범선을 처단하다 10
망국을 앞두고 민중의 저항이 시작되었다 18
일본인 고문이 국가 중대사를 모두 결정했다 25
매국 간신 대여섯을 거리에서 능지처참하소서 37
이범진의 사례로 본 을미사변~경술국치 약사 46
침략 원흉을 향해 날아간 '정의의 돌멩이' 53
스스로 생명을 끊어 나라의 앞날에 불을 밝히다 68
을사오적 이근택을 못 죽여 국민들이 원통해했다 83
대종교 창시로 독립운동의 밑거름이 된 나철 99
본격 의병 투쟁의 기반이 된 해산 군인들 112
의병 출정식 때 친일 관찰사와 일진회원 처단 125
침략 원흉 이토와 서양인 앞잡이를 처단하다 134
이완용을 반 죽인 명동성당 거사 159
죽으면서도 "부끄럽다"고 한 선비정신 171

경술국치 이후 의열독립운동 안내 · 179
광복회 · 180
의열단 · 199
한인애국단 · 237

을미사변 주요 범인 우범선을 처단하다

1903년 11월 24일 히로시마 인근 구레시吳市

1895년 10월 8일 새벽 경복궁 건청궁 내 옥호루에서 명성황후가 일본 공권력 집단에게 살해되었다. 이를 흔히 '을미사변乙未事變'이라 부른다. 을미사변은 을미(1895)년에 벌어진 큰 사건이라는 뜻으로, '명성황후 시해 사건明成皇后弑害事件'이라고도 한다.

'일본 공권력 집단'이 명성황후를 시해했다고 말하는 것은 사건 지휘자가 주한 일본 공사 미우라三浦梧樓이기 때문이다. 당시 미우라는 공사로 임명을 받아 서울에 온 지 37일밖에 안 된 인물이었다. 그런데도 서울 주둔 일본군, 경찰, 신문기자, 낭인배 등을 동원해 엄청난 사건을 저질렀다. 뒷날 일본은 미우라가 단독으로 명성황후 시해 사건을 저질렀다고 발뺌했다. 이렇게 어마어마한 사변을 부임한 지 겨우 37일 된 공사가 정부에 보고도 없이 저지를 수 있다는 말인가?

외교관이 정부 승인도 없이 주재국 황후를 죽였다?

을미사변 당일, 미우라의 지시를 받은 자들은 경복궁을 기습해 명성황후를 참혹하게 살해한 뒤, 시신을 인근 숲속으로 가져가 불태웠다. 그 후 미우라는 사건 주모자가 대원군이며, 그가 조선군 훈련대를 시켜 범행을 저질렀다고 허위로 증언했다. 물론 사건 조사에 참고가 될 만한 근거 자료들은 사전에 모두 없애버렸다.

　일본이 일을 저지른 것은 명성황후가 자신들의 이익 추구에 걸림돌이 된다고 판단한 때문이었다. 당시 명성황후는 러시아와 연대해 일본 세력 축출을 도모 중이었다. 주한 러시아 공사 베베르도 일본의 조선 지배를 견제해 자국의 동아시아 진출을 원활히 하려는 목적을 가지고 있었다. 일본은 명성황후만 없애면 조선과 러시아 사이의 연대를 끊을 수 있다고 보았을 뿐만 아니라, 그것이 러시아와 전쟁을 하는 것보다 훨씬 효율적이라고 판단했다.

　사건 5일 전인 10월 3일 미우라는 공사관 직원 스기무라 후카시杉村濬와 오카모토 류노스케岡本柳之助, 일본군 중좌 구스노세 사치히코楠瀬幸彦 등과 회의를 가진 후 을미사변의 구체적 계획을 확정했다. 이들은 10월 8일 대원군과 그의 아들 이재면을 강제로 이끌고 경복궁으로 향했다. 뒷날 일이 시끄럽게 되면 대원군에게 책임을 떠넘길 심산이었다.

　일본은 책임을 미룰 또 다른 제물도 마련했다. 조선군 훈련대였다. 조선군 훈련대를 지휘하는 일본인 교관은 야간 훈련을 한다며 조선인 대원들을 경복궁으로 데려갔다. 새벽 5시께 담을 넘어 들어간 일본군들이 광화문을 열자, 대원군의 가마와 조선군 훈련대가 들어갔다. 궁궐을 지키는 시위대가 맞섰지만 곧 제압되었다.

　조선군 복장의 일본군 장교와 사병들이 사방 출입구를 봉쇄하고 있는 동안 명성황후가 시해되었다. 궁내부 대신 이경직李耕稙이 황후를 보호하려다가 흉도들에게 죽임을 당했다. 흉도들은 명성황후와 용모가 비슷해 보이는 궁녀들도 마구 죽였다. 혹 명성황후를 죽이지 못하는 사태가 벌어질까 우려한 행동이었다.

명성황후와 닮은 여인들은 보이는 대로 살해

참혹한 사건이 진행되는 동안 일본에 적극 협조한 조선인들도 있었다. 조선군 훈련대의 우범선禹範善, 이두황李斗璜, 이진호李軫鎬 등 3명의 대대장들과 전 군부협판(현 국방부 차관) 이주회李周會가 바로 그들이었다. 이들 네 명의 이력을 살펴본다. 넷 중 둘은 부귀영화를 누리며 친일파로서 떵떵거리며 죽을 때까지 잘 살았고, 다른 둘은 처참하게 죽었다.

이두황은 1858년에 태어나 1916년에 죽었다. 그는 1896년 아관파천 이후 친일 정권이 무너지고 신변이 위태로워지자 일본으로 망명해 10년가량 생활했다. 그 후 1907년 8월 귀국해 한 달 뒤인 9월 통감 이토 히로부미伊藤博文로부터 사면을 받았다. 1908년 전라북도 관찰사가 되어 의병 진압에 앞장섰다. 1910년 10월 전라북도 장관에 임명되어 1916년 3월 죽을 때까지 재임했다.

이진호는 1867년 태어나 1946년 죽었다. 아관파천 이후 일본 망명, 1907년 8월 귀국, 9월 사면까지 이두황과 이력이 같다. 이두황이 전북 관찰사로 간 1908년 이진호는 평북 관찰사가 되었고, 1910년 경북 관찰사가 되었다. 1916년 이두황의 후임으로 전북 장관이 되었다. (관찰사를 1910년 10월부터 장관, 1919년 8월부터 도지사로 불렀다.)

그는 1924년 조선총독부 학무국장에 올라 조선인 최초의 총독부 국장이 되었다. 이윽고 1943년 제국의회 귀족원 칙선의원까지 되었다. 칙선의원은 일본 국왕이 임명하는 국회의원이다.

우범선은 두 사람에 비해 말로가 아주 좋지 않았다. 석유를 부어 명성황후의 시신을 불태우는 일에까지 가담한 우범선은 '씨 없는 수박'으로 유명한 우장춘禹長春의 아버지이다.

1857년에 태어나 1903년에 죽은 우범선도 1896년 고종이 러시아 공관으로 피신한 아관파천 후 친일 세력이 약해지자 일본으로 망명했다. 그는 히로시마廣島 인근 구레시吳市에서 일본 정부 후원을 받으며 거주했는데, 일본인 여성 사카이酒井仲와 혼인해 1898년 맏아들 우장춘을 낳았다. 우범선은 1903년 11월 24일 고영근高永根, 윤효정尹孝定, 노원명盧遠明에게 처단되었다.

1843년에 태어난 이주회는 우범선보다도 빠른 1895년에 죽었다. 그는 일본군과 함께 순천의 동학군을 공격한 공로로 박영효의 추천을 받아 벼락출세를 했다. 을미사변 당일 대원군을 옹위해 경복궁에 들어갔다. 그는 우범선, 이두황, 이진호와 달리 일본으로 망명하지 못하고 붙잡혔다. 김홍집 내각은 이주회를 교수형으로 죽였다. 일설에는 친일 고관들이 이주회의 입을 막기 위해 서둘러 사형에 처했다고도 한다.

일본, '명성황후 폐비' 종용

명성황후를 시해하는 목적을 달성한 미우라는 궁궐로 들어가 고종을 만났다. 미우라는 황후가 궁궐을 탈출해 어디론가 사라졌다면서, 고종에게 황후를 민간인으로 내친다는 칙서를 발표하라고 협박했다.

결국 고종의 서명도 없는 조칙이 날조되어 발표되었다. 뿐만 아니라 일본은 이 사건에 일본인은 연루되지 않았다는 공문을 배포하라고 조선 조정에 요구했다. 마침내 조선 정부가 발행한 '일본인 관련 없음' 공문이 서양 외교관들에게 전달되었다. 하지만 일본의 기대와는 달리 서양 외교관들은 당일 아침부터 사건 진상을 폭로하기 시작했다.

새벽 5시께 총소리를 듣고 러시아 공사 베베르와 함께 입궐했던 미국 공사관 서기 알렌은 칼을 찬 일본인들이 광화문에서 나오는 것을 목격하였다고 증언했다. 그 외에도 영국 영사 힐리어, 뉴욕헤럴드 특파원 코커릴 등이 진실을 서양 각국에 알렸다.

일본은 대원군과 조선 왕후의 정권 다툼이 낳은 비극일 뿐 일본인과 무관하다고 시종일관 변명했다. 그러나 일본은 국제여론의 압력에 못 이겨 결국 미우라 연루를 시인했다.

일본은 미우라 이하 50여 명의 일본인을 본국으로 소환해 히로시마 감옥에 가두었다가 약 3개월 후인 1896년 1월 20일 증거가 없다는 이유로 그들을 모두 석방하였다. 그 후 미우라는 동경에 가서 일본 국왕의 치하를 받았다.

전국 의병 창의의 계기가 된 을미사변

일본인의 만행을 상징하는 사건 중 하나로 우리나라 사람들의 뇌리에 굳게 각인된 을미사변은 단발령과 함께 항일 의병이 일어나는 계기가 되었다. 을미사변 주요 한국인 가담자 중 이두황과 이진호는 10년 뒤 의병 진압 선봉장 역할을 한 관찰사가 되었다. 일찍 죽은 우범선과 이주회는 두 사람의 승승장구를 멀리 지옥에서 지켜보면서 자신들의 단명을 한탄했을 것이다.

두 사람은 지옥에서 1916년 이두황을 만나고, 1946년 이진호도 만났을 것이다. 아마도 이두황에게는 "아직 58세밖에 안 되어 환갑도 지내지 못했는데 어찌 이리도 일찍 세상을 버리셨소? 앞으로도 몇 십 년은 부귀영화를 더 누릴 수 있었을 텐데 참으로 안타깝소. 우리 두 사람하고는 비교할 바도 못 되지만 말이외다." 식의 위로를 건넸을 법하다.

이진호에게는 "한 해만 더 사셨으면 팔순 잔치를 열었을 텐데 그게 좀 미련이 가오. 그래도 79세까지 권세를 누리며 잘 먹고 잘 살았으니 어찌 더 욕심을 부리겠소. 사실 영감은 복도 많소. 나라가 일본으로부터 독립을 찾는 바람에 친일파들이 처단을 눈앞에 두었는데 그 꼴 안 당하고 때마침 지옥으로 왔으니 말이외다. 죽은 뒤 고생이야 뭐 대수요? 살아서 곤욕을 치르는 것이 훨씬 힘들지! 아무튼 축하드리오!" 하며 환영했을 법하다. 조국의 황후를 시해한 그들도 대한민국이 친일매국 문제 청산을 이루지 못한 채 여전히 그 후손들이 부귀영화를 누리고 사회지도층으로 호의호식하는 나라가 되리라고는 차마 예측하지 못했을 것이기 때문이다.2)

---

2) 한국학중앙연구원《한국민족문화대백과사전》〈반민족행위 특별조사위원회〉: (전략) 해방 후 한국의 과제는 일차적으로 자주적인 통일정부의 수립이었으며, 이를 위해서는 무엇보다 일제강점기에 반민족행위를 저지른 친일파의 청산이 중요하였다. 그러나 미국과 미군정의 친일파 보호정책으로 부활하여 사회 각 분야의 요직을 장악하고 있었다. 이런 상황에서 반민특위는 해방에 기여한 애국선열의 넋을 위로하고 무너진 민족정기와 사회 정의를 바로 세우기 위해 설치되었다(1948년 10월 22일).

그러나 친일 세력과 이승만 대통령의 비협조와 방해로 반민특위의 활동은 성과를 거두지 못하였다. 오히려 친일 세력에게 면죄부를 부여하는 결과를 초래하였고, 나아가 이들이 한국의 지배세력으로 군림하였다. 이 때문에 사회 정의가 무너져 사람들의 가치관이 혼란에 빠졌으며, 사회에 이기주의와 부정부패 등이 횡행하는 토대를 제공하였다.

친일청산 못한 것도 문제, 독립지사 존중 않는 것도 문제

우범선을 처단한 고영근, 윤효정, 고원명 의사들이 독립유공자로 인정받지 못하고 있는 점도 문제다. 명성황후 시해는 국제 범죄일 뿐만 아니라 전국적으로 의병이 일어나는 계기가 된 나라의 중요 사건이다. 그런 참혹한 일을 일으킨 주요 죄인을 죽여 민중의 기운을 북돋운 의사들을 독립 조국이 받들지 않으면 누가 어떻게 민족 정기를 바로 세울 수 있겠는가!

명성황후 시해 125주기인 2020년 10월 8일 우범선 처단 지사들이 어떤 등급의 독립유공자로 인정받고 있는지 알아보려고 국가보훈처 누리집을 찾았다가 충격을 받고 이 글을 쓴다. 무슨 이유로 이 분들이 독립유공자로 인정을 받지 못하고 있는지 "그것이 알고 싶다!". *

> 을미사변에서 경술국치까지의 정치상황 전반을 알아보기 위해 이만도 · 이현구 두 분을 소개합니다.

이만도 李晩燾(1842.1.28.- 1910.10.24.)

경북 안동군 예안면 하계리에서 퇴계 이황의 후예로 태어났다. 1866년 문과 장원급제 후 1876년 사헙누 집의執義(종3품)로 재직하던 중 일본과의 수호조약 체결을 반대해 격렬한 상소를 올린 최익현崔益鉉을 변호하다가 파직되었다. 그 이후 복직되었다가 벼슬을 그만두고 고향으로 가서 학문에 몰두하였다.

1895년 10월 8일 일제의 명성황후 시해 만행 사건이 일어나자 격분하여 예안에서 의병을 일으켰다. 부장에 이중린李中麟을 임명한 후 안동 의병대장 권세연權世淵과 연합해 안동 지역에서 일본군에 맞서 싸웠다. 하지만 임금의 의병 해산 명령과 단발령 철회 등에 따라 1896년 3월 전국 의병부대들은 자진 해산했고, 이만도의 선성의진도 군사력 부진까지 겹쳐 끝내 흩어지고 말았다.

1905년 11월 17일 일제가 무력으로 고종과 대신들을 위협해 을사조약을 강제 체결해 국권을 박탈했다. 이만도는 을사오적 처형을 요구하는 강경한 상소를 올렸지만 이미 아무런 소용이 없는 시대였다.

마침내 1910년 8월 29일 나라는 일제에 병탄되고 말았다. 이만도는 유서를 써놓고 단식을 시작해 24일 만에 죽음으로 항거하였다.

이현구李賢求(1862.8.25.- 1940.9.7.)

경북 영주 사람이다. 명성황후가 일제에 의해 시해되고, 단발령斷髮令이 공포되자 경북 안동 일대에서 이만도 등과 함께 의병을 일으켰다. 그러나 광무황제의 의병 해산 조칙에 따라 의병을 해산하였다.

그 후 1910년 경술국치를 당하자 망국의 통한을 이기지 못한 그는 자결을 꾀했으나 뜻을 이루지 못했다. 그 이후 나라 잃은 죄인을 자책하여 산골에서 외부 출입을 하지 않고 은둔생활로 일관하였다.

그러던 중 민족말살을 획책한 일제가 1940년 한국인에게 일본 이름으로 개명하는 소위 창씨개명創氏改名을 강요하자 이름조차 빼앗긴 삶보다는 차라리 조상이 물려준 이름을 지킨 채 죽기로 결심하고 36일간 단식 끝에 1940년 9월 7일 순국하였다.

망국을 앞두고 민중의 저항이 시작되었다
1904년 2월 23일 한일 의정서 체결, 이지용 · 구완희

1592년(선조 25) 4월 29일 선조는 둘째아들 광해군를 세자로 책봉한다. 《선조실록》 당일 기사는 '광해군을 세자로 삼았다立光海君諱爲世子. 세자가 동궁으로 오니出東宮1) 몰려와 있던 많은 사람들이 축하했다'라고 기록되어 있다.

태자 자리가 장남 임해군이 아니라 차남 광해군에게 돌아간 것은 임해에 대한 부정적 세평 때문이었다. 《선조실록》 1595년(선조 28) 12월 16일자는 중국에 보내는 세자 책봉 문서의 임해군 부분을 선조가 고쳐 쓰라고 하명하는 내용인데, 선조는 '임해군이 매와 개를 좋아하고鷹犬是好 재물을 탐한다貨財是貪는 표현은 너무 노골적이니太露 다시 다듬도록 하라更磨琢'고 지시한다.

임해군에 관한 가장 단적인 혹평은 1597년(선조 30) 1월 4일자 《선조실록》의 '임해는 어려서부터自少 불의를 많이 저질렀다多行不義'는 선조의 발언이다. 아버지 선조조차 그렇게 저평가할 정도였으니 피해자인 백성들이 임해에 대해 나쁜 인식을 가졌을 것이야 두말할 나위도 없는 일이다. 임진왜란 발발 직후 서울을 버리고 압록

---

1) 왕위를 이을 아들 왕세자王世子는 약자인 세자世子 외에도 태자, 동궁, 저궁, 춘궁, 이극, 정윤 등 호칭이 많았다. 존칭으로는 저하를 썼다. 세자는 '몽고의 간섭을 받아 제도와 용어가 격하되면서 등장한 말로, 조선 말까지 사용되었다. 이후 1897년 10월 대한제국으로 국호를 정하면서 태자의 용어가 복고되었다(한국학중앙연구원, 《한국민족문화대백과사전》).'

강 쪽으로 도주하려는 집권층을 향한 민중의 반발을 묘사한 《선조수정실록》2) 1592년(선조 25) 4월 14일자는 백성들이 임해군의 집에 불을 질렀다고 증언한다.

임금의 가마가 떠나려 할 즈음 백성들이 내탕고內帑庫(임금의 재산 창고)에 들어가 보물을 다투어 가져갔다. 거가車駕가 떠난 뒤 크게 불어난 난민들은 공사 노비公私奴婢 문서가 보관되어 있는 장례원掌隸院(노비 관장 기관)과 형조刑曹(법무부)부터 불태웠다. 이어 난민들은 궁성 창고를 노략질한 뒤 경복궁·창덕궁·창경궁을 모두 태웠다.

홍문관에 간직해 둔 서적, 춘추관의 각조 실록, 다른 창고에 보관된 사초史草들, 《승정원 일기承政院日記》가 모두 전소되었고, 내외 창고와 각 관서에 보관된 것도 모두 도둑을 맞아 먼저 불탔다.

임해군의 집과 병조 판서(국방부장관) 홍여순洪汝諄의 집도 불에 탔다. 이들 두 집에 방화가 된 것은 평상시 많은 재물을 모았다고 소문이 난 탓이었다.

백성들은 구한말에도 문제 고관의 집에 불을 지르고, 그런 자들을 죽이려 했다. 일본에 밀려 국가의 숨이 막 멈출 지경까지 몰렸던 1592년처럼, 그로부터 310년가량 뒤인 1904년에도 조선 백성들은 나라를 도탄에 빠뜨린 권력자들을 응징하려 했다.

---

2) 《선조수정실록》은 1623년 인조반정으로 집권한 서인들이 1643년(인조 21)부터 1657년(효종 8)까지 편찬했다. 《선조수정실록》 편찬은 '북인 세력이 물러가고 서인이 정권을 잡으면서 서인으로 지목된 이이·성혼·박순·정철, 남인 류성룡에 대하여 없는 사실을 꾸며 비방한 사실을 바로잡자는 데서 비롯되었다(《두산백과》).'

1904년 3월 2일, 백성들은 외부 대신(현 외교부 장관) 서리 이지용李址鎔과 참서관參書官(공사와 서기관 사이 직급) 구완희具完喜의 집에 폭탄을 던졌다. 둘은 2월 23일 황제의 재가도 받지 않고 일본 공사 하야시 곤스께任權助가 내민 한일 의정서韓日議定書에 도장을 찍은 자들이었다. 한 달 전인 1월 23일 대한제국은 러시아와 일본 사이의 전쟁에 말려들지 않으려고 중립을 선언했다. 그러나 일본은 2월 9일 인천에 군대를 상륙시켰다.

일본은 그날 바로 서울까지 들어왔다. 다음날인 2월 10일 일본은 러시아를 향해 전쟁을 선포했다. 순식간에 우리나라는 전쟁터로 돌변했다. 일본군이 서울에 진입한 즉시 하야시는 이지용을 앞세워 고종을 알현했다. 하야시는 고종에게 일본에 협력하라고 강요하면서 중립 선언을 전적으로 무시했다. 이틀 뒤인 2월 12일, 주한 러시아 공사 파블로브Pavlow가 자국 병사 80명의 호위를 받으며 서울을 떠났다.

하야시는 일본군 제12사단장 이노우에井上와 함께 한일 의정서 체결을 강압했다. 반일친로파 탁지부 대신(기획재정부 장관) 이용익李容翊을 일본으로 압송하고, 이용익과 친한 길영수吉永洙(보부상의 중심 인물), 육군 참장(준장) 이학균李學均, 육군 참령(소령) 현상건玄尙建[3] 등을 연금한 뒤, 2월 23일 이지용과 한일 의정서를 체결했다.

---

3) 한국학중앙연구원, 《한국민족문화대백과사전》, 〈현정건〉 : (현진건의 셋째형 현정건은) 1910년 국권피탈 후 중국 상하이上海로 건너가 고종 황제 측근인 재종형 현상건 집에 기거하면서 영어전수학교를 다녔다. 그 뒤 상하이 주재 미국인 회사에 재직하면서 한인들의 미국행에 편의를 제공하기 위해 기선회사 및 여권 당국과 교섭하는 일을 맡았다. 1919년 9월 상하이 대한민국임시의정원 경상도 의원으로 선출되어 활동하였다.

전문 6조로 된 한일 의정서의 핵심은 제4조로, '제3국의 침해나 혹은 내란으로 인해 대한제국의 황실 안녕과 영토 보전에 위험이 있을 경우 대일본제국 정부는 속히 임기응변의 필요한 조치를 취하며, 대한제국 정부는 대일본제국 정부의 행동이 용이하도록 충분히 편의를 제공한다. 대일본제국 정부는 목적을 성취하기 위해 군사 전략상 필요한 지점을 때에 맞춰 사용할 수 있다.'였다.

한일 의정서를 체결한 일제는 곧바로 우리나라의 토지를 군용지로 광범위하게 점령했다. 3월 말에는 군용으로 쓴다며 통신 기관도 강제 접수했다. 경부京釜·경의京義 철도 부설권이 군사 용도로 일제에 넘어갔고, 6월 4일에는 충청·황해·평안 3도 연안의 어업권도 일본인들의 수중에 들어갔다.

한일 의정서는 3월 8일자 관보官報에 실렸다. 이를 본 조선 국민들은 정부 처사에 반대하는 목소리를 높이기 시작했고, (27쪽에 언급하였듯이) 매국노 이지용과 구완희의 집에 폭탄을 던졌다. 일제는 선산 군수 길영수, 평양 연대 연대장 최낙주崔樂周와 제2 대대장 이재화李在華, 이규환李圭桓 등이 폭탄 투척 범인이라며 즉각 처벌하라고 우리 정부에 요구했다.

정부는 그들에 대한 체포령을 내렸다.4) 이때는 '이미 많은 일본군이 서울 안에 주둔하고 (군사 시설과 군사 행동에 방해가 되는 사람은 사형 등 중형으로 처벌하고, 서울 및 중요 지역은 경찰 업무를 일본 군대가 대신한다 등의) 군령까지 포고하고 있는 살벌한 때였다.

---

4) 국가보훈처 《의열 투쟁사》는 '일찍부터 한일 밀약에 대해 적극 반대하여 오던 친노계(러시아와 친한 계열)의 인물이 보부상 또는 군인들을 시켜 이지용 들을 폭살시키려 하였던 것으로 보여진다'라고 설명한다.

따라서 (일제에 맞서는) 문제가 더 확대될 수도 없었다(국가보훈처 《의열 투쟁사》).' 그러나 이지용과 구완희를 대상으로 시도된 처단 거사는 일본 제국주의의 침탈에 맞서고, 친일파를 응징하려는 우리 민중의 첫 발걸음이었다. *

이지용

이지용李址鎔(1870, 고종 7~1928, 대한민국 10[5]))

조선 말 대표 친일파 중 한 명이자 을사오적의 1인이다. 고종의 종질從姪(5촌 조카)이자 이최응李最應(흥선대원군 이하응李昰應의 형)의 손자이다.

조선 시대 과거 합격자 평균 연령이 36세[6])인데, 이지용은 17세(1887년, 고종 24)에 등용문을 통과했다. 천재이거나, 또는 임금의 종질이라는 이유로 부적절하게 등과한 사례일 것이다. 임진왜란 때 행주 대첩과 이치 대첩을 이끈 권율은 영의정을 역임한 권철의 아들이었지만 45세에 급제했고, 충무공 이순신은 31세에 합격했다.

대한제국 시대에 황해도 관찰사, 외부 대신 서리, 내부 대신 등을 역임한 이지용은 일제로부터 조국을 망하게 한 '공'을 인정받아 백작 작위를 받았다.

---

5) 1919년 4월 11일 대한민국임시정부가 수립되었다. 이봉창과 윤봉길 지사가 대한민국임시정부 주석이자 한인애국단 책임자인 김구에게 제출한 '선서문'에는 각각 '대한민국 13년'과 '대한민국 14년'으로 명기되어 있다. 이 글도 그 연도를 따른다.

6) 이구의, 〈신당 정붕의 삶과 그의 시에 나타난 자아의식〉, 《신당 정붕의 안상도와 도학》(해주정씨신당공파, 2020), 119쪽.

이지용은 1910년 10월부터 중추원 고문으로서 매년 1,600원의 수당을 받았다.7) 그는 1911년 1월 일본왕이 주는 은사금도 10만 원 받았다. 그 후 1912년 1월 도박죄로 태형笞刑 100대를 선고받아 중추원 고문에서 해임된다. 1915년 9월 백작 작위가 회복되고, 1925년 7월 중추원 고문에 재임명된다. 그 이후 그는 1928년 6월 사망 때까지 매년 3,000원의 중추원 고문 수당을 받았다.

구완희具完喜(1876, 고종 13~1945, 대한민국 27)

1894년 동학 농민군이 봉기했을 때 유학幼學(벼슬 없는 선비)으로 토벌에 참여했다. 그해 10월 공주 외곽 이인에서 '공'을 세워 대흥 군수에 임명되었다.

1896년 2월에는 호좌 의병진湖左義兵陣(대장 유인석柳麟錫, 1842~1915) 소모장召募將 이범직李範稷(1868~1896)의 군대가 백성들의 원성이 높은 천안 군수 김병숙金炳肅을 처단하는 등 활약을 펼치자 격돌하여 물리쳤다.

구완희는 러일전쟁이 일어난 1904년 평안북도 의주 군수였는데, 북진하는 일본군을 접대하는 역할을 수행했다. '공'을 인정받은 구완희는 외부(현 외교부) 참서관에 뽑혔다. 그는 외부 대신 서리 이지용과 함께 한일의정서 조인에 적극 참여했다. 그렇게 한일 의정서 체결에 기여한 '공'으로 구완희는 경무사警務使(현 경찰청장)를 역

---

7) 1,600원은 1907년 국채보상운동 당시 우리나라 1년 국가 예산 1,300만 원의 0.0123%이다. 2020년도 우리나라 예산 512조의 0.0123%는 약 6.3억 원이다. 이지용의 1년 1,600원은 매월 133원꼴인데, 1,300만 원의 133원은 512조의 5,250만 원에 비견된다.

임하면서 칙임관 2등勅任官 二等(차관급)까지 오른다.

   그 후 구완희는 1905년 을사늑약 체결 때 박용화朴鏞和 등과 함께 일본군을 인도하여 궁궐을 포위하고 대포를 설치하기도 했다. 을사늑약 후의 서울 상황을 증언해주는 김윤식金允植의 《속음청사續陰晴史》는 '전 의정議政(영의정) 이근명李根命 등이 상소하고, 또 전 성천 군수 이석종李奭鍾 등이 일진회一進會를 성토하며 일인日人의 창귀倀鬼(먹을 것이 있는 곳으로 호랑이를 인도하는 귀신) 윤시병尹始炳과 송병준宋秉畯의 머리를 벨 것을 청하다가 역시 일본 사령부에 갇혔다. 경무사 구완희가 알아서 하였는데 그 역시 일본에 붙은 자'로 기록하고 있다.

일본인 고문이 국가 중대사를 모두 결정했다

1904년 8월 22일 1차 한일 협약 체결, 이하영 · 윤치호 · 일진회

    호외號外는 신문사가 긴급한 뉴스를 속보로 전하기 위해 정기 간행 이외에 임시로 발행하는 인쇄물이다. 1909년 10월 26일 안중근 의사가 만주 하얼빈 역에서 이토 히로부미伊藤博文를 처단했을 때 통감부 기관지 경성일보는 「伊藤이토公공 遭難조난」이라는 호외를 배포했다.

    우리나라에서 처음으로 호외가 발간된 때는 1894년 7월 23일이다. 1892년 인천에서 창간된 일본어판 신문 조선신보는 일본군이 경복궁을 급습해 명성황후 정권을 타도하고 흥선대원군 이하응을 옹립한 사건을 '왕성王城을 점령했다'라고 표현했다.

    일본 니로쿠신보二六新報가 1904년 2월 23일 발행한 호외는 일제의 우리나라 침략사 일부를 상징한다. 이 호외는 「一大일대 快報쾌보 日韓協約の일한협약의 成立성립, 外交上の외교상의 大成功대성공」이라는 제목을 달고 있다. 일본이 한국과 외교에서 협약을 맺는 대성공을 이루었는데 이는 어마어마하게 기쁜 소식이라는 뜻이다.[1]

    발행 날짜로 보아 기사에 나오는 협약은 2월 22일의 한일 의정

---

1) 이 글의 '호외' 부분은 정운현, 《호외로 읽는 한국현대사》(인문서원, 2018)를 참조하였음.

서를 가리킨다. 일대쾌보一大快報라고 했으니 한일 의정서의 내용이 일본에 크게 유리하다는 뜻이다.

전문이 6개조인 한일 의정서의 핵심은 '제3국의 침략이나 내란으로 대한제국 황실이 위험에 처한 경우 대일본제국은 군사적 필요에 따라 언제든지 한반도의 특정 지역을 사용할 수 있다'는 제4조이다.

게다가 제6조에는 '본 협약과 관련되는 미실세조未悉細條(본문에 밝히지 않은 세세한 사항)는 대일본제국 대표자와 대한제국 외부 대신 간에 그때그때 협의해서 결정한다臨機協定'라고 규정했다. 허수아비에 불과한 대한제국 외부 대신하고만 논의하면 무엇이든 일본 마음대로 할 수 있도록 규정한 것이다.

5월 들어 일본 공사 하야시 곤스께任權助는 한국 외부 대신 이하영李夏榮을 압박했다. 하야시는 이하영에게 "한일 의정서 제6조 '미실세조 임기 협정'에 따라 새로 18개 조항을 만들어 왔다"면서 내밀었다. 그로부터 불과 석 달 뒤인 8월 22일 외부 대신 서리 윤치호尹致昊는 하야시의 요구를 담은 '1차 한일 협약서'에 서명했다. 1차 협약의 주요 내용은 아래와 같다.

    한국 국가재정의 중요 업무를 일본인 고문에게 일임한다.
    외교와 내치, 중앙행정기관 개선을 위해 일본이 추천하는 고문을 두고 의정부 의결 전에 의견을 들어야 한다.
    관찰사청(현 광역 시·도청)에도 일본인 참여관을 둔다.
    한국 군대의 숫자를 줄이며 훈련은 일본인이 맡는다.
    진황지陳荒地(개간되지 않은 땅) 개간권을 일본 자본에 준다. (6월 들어 일본인 나가모리 도키치로長森藤吉郞에게 50년 동안 나라 안 모든 미개간지의 개간·정리·개량·척식 권한을 주려는 계획이 추진된다.)2)

1차 협약의 핵심은 대한제국 재정·외교·내치의 중요 사항을 모두 일본인 고문이 결정한다는 점이다. 1차 협약서의 내용은 '한국의 자주 독립권은 을사늑약(1년여 뒤인 1905년 11월 17일의 2차 협약)이 있기 전에 벌써 박탈당하고 말았다.'3)는 사실을 말해준다.

사실 일제는 8월 22일의 1차 협약, 아니 2월 23일의 한일 의정서 체결 이전부터 이미 온갖 강점을 자행해온 터였다. 그들은 강압·불법 협약조차 맺기 전에 창덕궁(임금이 상주하며 나랏일을 보던 건물)·저경궁(인조가 임금이 되기 전에 살았던 집)·문희묘(정조의 문효세자를 기리는 사당)·환구단(임금이 하늘에 제사를 지내는 곳)·의친왕(고종의 5남)궁, 장악원(음악을 맡아보던 관청)·광제원(국립 병원)·사복시(궁중의 말과 가마를 맡아보던 관청) 등을 점거했다.

뿐만 아니라 재동의 기병대·저동의 공병대·서소문의 시위 1대대·통내의 진위 1대대·동궐 앞 친위 3대대 등 군영들과, 그 외에 많은 학교들을 제멋대로 군사 주둔지로 삼았다.

또, 용산과 마포 등지에 거주하는 주민들을 강제로 내쫓고는 그곳을 마구간으로 썼다. 또 교동·사동·전동·박동 등지의 큰 저택들을 무단 탈취해서 자기들의 숙소로 삼았다. '러일전쟁 개전과 함께 우리의 수도 서울은 무법천지 수라장이 되고 말았던 것이다.'4)

---

2) 국가보훈처,《의열 투쟁사》(1975), 67쪽.
3) 국가보훈처,《의열 투쟁사》(1975), 66쪽.

'국가의 명령을 기다리지 않고 자발적으로 일어나 외세에 대항한 민군民軍을 일으켜온 우리 민족 특유의 애국정신'5)이 발현되었다. 전국 방방곡곡에서 의병이 일어났고, 선비들의 상소가 임금 앞에 쏟아졌다.

구한말 의병에는 단발령과 을미사변 때의 을미의병, 한일 의정서·을사늑약 체결 때의 을사의병, 군대해산 때의 정미의병이 대표적이다. 1904년 8월 22일 1차 협약 때 일어난 의병은 을사의병의 일부이다.

1904년에 봉기한 민중들은 일본군을 직접 공격하는 과단성을 보였다. 평안도 영변 봉기 민중들은 주둔 일본군을 공격했고, 충청도 공주 진위대 병사들은 주재 일본군과 일본인 상점을 습격했다.6) 이 시기에는 일진회一進會에 대한 공격도 많았다. 평안도 안주 진위대 병사들은 일진회 지부를 공격하여 다수 회원들을 총살했다.

구성과 태천의 군수도 의병진과 연합하여 일진회 지회를 공격했다. 전라도 옥과 군수 구원모, 김제 군수 서리, 지평 사람 맹일호, 원주 진위대도 일진회 사무실을 습격해 회원들을 처단했다.

호서 선비 유인석과 전라도 선비 기호만, 충청도 공주 유회儒會(선비들의 모임), 전주부 이속吏屬(하급 직원) 김한수 등도 동조하는

---

4) 국가보훈처, 앞의 책, 62쪽.
5) 경남 의령 의병 박물관 게시물 「의병이란?」에 나오는 표현.
6) 국사편찬위원회 《고종 시대사》 1904년(광무 8) 7월 17일 기사 : 한국 평리원 판사 허위許蔿 이하의 이름으로 된 일본 배척의 불온 격문이 영변·안주 등지에 배포되었는데 특히 영변에서 인민이 다소 격앙되어 야간에 일본 군대에 대해 발포 수회數回(여러 번)에 미치다. / 10월 1일 기사 : 일본군 징발대에 불평을 가진 공주 지방대 병졸 60~70여 명이 봉기해 일본 주재소와 상점을 습격하다.

민중을 모아 일진회를 공격, 많은 사상자를 냈다.

1895년 을미의병 때 없었던 일진회 처단이 1904년 의병 활동에 유난히 많이 보이는 것은 어째서일까? 이에 대한 아주 간단한 답은 '일진회가 1904년에 결성되었기 때문'이다.

더 정확한 답은 '침략주의 일제에 붙어서 세력을 펼쳐보려고 저들에게 온갖 충성(?)을 다해오던 일진회'[7]는 '재정의 대부분을 일본군의 특무 기관이나 통감부로부터 지원을 받아'[8] 운영된 구한말 대표 친일 단체였기 때문이다. 실제로 '일본 헌병대의 보조원은 거의 일진회원 출신이었고, (일진회는) 뒷날 일제하의 경찰로 성장한 반민족 행위의 선두 부대였다.'[9]

선비들의 상소 투쟁도 대단했다. 정기조, 최동식 등 전직 관료들과 박기양·이상설·송규헌 등 현직 관원들은 일제의 요구를 즉각 물리치지 않은 외부 대신의 죄를 통박하였다. 전국에 통문을 돌려 반대 투쟁을 독려하던 김기우도 경무청으로 압송되었다.

또 이순범 등은 '우리나라 땅은 8~9할이 미개간이고 논밭은 1~3할밖에 안 되므로 일본인들에게 개간권을 주면 우리 백성들이 더욱 비참하게 살게 될 것이 자명한데, 폐하께서는 왜 매국노들의 머리를 찍어 서울 큰 거리에 매달지 않으십니까?' 하고 임금의 구국 영단을 촉구했지만, 받아들여지기는 고사하고 오히려 법부로 끌려가 국문을 당했다. 그래도 방방곡곡에서 모여든 수 만 인파는 보안회保安會[10]까지 조직하여 연일 종로 일대에서 시위를 벌였다.

---

7) 국가보훈처, 《의열 투쟁사》(1975), 94쪽.
8) 한국학중앙연구원, 《한국민족문화대백과사전》, 〈일진회〉
9) 조동걸, 《한말 의병 전쟁》(독립기념관, 1992), 184쪽.
10) 보국안민輔國安民을 뜻하여 보민회保民會라고도 불렸다. 1904년 7

보안회를 중심으로 한 민중의 투쟁은 마침내 일본을 일정하게 굴복시켰다. 일제는 황무지 개간권 확보를 1908년 동양척식주식회사 설립 때까지 미루게 만들었다. 하지만 그 정도의 성과로는 망해가는 나라를 되살려 내기에 이미 역부족이었다. *

이하영李夏榮(1858, 철종 9~1929)

외부 대신이던 1904년 「한국 재정고문 및 외교고문 초빙에 관한 각서」에 조인해 일제의 재정 및 외교권 침탈에 크게 기여(?)했다. 1905년 「한일 통신기관 위탁에 관한 협정서」와 「한국 연해 및 내하천 항행에 관한 약정서」에도 조인했다. 1906년에는 법부대신으로서 홍주 의병 김상덕11), 이세영12),

철도박물관에 게시되었다가 '친일파 사진을 걸어놓았다'라는 비판을 받고 2016년 사라진 이하영의 모습. 철거 전 사진 아래에 '주미 공사관에 근무하다가 귀국할 때 정교한 기관차 모형을 가져와 궁중에서 문무백관에게 공람하여 새로운 문명에 대한 각성을 촉구했다.'라는 설명이 있었다.

월 13일 서울 종로에서 창립했다. 일본은 한국 정부에 보안회 해산을 강요했다. 일본은 무장 헌병을 동원해 강제로 집회를 해산시키고 간부들을 체포했으며, 총기를 휘둘러 문서들을 빼앗았다. 정부는 일본의 황무지 개간권 요구를 거절하겠다고 발표했다. 결국 일본은 황무지 개간권 확보를 1908년 동양척식주식회사가 설치될 때까지 미룰 수밖에 없었다.

11) 국가보훈처 독립유공자 공훈록의 김상덕金商德(?~1906) : 충남 사람이다. 1906년 5월 11일 을사조약 늑결에 격분하여 충남 홍산 지치에서 기의한 민종식 의진에 참가하여 참모장으로 활동하고 홍주성에 입성하였으나 동월 31일 일군이 재탈환을 위한 대공세를 감행할 때 일군과 접전

이사성13) 등의 처결을 지휘했다.

또 1908년에는 '이등공 송덕비 건의소' 수금위원으로 이토를 위한 송덕비 건립 활동을 벌였다. 일제는 이하영이 '한일합병'에 기여(?)한 '공'을 인정하여 1910년 자작 작위를 주었고, 1911년에는 5만 원의 은사 공채도 주었다. 10만 원씩 받은 을사오적에 견주면 이하영은 일제로부터 그 '공'이 저평가된 모양이다. 이에 대한 이태영의 주장을 들어본다.

> 을사조약 체결의 책임은 누구에게 있을까? 고종이 조약문에 도장을 찍은 것은 아니므로 그에게는 책임이 없을까? (중략) 전제국가의 황제가 신하들에게 '알아서 처리하라'라고 말했다면 을사조약은 결국 고종이 체결한 셈이다. (중략) 흔히 을사오적이라 하

중에 전사 순국하였다.

12) 국가보훈처 독립유공자 공훈록의 이세영李世永(1869~1938) : 충남 청양에서 태어나 중국 사천에서 타계했다. 충무공 이순신의 12대 종손으로, 홍주 의병군과 임병찬의 독립의군부의 일원으로 의병 투쟁에 참여했고, 망명 후에는 신흥무관학교 교장을 지냈으며, 대한민국임시정부 등에서 독립운동에 투신했다.

13) 국가보훈처 공훈록의 이사성李思聖(1883~1949) : 1906년 5월 11일 민종식의 홍주의진洪州義陣에 가담하여 선봉장 박영두와 함께 소모장에 임명되었다. 그 후 유격장 이한구와 같이 임천·한산 등지의 의병을 모집하고자 임천에 도착하였다가 붙잡혀 동년 11월 23일 평리원에서 소위 '정사政事를 변경할 목적으로 난을 일으키는 율律'로 유배 10년을 언도받았다. 그 뒤 1906년부터 1923년까지 서천군 한산면 송림리에서 은거 생활을 하면서 1919년에는 손병희가 주도하는 3·1독립운동에도 참여하였으며, 일경의 이목을 피해 부안군 위도면 진리에서 은거하였으나 생활고로 인하여 7년간의 걸식 생활을 하였다.

여 이완용, 박제순, 이지용, 이근택, 권중현에게만 책임을 묻는 것 또한 공정하지 못하다. 이토 히로부미에게 노골적으로 아부하며 을사조약 체결에 찬성했던 (외부 대신) 이하영, (탁지부 대신) 민영기도 을사오적과 별반 다르지 않다. (중략) 을사오적 개념이 자칫 망국의 역사에 대한 인식을 왜곡할 수 있다.'14)

KBS-TV〈역사저널 그날〉197회 (2018년 11월 25일)「대한제국을 지워라」도 "('을사오적'이 아니라 이하영과 민영기를 포함해) '을사칠적'이라고 주장하는 연구자들도 있다"고 방송했다. 이하영은 1910년부터 1929년 사망까지 조선총독부 중추원 고문을 지냈다.

일제가 준 작위와 혜택은 아들 이규원李圭元이 물려받았다. 일본육사를 졸업한 손자 이종찬李鐘贊은 일본군 장교로 중일 전쟁과 태평양 전쟁에 참전했고, 독립 후 국방부 장관과 국회의원을 지냈다.

민족반역자 처벌에 있어 우리나라는 사형 1명, 징역 12명에 멈췄지만, 프랑스는 1만여 명을 처형

광주시 남구 구동 22-3 광주공원의 권율 창의비 왼쪽에 '관찰사 윤공 웅렬 선정비', 오른쪽에 '관찰사 이공 근호 선정비'가 서 있던 광경이다. 윤웅렬과 이근호는 조선을 망하도록 하는 데 '공'을 세웠다는 이유로 일제로부터 남작 작위를 받은 거물 친일파들이다. 2019년 8월 이들 두 친일파의 선정비는 철거되었다.

---

14) 이태영,《다큐멘터리 일제 시대》(휴머니스트, 2019), 29쪽.

대한제국 의열 독립운동사

하고 15만8천여 명에게 유죄 처분을 내렸다. 이하영 집안 3대의 화려한(?) 이력은 친일을 청산하지 않은 우리 역사의 잘못을 보여주는 전형적 사례이다.

윤치호는 일본군의 난징 함락을 기념하여 서울 남산 조선 신궁神宮(위 사진)에서 거행된 '난징南京 함락 전첩(전쟁에서의 승리) 봉고제(신에게 알리는 행사)' 위원장을 맡았다. 반면, 윤봉길 의사는 난징 함락을 기념하여 일제가 상해 홍구공원에서 개최한 승리 축하 행사장에 투탄하여 일본 육군 대장 등을 폭사시켰다. 중국 정부 주석 장제스蔣介石는 "중국 정부군도 못하는 일을 한국인 청년 한 사람이 해냈다."라고 찬사를 보낸 이래 대한민국임시정부를 적극 지원했다.

윤치호尹致昊(1866, 고종 3~1945)

윤치호는 대한제국 군부 대신으로서 소위 '한일합방'에 기여한 '공'을 인정받아 일제로부터 남작 작위를 얻은 윤웅렬尹雄烈의 아들이다. 그는 1881년 유길준·유정수와 함께 최초의 도쿄 유학생이 되었고, 1888~93년 미국에 유학했다.

윤치호는 러일전쟁 발발 후 외부대신서리 자격으로 1904년 8월 22일 제1차 한일협약을 맺었다. 1909년 11월 장충단에서 열린 이토 히로부미 추도회의 준비위원을 맡았고, 1919년 3·1운동 참여를 거부했다. 윤치호는 중추원 고문, 일본 제국의회 귀족원 칙선勅選의원(일본 국왕이 임명한 의원) 등 화려한(?) 경력을 자랑한다.

윤치호는 중일 전쟁이 발발한 1937년 일본군 위문금 1,000원, 국방 헌금 4,000원, 비행기 구입비 500원을 헌납했다. 또 조선총독부가 중일 전쟁의 정당성 홍보 목적에서 개최한 시국 강연회 연사로 활동했다.

1938년 조선군 사령부에 1만 원 기탁, 1939년 조선 지원병 후원회 회장, 일본군에 2,000원 헌금…. 1941년 5월 조선총독 자문기구인 중추원 칙임관 대우 고문에 임명되어 해방 때까지 해마다 3,000원의 수당을 받았다.

1942년 종로경찰서에 5,000원을 바쳤고, 조선인 징병제 실시가 결정되자 환영하는 글을 곳곳에 실었으며, 징병제 실시 기념 강연회 연사로도 활동하였다.

일진회一進會(1904, 광무 8~1910)

1858년 함경도 장진에서 태어난 송병준宋秉畯은 1871년(고종 8) 무과에 급제했다. 14세에 과거를 통과했으니, 열일곱 나이로 등용문에 오른 을사오적 이지용과 어깨를 겨룰 만한 '큰 도둑'의 소지를 보였다. 예로부터 '머리 좋은 나쁜 놈은 나라를 팔아먹고, 머리 둔한 나쁜 놈은 좀도둑이 된다.'고 했다.

경기도 양지 현감, 경상도 흥해 군수 등 여러 관직을 역임하기도 하고, 인삼을 불법 반출해 일본 등지에서 팔기도 하던 송병준은 1904년 러일 전쟁이 일어나자 일본 육군 소장 오다니 기쿠조大谷喜久藏의 통역으로 귀국했다. 그는 일본군을 배경으로 정치적 성장을 도모했다.

1868년 경북 상주에서 태어난 이용구李容九는 1894년 동학농민혁명 때 손병희孫秉熙(1919년 3·1만세운동 민족대표)의 우익장을 맡아 수 천 교도들을 이끌고 일본군과의 전쟁에 참여한 열렬 동학교도였다. 이용구는 일본에 망명 중인 손병희가 정치개혁을 목적으로 하는 조직을 꾸리라는 명을 보내오자 전국 곳곳의 동학교도들을 모아 1904년 9월 진보회를 결성했다.

하지만 그는 이내 손병희를 배신하고 친일의 길로 들어섰다. 송병준은 이용구보다 한 달가량 앞선 1904년 8월 유신회維新會를 조직했다가 이내 일진회로 이름을 바꾸었다. 송병준은 전국 조직을 갖춘 이용구와 손을 잡는 것이 여러모로 유익하다고 판단, 그해 12월 진보회와 통합을 성사시켰다. 그 후 이용구는 13도 지방 총회장, 송병준은 평의원장을 맡아 일진회의 두 축이 되었다.

온갖 친일 행각을 일삼던 일진회는 1905년 11월 17일 을사늑약 체결 10여 일을 앞두고 일본에 외교권을 넘겨주어야 한다는 「보호 청원 선언서」를 발표했다. 또 1907년 6월 고종이 헤이그Hague 만국평화회의에 특사를 파견했을 때에는 일제가 고종을 밀어내고 순종에게 왕위를 물려주도록 강제하는 공작의 선두에 섰다. 고종 퇴위 후 3차 한일협약(정미 7조약= 한일 신협약)15)이 7월 24일에 체결되는 데에도 앞장섰다. 뿐만 아니라, 1909년 12월에도 맹활약(?)을 했다. 일진회는 일본과 한국이 한 나라로 합쳐야 한다는 성명서 「국민 2천만 동포에게 서고誓告(나라의 큰일을 알리는 일)」를 발표, 병합 여론 조성에도 선두에 섰다.

일제는 제3차 한일협약 이후 '지방 군수들을 일제히 경질했다.

---

15) 일제는 헤이그 특사 파견 사건을 계기로 대한제국의 국권을 완전히 장악하려 했다. 일제는 그 방안을 담은 협약서를 이완용 내각 앞에 내놓았다. 이완용 내각은 일본측 원안 그대로 순종의 재가를 얻은 다음, 1907년 7월 24일 통감 이토의 사택에서 협약을 체결하였다. 제3차 한일협약에서 가장 중요한 항목은 한국 군대의 해산이었다.

(새로 자리를 차지한 자들은) 모두가 일진회 계통의 친일 상천常賤(상놈과 천민)이었다.'16) 그러나 일제는 1910년 9월 이용가치가 없어진 일진회를 해산시켰다.

이용구는 일진회 해산 경비로 5,000원, 조국 멸망에 기여한 '공'으로 10만 원을 받았지만, 자신에 대한 민중의 반감이 두려워 일본으로 건너갔다. 하지만 얼마 지나지 않은 1912년 5월 22일 불과 44세로 숨을 거두었다.

요절(?)한 이용구와 달리 송병준은 67세까지 잘 먹고 잘 살았다. 그는 자작 작위를 받았고, 총독 자문기구 중추원의 고문이 되었으며, 1911년 은사 공채 10만 원도 받았다. 1920년 백작으로 승작되었고, 1921년에는 중추원 친임관親任官(일본 국왕이 직접 임명하는 관리로, 조선총독부에는 총독과 부총독 격인 정무총감 두 명뿐이었다.) 대우 고문에 임명되어 죽을 때까지 해마다 3,000원씩 수당을 받았다. 1925년 2월 1일 그가 죽자 일본 왕은 포도주 12병을 보내 슬픔을 표시했다.

총독 사이토齋藤實는 직접 조문을 왔다. 서울 장례식 시간에 맞춰 도쿄 야스쿠니 신사靖國神社에서는 동시에 추도식이 거행되었다. 과연 송병준은 을사오적 이지용에 맞먹는 거물 친일파였던 것이다.17)

---

16) 박성수, 《알기 쉬운 독립운동사》(국가보훈처, 1995), 113쪽.
17) 이지용과 송병준은 사망 직전 이력까지 비슷하다. 둘은 모두 죽을 때 중추원 고문이자 친일단체 동민회同民會 고문이었다.

"매국 간신 대여섯을 거리에서 능지처참하소서!"
최익현의 상소, 이한응의 자결, 김학진·남정철의 변절

1904년 8월 22일 나라를 일제에 송두리째 내어주는 수준의 제1차 한일 협약이 체결되었다. 협약은 재정과 외교 관련 국가 대사를 전적으로 일제가 추천한 고문에게 의견을 물어서 결정해야 한다고 강제했다. 다른 나라와의 조약 체결 등 모든 일을 일본 정부와 상의해야 한다는 것이었으니 자주 독립국가로서는 있을 수 없는 일이었다. 대한제국의 위상은 국제적으로 더 이상 떨어질 수 없는 바닥까지 추락하고 말았다.

협약이 체결되는 과정도 도무지 이해할 수 없는 지경이었다. 정부 내에서 토론을 거친 바도 없었다. 외부대신 서리 윤치호尹致昊는 자기 임의로 일본 공사 하야시 곤스께林權助의 요구에 부응해 조인했다. 하야시가 8월 12일 내놓은 안을 윤치호는 거의 그대로 받아들였다. 아래는 윤치호가 인장을 찍은 협약서의 핵심 내용이다.

한국정부는 일본정부가 추천하는 일본인 재무 고문을 모셔와 그의 의견을 물어 정책을 시행한다.

한국정부는 일본정부가 추천하는 외국인 1명을 외교 고문으로 모셔와 그의 의견을 물어 정책을 시행한다.

한국정부는 외국과의 조약 체결 등 중요 안건에 관해 미리 일본정부 대표자와 협의한다.

협약에 따라 곧장 '외국인 용빙傭聘(사람을 모셔옴) 협정'이 체결되었고, 일본 대장성 주세국장 메가타目賀田種太郎가 재무 고문, 일본 외무성 미국인 직원 스티븐스Stevens가 외교 고문으로 왔다.

메가타는 1906년까지 일본으로부터 1,150만 원에 이르는 차관을 도입시켰다. 그 무렵 대한제국의 1년 예산은 1,300만 원 수준이었다. 메가타는 우리나라를 일제의 경제적 식민지로 만드는 공작을 추진했던 것이다.1) 스티븐스와 용빙 계약을 체결한 당사자는 외부 대신 이하영이었다. 이하영이 스티븐스에게 준 계약서에는 아래 내용이 적혀 있었다.

대한국 외부 대신은 외교 관계 문서를 모두 스티븐스에게 공개한다.
대한국 외부 대신은 외교상 모든 안건을 반드시 스티븐스의 동의를 얻은 다음 처리한다.
스티븐스는 외교에 관한 의견을 직접 대황제 폐하께 건의할 수 있다.
스티븐스는 외교에 관한 의정부 회의에 참석한다.

그해 12월 최익현崔益鉉은 "간사한 무리들이 폐하 앞에서는 아양

---

1) 권태억, 《일제의 조선 침략사》(독립기념관, 1991), 37쪽 : 1905~1910년 사이 일제가 주선해서 들여온 차관은 약 4,600만 원에 달했다. 이 같은 차관은 당시 한국 정부의 재정 수입에서 큰 비중을 차지하였다. 이를 통해 일제는 국가의 재정을 장악해 나갔을 뿐만 아니라 한국의 내정을 간섭하고, 자주권을 침범하였다. 차관이란 제국주의 국가들이 후진국에 침략해 들어갈 때 즐겨 사용하는 국권 침탈 수단이었다.

을 떨지만 실제로는 임금을 팔고 나라를 팔고 있습니다. 예로부터 나라를 잃은 것은 권력을 가진 신하의 반란이나, 적국과 싸우다가 이기지 못한 탓이었지, 적과 칼 한 번 부딪혀 보지 않고 조약을 성립시켜 망한 적은 없었습니다. 지금이라도 성상聖上(임금)께서는 결단을 내려 매국 간신 5, 6인부터 거리에서 능지처참하시고, 그 아류들도 죄에 따라 죽이거나 귀양 보내소서."라고 상소했다.

현대의 장관급인 정2품 김학진金鶴鎭, 특진관特進官 조병세趙秉世, 시종원 경侍從院卿2) 남정철南廷哲도 최익현의 상소가 옳다면서 시급한 개선을 주장하였다.

하지만 고종에게는 아무 의지가 없었다. '이미 일제 및 앞잡이들의 준동 속에서 헤어날 줄 모르는 황제는 모두 의례적으로 우대하는 비답批答(임금의 대답)을 내리는 데 그쳤다.'3) 이루어지는 조치도 없었고, 대비책도 없었고, 개선되는 바도 없었다.

일제는 일본을 "이웃 적"이라고 지칭함으로써 두 나라의 우의를 해친 최익현을 엄중 처단하라고 요구4)한 데 이어 헌병을 풀어 최익현, 김학진, 전국에 항일 투쟁 격려문을 배포한 허위許蔿 등을 연

---

2) 특진관 : 왕에게 유학 경서를 강론하는 경연經筵에서 왕의 자문에 응하던 관직. / 시종원 경 : 현대의 청와대 비서실장 격.
3) 1905년(광무 9) 1월 14일자 《조선왕조실록》을 보면 고종은 최익현에게 다음과 같이 답변한다. "우리나라는 지금 장기간에 걸쳐 고질병을 앓는 사람과 마찬가지 형세다. 바로 세우려면 오랜 시간이 필요하다. 한 알의 약으로 하루 만에 완전히 소생시킬 수는 없다. (최익현은) 말을 하자마자 성과가 있기를 바라는구나. 때에 맞는 적절한 조치를 깊이 생각하지 못한 것 같도다. 어려운 형편을 생각하고 애써 도와서 나랏일을 함께 수습해 나가도록 하라."
4) 국가보훈처, 《의열 투쟁사》(1975), 81쪽.

행하여 가두었다.

일제는 각 부처와 지방의 관찰사청(현재의 광역 시청과 도청)에 참여관參與官이라는 명목으로 일본인을 배치하여 내정을 간섭하고, 각종 이권을 가로챘다. 일제는 그 뿐만 아니라, 경찰권도 강탈하고 군대도 축소하는 노골적 침탈 안도 내놓았다. 그들은 국가 예산만 낭비한다면서 대한제국이 외국에 파견해둔 공사를 철수시켰고, 서기관 등도 남은 사무가 끝나는 대로 소환하겠다고 나섰다.

그 무렵 이한응李漢應은 영국 주재 '서리 공사'였다. 공사 민영돈이 소환되어 귀국해버린 상황에서, 28세이던 1901년(광무 5) 공사와 서기관 사이 직급의 참서관으로 부임한 이래 3년째 외교관으로 일해 온 그가 31세 나이로 대한제국을 대표해 외교 업무를 수행 중이었다. 그러나 이미 외교권이 일제의 수중으로 넘어간 뒤라 '16세에 관립 영어학교를 졸업하고 21세에 성균관 진사 시험에도 합격하여 신·구 학문을 겸비한'5) 이한응도 할 수 있는 일이 아무 것도 없었다.

중국에 근무하던 공사는 일본의 요구에 따라 3월 24일 철수하였고,6) 4월 21일에는 주한 일본 임시 대리 공사 하기와라 모리이치荻原守一의 요구에 따라 하와이 주재 일본 총영사를 한국 명예 대사로 임명하였다.7)

---

5) 국가보훈처, 《의열 투쟁사》(1975), 82쪽.
6) 국사편찬위원회, 《고종 시대사》, 1905년(광무 9) 3월 24일 : 외부(현 외교부)에서 주청駐淸 한국 공사관에 타전하여 참서관 1명과 서기생 1명만 남아 사무를 처리하게 하고 나머지는 모두 철수하도록 훈령하다. 일본의 요구에 의한 것이다.
7) 국사편찬위원회, 《고종 시대사》 1905년(광무 9) 5월 5일 : 지난 4

그뿐이 아니었다. 참정 대신參政大臣(내각 수반에 해당) 민영환閔泳煥은 각국에 있는 우리나라 공사들을 소환하라는 일본의 요구를 거부하다가 이미 면직되었다.8) 이한응은 한일 의정서 체결과 제1차 한일 협약 체결 이후 먼 영국땅에서 난국을 돌파해 보려고 혼자서 갖은 애를 썼지만 아무 성과도 거두지 못했다. 그는 애끓는 고민 끝에 '몸을 조국의 제단에 바치는 것만이 나라를 사랑하는 길이라고 단정했다.'9) 5월 12일 그는 유서를 썼다.

 아아, 나라는 주권이 없어졌고國無主權 사람은 평등을 잃었다人失平等. 모든 외교에 치욕이 극심하니 피 끓는 사람으로서 어찌 참을 수 있으랴! 나라는 머잖아 멸망하고宗社其將墟失, 민족은 장차 노예가 되겠구나民族其將奴矣!
 구차하게 살아본들 치욕만 더 심해질 터이니, 죽는 것이 더 나을 것이다. 이렇게 마음을 정하고 나니 더 할 말이 없구나.10)

월 21일에 주한 일본 임시 대리 공사 추원수일荻原守一이 외부대신 이하영에게 조회하여 하와이에 있는 한국 노동자의 이익을 보호 감독하기 위하여 주 하와이 일본 총영사 제등간齊藤幹을 주 하와이 한국 명예 영사로 임명할 것을 추천하였던 바 이 날 이하영이 일본의 권고대로 하였음을 통고하다.

 8) 국사편찬위원회, 《고종 시대사》, 1905년(광무 9) 5월 9일 : 각국에 파견되어 있는 우리나라 공사 소환 건을 참정대신 민영환이 거부하자 이 날 일본 공사의 압력으로 의원 면직하다.
 9) 국가보훈처, 《의열 투쟁사》(1975), 85쪽.
 10) 《고종 시대사》, 1905년 5월 12일 : 주영 서리공사 이한응이 일노日露 개전 이후 국권이 날로 침탈되어 외국인의 멸시가 심해지자 이 날 음독 자살하다. 이로써 주영 공사관은 폐쇄되다.

위정척사 세력의 중심인물 최익현

앞에서, 최익현이 일제와 매국노들을 비판하는 상소를 올리자 김학진·조병세·남정철·허위 등의 지지가 이어졌고, 지지자들까지 탄압을 받았다는 사실을 소개했다. 최익현은 누구인가? 이이화는 다음백과의 〈인물 한국사 : 최익현〉에서 '최익현은 19세기 말 외세가 이 땅에 밀려올 때에 가장 줄기차게 저항 운동을 벌인 대표적인 유림'으로 '끝내 유폐된 땅 대마도에서 죽었기 때문에 민족운동의 선봉으로 꼽혀왔다.'라고 평가했다.

최익현은 22세(1855년)에 급제했다. 그는 대원군과 맞서면서 크게 주목을 받았다. 정3품 고관 반열에 있던 최익현은 경복궁 중건과, 그 공사를 벌이느라 당시 화폐 상평통보보다 액면 가치가 100배나 되는 당백전當百錢을 마구 발행해 경제를 파탄시킨 대원군을 격렬히 비판했다.

그 탓에 대원군에게 낙인찍히고 뒷날 경기도 양주에 은거하게 되지만, 종당에는 관리와 백성들의 여론을 이끄는 인물이 되었다.

최익현은 1876년 최초의 근대적 조약이자 불평등조약인 강화도조약 체결을 통해 일본에 조선 침략의 길을 열어준 개항 때 다시 상소 운동을 펼쳤다. 그는 서양 세력과 일본의 외교 통상 요구를 철저히 거부해야 한다고 주장했다. 척화斥和, 즉 오랑캐의 화친 요구를 배척해야 한다는 것이었다.

강화도 조약만 해도 그랬다. 이 조약은 '부산·원산·인천을 일본에 개방한다. 영사 재판권11)을 허용한다. 일본은 조선 연해를 자유로이 측량하여 지도를 작성할 수 있다.' 등 일방적으로 일본에

---

11) 일본인이 한국에서 저지른 범죄를 일본이 재판하는 권한

유리한 내용이었다. 조선인이 일본에서 누릴 수 있는 권리는 거의 없고, 그저 일본이 조선을 침략하는 길만 열어준 꼴이었다.

최익현은 통상이 곧 침략으로 이어진다고 보았다. 왜양일체론倭洋一體論에 입각해 서양과 일본을 한통속으로 보았고, 그들은 겉모습만 사람일 뿐 사실상 짐승에 지나지 않는다고 인식한 인수론人獸論을 전개했다. 그는 위정척사衛正斥邪(외세를 물리쳐 바른 것, 즉 성리학을 지킨다) 세력의 중심인물이 되었다.

그러나 흑산도로 유배되고, 그 이후 약 20년 동안 학문에만 열중하여 사회와 단절된 생활을 한다. 최익현은 일진회가 조직되고 을사늑약이 추진된 1904~5년 활동을 재개했다. 그는 단발령에 저항하여 "상투를 자르는 짓은 정신을 좀먹는 지름길이다. 신체발부身體髮膚(몸, 머리카락, 피부)는 부모가 준 것이니 목숨과도 바꿀 수 없다."고 외쳤다. 심지어 고종을 향해 "40년 군신의 의리는 여기서 끝났습니다!" 하고 부르짖었다. 을사늑약이 체결되었을 때 그는 다음과 같이 선언했다.

"나라가 없고 군주도 없으니 우리 3천리 국민은 모두 남의 노예다. 살아도 죽는 것만 못하다."

최익현은 애초 일본과 외교로 교섭하고, 국제 사회에 호소하자고 주창했다. 그러나 실효성이 있을 리 없었다. 결국 그는 의병을 일으켜 무력 투쟁에 나섰다. 최익현은 호남 유생 임병찬林炳瓚, 장성 유생 기우만奇宇萬과 함께 전라도 태인 무성서원에서 창의했다.

최익현의 의병군은 북상을 시작했지만 순창에서 관군에 진압되었다. 최익현은 대마도로 끌려갔다가 결국 그곳에서 죽음을 맞았다. 그는 일제가 주는 음식을 먹지 않고 굶었고, 조선에서 가져온

쌀이라는 사실을 안 뒤로는 단식을 중단했다. 하지만 73세나 되는 고령에 이미 쇠약해진 몸으로 이국의 억류 생활을 견뎌낼 수 없었다.

그가 의병을 일으키고, 체포되고, 대마도로 끌려가고, 마침내 죽어 부산으로 돌아오는 과정은 수많은 유림과 민중의 마음을 울렸다. 그의 운구 행렬이 부산에서 북으로 올라올 때 수많은 사람들이 울면서 그 뒤를 따랐다. 나아가 그는 '후기 의병 봉기의 모델이 되었다(이이화).'*

무성서원武城書院 강당

김학진金鶴鎭(1838, 헌종 4~1917)

33세(1871년, 고종 8)에 급제했다. 1894년 형조 및 공조 판서를 역임했다. 동학농민군 봉기 때 전라 감사가 되었다가 능력 부족을 이유로 자진 사퇴하기도 했다.

1905년 1월에는 일제의 경찰권 개입과 친일파를 비판한 최익현의 상소를 적극 지지했다. 본인도 그해 3월 일제의 국권 침탈을 비판하는 상소를 올렸다가 일제에 구금되기도 했다.

하지만 그 뒤로는 친일 행각을 보였다. 1909년 한국과 일본 황제의 사진 봉안 및 송덕비 창건을 위한 '송성 건의소' 발기인으로 활동했고, 1910년 합병 추진 단체 '대한 평화 협회'의 찬성장을 맡았다. 조국을 망하게 한 '공'을 인정받아 남작 작위와 2만5천 원의 은사 공채도 얻었다. 1912년 일본 정부로부터 '한국 병합 기념장韓國併合記念章'12)을 받았다.

남정철南廷哲(1840, 헌종 6~1916)

42세(1882, 고종 19)에 급제하여 1885년 평안도 관찰사, 1889년 대사헌을 거쳐 그 이후 도승지·형조판서·예조판서·한성판윤·경성부 관찰사·함경북도 관찰사 등을 역임했다. 1897년 내부 대신이 되었다. 최익현이 1904년 12월 일제의 침탈과 친일파를 비판하는 상소를 올렸을 때 적극 지지했고, 특진관으로 있던 1907년 7월에는 고종의 양위에 동의하지 않다가 체포되었다. 하지만 그 이후로는 친일로 돌아섰다. 1909년 12월 일진회가 한일합병 운동을 주도하는 데 대응하기 위해 이완용 등이 조직한 국민대연설회 발기인으로 참여했다.

나라가 망한 뒤의 행로는 김학진과 거의 흡사하다. 남정철도 1910년 10월 일본 정부로부터 남작 작위를 받았고, 1911년 1월 2만5000원의 은사공채를 수령했으며, 1912년 8월 일본 정부로부터 한국 병합 기념장을 받았다.

출생과 사망 시기도 비슷하다. 남정철은 1840년 4월 29일, 김학진은 1838년 4월 3일 태어났다. 남정철은 1917년 12월 13일 죽은 김학진보다 여섯 달 앞선 1916년 6월 30일 죽었다. 김학진은 79세, 남정철은 76세까지 살았으니 모두 천수天壽의 부귀영화를 누렸다. 과연 인과응보因果應報와 권선징악勸善懲惡은 있기나 한 것인가!

---

12) 이순우, 〈한국병합기념장을 끝까지 수령하지 않았던 사람들〉(민족문제연구소 누리집, 2019년 5월 24일) : ① 한국병합에 직접 관여했던 자 및 한국병합 사업에 동반하여 요무要務에 관여했던 자, ② 한국병합 당시 조선에 재근在勤했던 관리 및 관리대우자 및 한국정부의 관리 및 관리대우자, ③ 종전 일한日韓 관계에 공적이 있는 자를 수여 대상자로 정했다. (중략) 조선인의 숫자는 (중략) 얼추 4,850명 남짓으로 파악된다.

이범진의 사례로 본 을미사변~경술국치 약사

이범진李範晉(1852, 철종 3~1911)

1910년 8월 29일 경술국치 이후를 산 우리나라 사람들은 크게 세 갈래로 나뉜다. 일제와 싸웠거나, 친일파로 일제에 빌붙었거나, 그 중간쯤에 머무르는 '보통 사람'1)으로 살았다.

독립운동에 투신한 항일지사들도 외교독립론, 실력배양론, 군사전쟁론, 의열투쟁론 등 노선에 따라 서로 다른 방법으로 일제와 맞섰다. 독립운동 과정에서 수많은 분들이 목숨을 잃었다. 우리는 그들을 '순국殉國 지사'라 부른다. 殉이 '따라 죽다'이므로, 순국은 나라를 구하려고 애쓰다가 자신도 나라의 뒤를 따라 죽었다는 뜻이다.

순국 지사의 길은 두 갈래로 나뉜다. 의사義士는 직접 무기를 들고 전투나 의협 투쟁을 벌이다가 세상을 떠난 분들이다. 열사烈士는 총칼 없이 일제에 맞서다가 생명을 잃은 분들이다.

열사에는 스스로 목숨을 끊어 자주 자강의 의지를 천하에 밝힘으로써 본인의 자존도 지키고 나아가 다른 사람들의 독립 의기도 북돋운 '자정 순국' 지사들도 있다.

---

1) 전두환과 함께 군사 쿠데타를 일으켰던 노태우는 전두환의 후임을 선출하는 1987년 12월 16일 제13대 대통령 선거에서 "위대한 보통사람의 시대"라는 구호를 내걸었다.

자정自靖은 표제어 1,952,908건의 Naver국어사전, 그리고 Daum 한국어사전에 검색되지 않는다. 自는 우리말에서 '스스로', 靖은 '편안하다, 평안하다, 안정시키다, 평정하다, 다스리다' 등에 해당된다. 글자 그대로 읽으면 '자정 순국'은 스스로를 편안하게 만들기 위해 나라를 따라 죽었다는 의미로 풀이된다.

납득이 잘 되지 않는 해석이다. 이는 자정이라는 낱말이 무엇인가를 에둘러 가리키고 있다는 사실을 말해준다. 자살自殺은 스스로自를 죽였다殺는 직설적 표현이고, 자결自決은 스스로自의 삶을 끊었다決는 우회적 표현인 데 견주면, 자정은 자결을 좀 더 순국에 어울리게 나타내기 위해 창조된 신조어이다.

하지만 '자정'이라는 말까지 만들어가며 일제에 저항했던 선조들에 비해 우리 후대인들의 독립운동정신 계승 노력은 너무나 미미하다. 경술국치를 기억해야 다시 그같은 국가적 치욕을 당하지 않겠다는 각오를 새롭게 할 수 있고, 독립지사들을 진심으로 존경하며 뒤따르는 사회를 만들 수 있다.

그런데도 우리는 경술국치를 '반성'하기 위한 국가적 행사도 가지지 않고, 추념일로 지정하지도 않았으며, 관청들도 겨우 하는 것이 '조기 게양 독려' 수준이다. 그렇다고 그 탓만 하고 있어서는 안 된다. 나 자신부터 무엇인가를 실천해야 한다. 적어도 8월 29일 경술국치庚戌國恥 추념일 전후에는 1910년庚戌 나라國를 빼앗긴 부끄러움恥을 자정의 방법으로 밝힌 순국 지사들을 두루 살펴보아야 한다. 그 일이라도 해야 흐트러지려는 우리의 마음을 가다듬을 수 있다. 말로만 "경술국치를 잊지 말자!"를 되풀이해서는 안 된다. 언행일치의 선비정신을 실천해야 한다.

1905년 을사늑약 전후부터 1910년 경술국치 이후까지 "일제 침략에 항거하여 전국에서 1910년 이전에 10명이, 1910년대에 56명이 자결하였다."2) 자정 순국 지사 중 대한제국 시기에 스스로 생명을 끊은 열 분에 대해서는 이 책 곳곳에서 소개하되, 경술국치 이후에 자정 순국한 분들 중에서는 당시 정치상황을 알아보는 차원에서 23~24쪽에서 이만도·이현구 선생, 책 말미에 황현黃玹 선생, 그리고 지금 이범진李範晉 선생을 살펴볼까 한다.

이범진은 26세 때 문과에 급제했고, 1896년 아관파천으로 김홍집 내각이 무너지면서 법부 대신(현 법무부 장관)이 되었다. 그는 명성황후 시해 을미사변을 맞아 사건 경위를 적극 수사하려 했지만 일제와 이완용 등 친일파들의 압박 때문에 도리어 생명의 위협을 받는 처지로 몰렸다. 그래서 결국 주미 공사로 나가게 되었다.

1896년 9월 9일 워싱턴에 도착한 그는 약 3년 반 동안 미국에서 활약했다. 그 후 1900년 6월 12일 파리에서 프랑스 대통령을 만났다.

한 달 뒤인 7월 12일 상트 페테르부르크로 가서 러시아 황제에게 신임장을 제출한 이래 그는 약 5년 동안 주러시아 공사를 역임했다. 러시아

이범진
국가보훈처 사진

공사 재직 중에는 때로 주프랑스·주독일·주오스트리아 공사를 겸임하기도 했다. 이러한 이력으로 이범진은 "일제의 국권침탈이 자행되던 1900년대에 대한제국을 대표하는 전문 외교관"3)으로 평가된다.

---

2) 문화체육관광부 '문화 데이터 광장' 〈항일 자정 순국〉
3) 2011년 8월 국가보훈처 '이달의 독립운동가'

1904년 2월 23일 한일의정서를 체결한 일제는 각국에 있는 한국 공사들을 소환했다. 이범진은 황제의 칙명이 오기 전에는 소환에 응할 수 없다고 저항했다. 이범진은 계속 러시아에서 머물면서 국권 회복을 도모했다.

일제가 4월 1일 그를 러시아 공사에서 면직했다. 그럼에도 불구하고 러시아는 이범진의 애국심에 감동한 나머지 그가 상트 페테르부르크에서 활동하는 것을 허용했다. 당시 러일전쟁 중으로 한국에 우호적이었던 러시아는 한국 공사관에 체류 비용도 지원해주었다.

1906년 6월 4일 헤이그 만국평화회의에 참석하기 위해 파견된 이상설·이준 특사가 상트 페테르부르크에 도착했다. 이범진은 두 특사와 협의하여 만국평화회의에 제출할 고종의 친서를 작성했다.

만국평화회의 대책을 바쁘게 진행하는 한편, 영어·불어·러시아어에 모두 능통한 아들 이위종李瑋鍾을 통역을 겸해 특사단의 일원으로 활동하게 조치했다. 이위종은 각국의 신문기자들과 일부 국가 대표가 모인 파리에서 한국이 처한 현실과 일본의 반평화적 행태에 대한 〈한국을 위한 호소(a plea for korea)〉라는 제목의 연설을 했다.

'이위종의 연설은 모든 참석자들로 하여금 감명과 찬사를 금치 못하게 했다. 그 결과 즉석에서 한국의 입장을 동정하는 결의안을 만장의 박수로 의결까지 하였다. 이위종의 이 강연의 성과는 당시 헤이그에서 발행되던 신문인 《헤이그 신보(haagsche courant)》에 대대적으로 보도되어 국제여론의 환기에 상당히 큰 작용을 하였다. 그 후에도 밀사들은 투숙한 호텔 정문에 태극기를 걸고 열성적으로 활동'4)하였지만 끝내 일본과 영국의 방해 때문에 만국평화회의에서 발언할 기회는 얻지 못했고, 급기야 7월 14일 이준 열사가 분사하는 사태까지 일어났다.

이범진은 그 이후 1908년 연해주에서 의병이 조직될 때 지원금을 보내고, 1909년 블라디보스토크 신한촌의 여러 학교들을 통합하여 큰 규모의 한민학교韓民學校를 설립할 때에도 1천 루블을 보내 교육 구국 운동을 지원했다.

그러나 1910년 8월 29일 끝내 나라는 일제에 병탄되었다. 이범진은 절망감에 사로잡힌 나머지 줄곧 페테르부르크에서 칩거했다. 그러다가 마침내 자정 순국을 결심했다. 그는 1911년 1월 26일 천장의 램프 갈고리에 혁대를 걸어 목을 맨 상태에서 세 발의 권총을 자신에게 쏘았다. 향년 59세였다.

그는 자정 순국에 앞서 고종 황제, 러시아 황제 니콜라이 2세 등에게 유서를 남겼다. 그는 '한국, 서울, 덕수궁'의 〈황제 폐하께〉 보낸 유서에 다음과 같이 썼다.

> 우리나라 대한제국은 망했습니다. 폐하는 모든 권력을 잃었습니다.
> 저는 적을 토벌할 수도, 복수할 수도 없는 이 상황에서 깊은 절망에 빠져 있습니다. 자결 외에 제가 할 수 있는 일이 없습니다. 오늘 목숨을 끊으렵니다.

국가보훈처 독립유공자 공훈록 〈이범진〉의 본문은 "그의 아들 이위종도 일제 헌병대에 체포되어 잔혹한 고문을 받고 폐인이 되었다."로 끝난다. 이 끝 문장을 읽으니 이준 열사가 어째서 분사憤

---

4) 국가보훈처 독립유공자 공훈록 〈이위종〉

死했는지 저절로 헤아려진다. 아, 우리 역사가 분하다! *

이준李儁(1859.1.21.- 1907.7.14.)

함경남도 북청군 속후면 중산리에서 태어났다. 1895년에 법관양성소를 졸업하고 한성재판소 검사보를 거쳐 검사로서 관계 활동을 시작했다. 1898년 독립협회에 가입해 적극적으로 활동했고, 1902년 이상재李商在·민영환閔泳煥·이상설李相卨·이동휘李東輝·양기탁梁起鐸 등이 조직한 비밀결사 개혁당改革黨에 가담하였다. 1904년 일제가 '한일의정서'를 강제 체결하자 반대 시위를 주도했다. 또 우리나라 황무지 개척권을 요구하는 일본에 맞서 대항한 주력 단체 보안회의 총무로서 격렬한 반대 상소와 시위 운동을 펼치는 데에도 주동적 역할을 수행했다(40쪽, 90쪽 참조).

이준 국가보훈처 사진

1904년 12월 일제가 친일분자들로 일진회를 조직하자 이에 대항할 공진회共進會를 조직, 회장을 맡았다. 일제는 한국정부에 압력을 가해 이준을 황해도로 6개월 유배를 보냈다. 1905년 11월 17일 을사늑약 강제 체결 때에도 일제에 맞서 지도자로 활약하다가 체포되었다.

1907년 6~7월에 네덜란드의 헤이그에서 만국평화회의가 열린다는 소식이 전해지자 고종에게 이 회의에 특사를 파견해 '을사늑약이 일제의 군사적 강압으로 강제 체결되었으며 황제가 찬동한 바 없으므로 무효임을 선언'하고 '한국독립에 대한 열국의 지원을 요청'할 것을 제의하였다. 고종의 동의로 극비리에 정사正使 이상설,

부사副使 이 준과 이위종李瑋鍾이 임명되었고, 만국평화회의 의장과 각국 대표들에게 보내는 고종의 친서가 준비되었다. 하지만 만국평화회의에서의 활동은 일본과 영국의 방해에 가로막혀 목적을 달성할 수 없었다. 마침내 이준은 분개·통탄한 끝에 헤이그에서 분사憤死로 순국하였다. 일제 통감부는 궐석재판에서 이준에게 종신징역을 선고했다.

침략 원흉을 향해 날아간 '정의의 돌멩이'

안중근 의사에 앞선 원태우 의사의 이토 처단 기도

1905년 11월 17일 "이른바 을사보호조약이 강제 체결되어 조선은 사실상 일본의 식민지로 전락하였다."[1) 송건호 《한국현대사론》의 이 문장에는 유심히 보아야 할 표현이 세 가지 있다. '이른바', '강제', '사실상'이 바로 그들이다.

'을사보호조약' 앞에 '이른바'가 붙은 것은 그 조약에 심각한 문제가 있다는 뜻이다. 어떤 문제인가? '강제 체결'되었다는 것이다. 국제법상 무효인 그 조약 때문에 우리나라는 '사실상 일본의 식민지'가 되었다. 따라서 '을사보호조약' 앞에 '이른바'가 붙는 까닭을 알기 위해서는 '강제 체결'의 과정을 짚어보아야 한다.

1905년 10월 27일 일제는 일본군을 서울에 집결시켰다. 구완희와 박용화 등이 궁궐을 포위하려는 일본군을 인도하여 길안내를 맡았고, 대포를 설치하는 데 앞장섰다. 일본군에 에워싸인 궁궐은 아무도 출입할 수 없게 가로막혔고, 서울은 온통 공포의 도시가 되었다.

일본 군사 행동의 총 지휘자는 하세가와長谷川好道였고, 조약을 조인할 실무 책임자는 하야시林權助였다. 일본왕이 자신을 대신해서 파견한 특사는 이토伊藤博文였다. 일본은 군대를 동원하여 위협 분위기를 조성한 다음, 외교 특사 이토를 고종 황제에게 보내 보호조

---

1) 송건호, 《한국현대사론》(한국신학연구소, 1979), 19쪽.

약 안을 제시하고, 조선이 만약 말을 듣지 않으면 일방적으로 한국 정부에 통고하는 형식으로 조약을 체결한다는 전략 하에 움직였다.2)

이토가 덕수궁을 찾아 고종 황제를 만난 때는 11월 10일 정오 무렵이었다. 이토는 일본왕의 친서를 고종 앞에 내놓았다. "짐(일본 국왕)이 동양평화를 유지하기 위하여 대사를 특파하니 대사의 지휘를 따라 조처하시오."라는 내용의 친서였다. 이토가 조약을 체결하자고 하면 순순히 응하라는 협박이었다.

나라를 내놓으라는 데 어느 나라 왕이 기다렸다는 듯이 응낙할 것인가! 원하는 답을 고종으로부터 듣지 못한 이토는 일단 물러났다. 이토가 다시 고종을 알현한 것은 그로부터 닷새 후였다.

이토는 하루라도 빨리 조약을 체결하고 싶어 안달이 났지만 고종이 만나는 것을 거절하니 제 뜻대로 할 수가 없었다. 하지만 고종은 결국 15일 이토와 다시 대면하게 되었다. 이토가 노골적으로 고종을 위협했다.

"폐하께서 조약 체결을 거절하시면 조선에 중대한 일이 일어날 것입니다. 그게 어떤 일인지는 충분히 헤아리시겠지요?"

고종이 이토를 쏘아보며 말했다.

"짐은 아무 것도 헤아리지 못한다. 다만 이 조약이 국가의 막중한 중대사라는 것만은 분명하게 알고 있다. 그런즉 짐이 단독으로 결정할 수 있는 사안이 아니다. 국민의 의사를 물어보아야 한다."

고종

---

2) 박성수, 《알기 쉬운 독립운동사》(국가보훈처, 1995), 78쪽.

이토가 눈을 부라리면서 고종을 윽박질렀다.

"국민의 의사를 물어보아야 한다 운운은 인민을 선동해서 일본에 반항하겠다는 것입니까? 지금 조선의 형편에 그런 우매한 조치가 가능하다고 생각하십니까?"

"무엇이야?"

"신라 경순왕이 왕건과 전쟁을 벌이지 않고 순순히 나라를 고려에 바친 것이 무엇 때문인지 진정 모르십니까? 백성들의 목숨을 살리기 위해 임금으로서 진정한 애민 정신을 발휘한 것이지요. 폐하께서는 일국의 왕으로서 그런 측은지심도 지니고 있지 않으시다, 그 말씀이십니까?"

그에 고종도 아주 직설적으로 이토를 공박했다.

"오냐, 말 잘했다! 이 조약을 체결하는 것은 나라를 망하게 하는 일이니 네놈이 짐을 죽인다 하더라도 결코 허가할 수 없다! 썩 물러가지 못할까!"3)

일본이 고종 앞에 내놓은 조약의 안은 대략 아래와 같았다. 이미 국권을 거의 다 빼앗긴 처지이지만 이제는 아주 나라 문을 닫으라는 내용이었다. 아무리 막다른 골목에 내몰린 고종일지라도 결코

---

3) 박성수의 《알기 쉬운 독립운동사》 78~79쪽에 수록되어 있는 〈아래〉의 대화 내용을 이 책에서는 조금 더 소설적으로 변용하여 위 본문으로 활용했음을 밝혀둡니다. 〈이토오 : 만약 폐하가 이 조약을 거절하시면 중대사가 일어날 것입니다. 고종 : 이 조약은 국가 중대사이므로 짐이 단독으로 결정할 수 없다. 국민의 의사를 들어봐야 한다. 이토오 : 국민의 의사 운운하심은 인민을 선동하여 일본에 반항하려는 것이 아닙니까? 고종 : 이 조약을 인허認許하는 것은 망국이나 같은 것이니 짐이 종사를 위해 죽을지언정 절대로 인허할 수 없다.〉

받아들일 수 없었다.

제1조 일본국 정부는 재在동경 외무성을 경유하여 금후 한국의 외국에 대한 관계 및 사무를 감리監理 지휘하며, 일본국의 외교 대표자 및 영사는 외국에 재류하는 한국의 신민臣民 및 이익을 보호한다.

제2조 일본국 정부는 한국과 타국 사이에 현존하는 조약의 실행을 완수할 임무가 있으며, 한국 정부는 금후 일본국 정부의 중개를 거치지 않고는 국제적 성질을 가진 어떤 조약이나 약속도 하지 않기로 상약한다.

제3조 일본국 정부는 그 대표자로 하여금 한국 황제폐하의 궐하에 1명의 통감統監을 두게 하며, 통감은 오로지 외교에 관한 사항을 관리하기 위하여 경성京城(서울)에 주재하고 한국 황제폐하를 친히 내알內謁할 권리를 가진다.

일본국 정부는 또한 한국의 각 개항장 및 일본국 정부가 필요하다고 인정하는 지역에 이사관理事官을 둘 권리를 가지며, 이사관은 통감의 지휘 하에 종래 재在한국 일본영사에게 속하던 일체의 직권을 집행하고 아울러 본 협약의 조관을 완전히 실행하는 데 필요한 일체의 사무를 장리掌理한다.

제4조 일본국과 한국 사이에 현존하는 조약 및 약속은 본 협약에 저촉되지 않는 한 모두 그 효력이 계속되는 것으로 한다.

제5조 일본국 정부는 한국 황실의 안녕과 존엄의 유지를 보증한다.

이토는 고종을 직접 협박하여 조약을 체결하는 것이 예상보다 간단하지 않다는 사실을 직감했다. 머리를 굴린 이토는 고종이 국민의 의사를 물어보아야 한다고 발언한 데 주목했다. 그는 정부 대신들을 궁중에 모아놓고 동의를 얻는 것이 빠르겠다고 판단했다.

11월 17일 이토의 요구에 따라 한국 정부의 대신들이 일본 공사관에 모였다. 오후 3시가 되도록 회의를 열었지만 일본이 바라는 결과는 탄생하지 않았다. 이토는 대신들을 이끌고 궁중으로 들어가 고종 앞에서 어전회의御前會議를 재개했다.

궁궐 바깥 사방을 일본군 병사들이 빽빽하게 포위한 것은 말할 나위도 없고, 궁궐 내부도 무장을 한 일본 헌병과 경찰들로 서슬이 시퍼렇게 서려 있었다. 헌병과 경찰들은 회의장 안까지 거리낌 없이 드나들면서 대신들을 협박했다.

그런 상황이었지만 대신들은 조약 체결에 관한 안건을 부결시켰다. 그러자 이토는 일본군 사령관 하세가와를 대동하고 세 차례나 고종을 알현하여 대신들과 논의해서 조약 체결이 이루어지도록 해달라고 접박했다. 마침내 고종이 참석하지 않은 가운데 회의가 속개되었다. 하오 3시부터 시작된 회의는 어느덧 8시가 될 때까지 계속되었다.

일본군 사령관과 무장 헌병들을 좌우에 거느린 이토는 대신들에게 한 명 한 명 '조약 체결에 찬성하느냐, 반대하느냐?' 식으로 접박했다. 참정 대신(국무총리) 한규설韓圭卨, 탁지부 대신(재정경제부 장관) 민영기閔泳綺, 법부 대신(법무부 장관) 이하영李夏榮, 학부 대신(교육부 장관) 이완용李完用, 군부 대신(국방부 장관) 이근택李根澤, 내부 대신(행정안전부 장관) 이지용李址鎔, 외부 대신(외교부 장관) 박제순朴齊純, 농상공부 대신(농림수산부 장관) 권중현權重顯 들은 차례대로 이토의 재촉에 답변하게 되었다.

한규설은 처음부터 끝까지 강력히 반대했다. 민영기도 반대했다. 이완용이 가장 먼저 이토의 요구에 따랐다. 박제순, 이지용, 이근택도 찬성했다. 처음에는 반대 의사를 나타내었던 권중현도 찬성으로 돌아섰다.

을사5적? 을사7적? : 왼쪽부터 박제순, 이지용, 이근택, 이완용, 권중현, 세칭 '을사오적'이다. 오른쪽의 2인 이하영과 민영기도 친일 행각에서는 마찬가지이므로 '을사칠적'으로 불러야 한다는 주장도 있다. (대구 조양회관 게시 사진)

이완용, 박제순, 이지용, 이근택, 권중현, 흔히 '을사 오적乙巳五賊'이라 부르는 대신들이 이토의 요구에 부응하여 협약 체결에 동의했다. 한규설은 '대신들의 결정을 거부해 달라'고 건의하기 위해 고종에게 달려가다가 피를 토하며 쓰러졌다. 이토는 다른 대신들과 둘러앉아 조약을 체결했고, 한규설을 대궐 수옥헌漱玉軒 골방에 감금하고 면직시켰다. 경기도 고양시 덕양구 원흥동 산90-1 소재 '한규설 선생 묘'의 안내판을 읽어본다.

한규설(1856~1930) 선생은 조선 말 고종 때의 대신으로, 자는 순우, 본관은 청주, 총융사摠戎使(조선 후기 5군영의 하나인 총융청의 주장으로 종2품) 규직圭稷의 아우이다.

일찍이 무과에 급제한 뒤 형조·공조의 판서, 한성부 판윤 등을 거쳐 포도대장, 장위사壯衛使(서울과 지방의 여러 군영을 통할하던 장위

영의 대장), 의정부 참찬(정2품)을 역임했다.

　광무 9년(1905) 참정대신(내각 수반)으로 내각을 조직했는데, 이 해 을사조약을 강제로 체결하기 위해 일본 전권대사 이등박문이 각 대신들에게 협약을 요구했을 때 그 부당성을 주장하며 끝까지 반대, 조약 체결 후 파면되었다.

　뒤에 다시 중추원 고문, 궁내부 특진관特進官(왕실 자문관)을 역임, 경술국치 때 일본 정부에 의해 남작을 수여하려 했으나 이를 거절했다.

　묘는 부인 밀양박씨와 합장되었으며, 묘 앞 우측에는 옥개屋蓋(덮개돌)를 갖춘 대리석 묘비, 중앙에는 상석床石(제물을 놓기 위해 무덤 앞에 놓은 평평한 돌), 향로석香爐石(향 피우는 그릇을 놓은 돌), 그리고 그 앞 좌우에는 동물석[石羊 = 돌로 만든 양)과 망주석望柱石(묘 앞 양쪽에 세운 한 쌍의 돌)이 각각 갖추어져 있다.

　1934년 10월 아들 양호亮鎬가 세운 묘비墓碑(무덤 앞의 빗돌)의 높이는 146cm, 폭 50cm, 두께 20cm의 규모이며, 옥개를 갖추었다. (한규설 묘비 앞면에는 '정부 참정대신 훈1등 주한공 휘규설 지묘, 증 정경부인 밀양박씨 좌부'가 한자로 새겨져 있다.)

"이른바 을사보호조약"이라는 송건호의 표현은 이 조약이 앞에서 살펴본 바와 같이 강제로 체결되었다는 뜻이다. 송건호는 '을사보호조약'이라는 이름은 가당하지 않으며, 조약의 효력을 인정할 수 없다고 말하고 있는 것이다. 을사늑약乙巳勒約일 뿐 결코 을사보호조약으로 부를 수 없다는 항변이다.

　마소의 머리에 씌워 고삐에 연결한 勒은 짐승을 끌고 다니기 위해 설치한 물건이다. 勒은 '굴레 늑, 재갈 늑'이다. "이른바 을사보호조약"은 일제가 우리나라를 제 입맛에 맞게 끌고 다니기 위해 강제로 맺은 불법 조약이므로 을사 '늑勒'약일 뿐이다.

을사오적의 협조를 받아 을사늑약을 체결한 일제는 외국에 설치되어 있던 한국의 외교기관들을 모두 폐지시켰다. 한국에 머무르고 있던 영국·미국·청·독일·벨기에 등의 외교관들도 공사관을 철수하고 자기 나라로 돌아갔다. 이제 지구상에 대한제국이라는 국가는 없어졌다.

이토 히로부미는 을사늑약을 체결한 후 '기쁨'을 자축하기 위해 수원 지역으로 여행을 떠났다. 닷새 동안 온천욕도 하고 기생 파티도 즐길 요량이었다. 어느 누구도 그의 행각을 저지할 사람은 없었다. 이토는 희희낙락 즐거움을 만끽했다.

그런 이토를 참담하게 만든 일이 발생했다. '원수 이등을 처단하려는 의거가 「을사늑약」의 변이 있은 지 5일 후인 11월 22일 경부선 안양 부근에서 일어났다.'4) 한국인 청년이 이토의 머리를 돌로 때린 것이었다.

이토의 얼굴을 돌로 가격한 청년은 23세 농민 원태우였다. 원태우는 돌을 만지는 데 특출한 능력을 가지고 있었다. 지금도 독립기념관과 안양 평촌아트홀 수장고에는 그가 만든 돌절구와 맷돌이 각각 보관되어 있다. 이는 그의 돌 다루는 솜씨가 대단한 경지였다는 사실을 객관적으로 확인할 수 있게 해주는 대목이다.

원태우는 을사늑약 강제 체결 소식에 분개했다. 그는 이토를 습격해 민족의 의기를 만천하에 보여주자고 이만여李萬汝 등과 결의했다. 현재 안양 육교가 세워져 있는 서리재 고개를 거사 장소로 정했다. 오르막인데다 철길이 굽어 있으므로 기차가 속도를 더욱

---

4) 국가보훈처, 《의열투쟁사》(1975), 144쪽

늦출 것이고, 그러면 공격을 감행할 기회가 더 많이 주어질 것으로 예측했다.

원태우는 레일에 돌을 얹어놓고서 이토가 탄 기차가 오기만 기다렸다. 돌을 들이받은 열차가 전복될 수도 있고, 그렇게 되면 이토가 죽거나 중상을 입을 수도 있다는 기대였다. 그런데 겁을 먹은 이만여가 돌을 치워버리는 사태가 발생했다.

이미 기차는 시야에 들어왔다. 급해진 원태우는 주먹 크기와 어금버금해 보이는 짱돌 하나를 집어 들었다. 돌을 다듬거나 던지는 일에는 어릴 때부터 자신만만했다.

당시의 기차는 시속이 20~30km에 지나지 않았다. 원태우는 비탈을 내려가 철로 가까이 다가섰다. 드디어 이토를 실은 기차가 눈 앞에 닿았다. 만면에 웃음꽃을 피우고 있는 이토의 얼굴이 유리창 네모틀 안에 들어왔다. 그 순간, 원태우는 침착하게 호흡을 가다듬었다.

"음!"

이윽고 원태우는 이토의 얼굴을 정조준하여 힘차게 돌을 던졌다. '쌩―' 소리를 내며 날아간 돌은 유리창을 '쨍!' 부수고 기차 안으로 돌진했다.

'악―!' 소리가 객실을 가득 메웠다.

순간, 사내 하나가 고개를 아래로 떨어뜨렸다. 이토였다. 돌은 이토의 왼쪽 눈언저리를 강타한 뒤 바닥으로 떨어졌다. 이토의 얼굴이 피범벅이 되자 일제 경찰은 처음에는 혼비백산 상태로 주변 경계에 골몰했지만, 이내 수색에 나섰다.

원태우 지사는 현장에서 체포되었고, 끌려가서 무자비하게 고문을 당했다. 공모 일당들을 실토하라는 것이 추궁의 핵심이었다. 전직 일본 수상을 습격한 거사인 바, 단독범일 리가 없다는 것이 일제의 판단이었다. 결국 이만여 등이 뒤늦게 피체되지만 이내 풀려났다. 원태우 지사 혼자만 약 두 달 동안 구금 상태로 악랄한 고문에 시달렸다.

안양육교 네거리에서 남쪽으로 150m가량 가면 석수공원 입구가 나타난다. 안양로 599 안양자동차원 건물을 등지고 서면 길 건너편에 작은 이정표 '← 원태우 지사 표석'가 보인다.

이토의 얼굴을 향해 돌을 던졌던 지점에 세워져 있는 '원태우 지사 표석'은 원태우 지사의 얼굴과 투석 장면 부조, 그리고 그 아래의 해설문으로 구성되어 있다.

기찻길은 표석 뒤로 지나간다. 원태우 지사도 1905년 11월 22일 바로 이 자리에 서서 돌을 든 채 이토가 탄 기차가 곧 나타날 철길을 유심히 노려보았을 것이다. 마치 원태우 지사가 된 듯한 마음으로 주변을 둘러본다. 현장에 주차 공간이 없는 등 이것저것 부족하지만 의열 독립투쟁의 현장에 왔다는 기꺼움으로 마음의 공허를 달래본다. 해설문을 읽는다.

원태우元泰祐 지사志士 의거지義擧址

이곳은 안양 출신 원태우(1882-1950) 지사가 1905년 11월 22일 민족의 원흉 이토伊藤博文를 향해 정의의 돌을 던져 대한 남아의 기개를 만방에 떨친 역사의 현장이다.

일제에 의해 1905년 11월 17일 강제로 외교권을 빼앗긴, 이른바 을사조약에 비분강개하여 단신으로 거사를 감행, 이토에게 큰 상처를 입혔다.

거사 후 원 지사는 현장에서 체포되어 모진 고문 후 이듬해 1월 풀려났으나 평생을 불구로 지내다 1950년 한국전쟁 때 69세를 일기로 운명하였다.

안양시 평촌대로 86 자유공원의 원태우 지사 흉상 아래에 새겨져 있는 해설도 읽어본다. 의거지의 것보다 조금 더 자세하게 이토 습격 거사를 설명하고 있다.

원태우元泰祐 의사께서는 1882년 3월 4일 과천현 하서면 안양리 642번지(현 안양시 만안구 안양1동)에서 출생하셨다.5) 원 의사께서는 1905년 11월 22일 이토 히로부미伊藤博文가 수원에 사냥을 왔다가 서울로 열차를 타고 서리재 고개(현 안양 육교)를 지날 때 혼자의 몸으로 돌을 던져 큰 상처를 입히고 곧 일경에 체포 구금되었다.

이 의거는 민간 항일 운동의 효시가 된 거사로서 당시 대판매일신문 대한매일신문 동경매일신문 등의 언론은 물론이요, 일본이 제작한 《日盧일로전쟁 화보와 《續陰晴史속음청사》에도 그 내용이 수록된 일대사건이었다.

---

5) 국가보훈처, 《의열투쟁사》(1975), 144쪽은 '시흥始興 농민 김태근金泰根'으로 기술하고 있다. 김태근은 원태우의 이명異名이다. 안양시 만안구 안양1동에서 출생한 그를 시흥 농민이라고 말한 것은 당시 그곳이 '경기도 시흥군 안양면 안양리 642번지'였기 때문이다. 공훈록은 원태근이라는 이명도 있었다는 사실을 말해준다. 안양시청은 공식적으로 '원태우', 국가보훈처 공훈록은 '원태근', 국가보훈처 《의열투쟁사》는 '김태근'이라는 이름을 쓰고 있다.

원 의사께서는 1906년 1월 24일자로 모진 고문과 악형을 받고 석방되었으나 평생 불구의 몸으로 지내시다 1950년 6월 25일 69세의 일기로 타계하셨다. (글씨 최인렬)

의거지 표석에 새겨져 있는 원태우 의사의 투석 장면 부조 : 원태우 지사 의거지義擧址(안양로 599, 만안구 석수동 249-6) 안양자동차학원 건물 앞 횡단보도를 건너면 '← 원태우 지사 표석'이라는 이정표가 나타난다. 화살표를 따라 걸으면 금세 원태우 지사의 얼굴과 투석 장면 부조 및 거사에 대한 설명이 새겨져 있는 의거지 표석標石과 만나게 된다. '의거지 표석'은 의거를 일으켰던 장소를 표시한 돌이라는 뜻이다.

원태우 지사의 거사에 대해 국가보훈처 누리집 독립유공자 공훈록에는 어떻게 기술되어 있을까? 정부의 공식 기록을 아니 읽어볼 수는 없는 일이다.

경기도 시흥 사람이다.

1905년 을사조약乙巳條約의 강제체결에 격분한 그는 일제의 침략 원흉 이등박문伊藤博文을 응징하여 한국인의 항일의지를 만천하에 알릴 것을 계획하였다.

그리하여 기회를 기다리던 중 1905년 11월 22일 이등박문과 임권조林權助가 경기도 수원에서 수렵을 한 뒤 경부선 철도열차에 승차하여 오후 6시 13분경 안양安陽(지금의 安養)역을 출발한지 얼마 안된 때에 이등박문을 목표로 투석하여 이등의 왼쪽 눈과 안면에 부상을 입혔다.

이 일로 인하여 일경에 붙잡힌 그는 1905년 11월 하순 경성헌병사령부京城憲兵司令部에서 태笞 100도를 받았다. 정부에서는 고인의 공훈을 기리어 1990년에 건국훈장 애족장을 추서하였다.

국가보훈처가 1975년에 펴낸 《의열 투쟁사》는 "을사늑약을 만든 침략자 원흉은 일본의 이토 히로부미는 이미 10여 년 전부터 일본 정계의 거물로 나타나 한국 침략에 앞장서 오던 인물이지만, 특히 을사늑약 때에는 일본의 소위 특명 전권 대사로 우리나라에 와서 강대한 무력을 동원하여 온갖 권모술수를 다하여 적신賊臣들을 부동附同해서 드디어 우리 국권을 강탈하는 늑약을 만들어 놓았던 것이다. 따라서 이 침략의 원흉 이등이야말로 국민 모두가 절치부심切齒腐心하는 원한의 대상이 아닐 수 없었던 것"이라면서 "이러한 원수 이등을 처단하려는 의거가 을사늑약의 변이 있은 지 5일 후인 11월 22일, 경부선 안양역 부근에서 일어났다"라고 기술하고 있다.

원태우 지사가 던진 "정의의 돌멩이"가 찻간 유리창을 부수고 안으로 떨어지면서 "이등은 경상을 입고 차 안은 수라장이 되었다. 승리의 개가를 올리며 돌아가던 원흉 이등으로도 여기서는 질겁하여 넋을 잃지 않을 수가 없는 일이었다." "원수를 처단하지는 못하더라도 대한 남아의 그 정의의 정신과 기백만이라도 보여주기 위한" 원태우 지사의 거사는 약 4년 뒤인 1909년 10월 26일 마침내 대단원의 결실을 맺었으니 안중근 의사가 만주 하얼빈에서 이등을 처단한 쾌거, 바로 그것이었다. *

최동식崔東植(1850- 사망 연월일 미상)

1904년 8월 22일 일제는 조선 정부로부터 '1차 한일 협약서'를 받아내었다. 협약서에는 '한국 국가 재정의 중요 업무를 일본인 고문에게 일임한다. 외교와 내치, 중앙행정기관 개선을 위해 일본이 추천하는 고문을 두고 의정부 의결 전에 의견을 들어야 한다.' 등의 내용이 들어 있었는데, 그 중에는 '진황지(개간되지 않은 땅) 개간권을 일본 자본에 준다.'는 조항도 들어 있었다. 당시 일제는 일본인 나가모리 도키치로長森藤吉郎에게 50년 동안 나라 안 모든 미개간지의 개간·정리·개량·척식 권한을 주려고 계획하고 있었다.

당시 우리나라 땅의 80~90%가 진황지였다(40쪽 참조). 한국인들의 반대가 대단했을 것을 돌이켜 살펴보지 않아도 너무나 자명한 일이었다. 대한제국 감찰(사헌부 정6품)로 재직했던 최동식은 동지들과 함께 일제의 황무지 개척권 요구를 반대하는 구국 활동에 뛰어들었다. 그는 전국을 순회하며 일제의 황무지 개척권 허가 반대 운동 동참을 호소했고, 궐문 밖에서 허가 반대 상소를 올리자는 통문도 돌렸다.

  1905년 을사늑약 체결 상황이 빚어진 10월 25일에는 박제순 등 매국노들을 처형하라는 상소를 올렸다가 투옥되기도 했다.

  그는 출옥 후 나철 등이 추진한 을사오적 처단 거사에 동참해 1907년 음력 2월 초 두 차례에 걸쳐 을사오적 처단을 기도하고, 2월 12일에도 을사오적이 출근하는 길목을 지키다가 습격해 처단하려고 했지만 성공하지 못했다. 이 일로 체포되어 1907년 7월 3일 평리원平理院(현재의 법원)에서 유형流刑(귀양) 10년을 언도받았다.

스스로 생명을 끊어 나라의 앞날에 불을 밝히다
자정 순국 지사들

　1905년 을사늑약이 강제 체결되자 스스로 생명을 끊어 이에 반대하고 항의하는 순국 투쟁이 잇달았다. 을사조약을 전후하여 이한응李漢應·민영환閔泳煥·조병세趙秉世·김봉학金奉學·이상철李相哲·홍만식洪萬植·송병선宋秉璿 등이 자결하였다. 1907년 고종의 폐위와 군대 해산을 맞아 이규응李奎應·박승환朴昇煥·김순흠金舜欽 지사가 자결했다.

　일제침략에 항거하여 자정의 길을 선택한 지사는 1910년 이전 10명, 1910년대 56명에 이른다. 1910년대 자정 순국 지사들을 성명의 가나다 순으로 소개하면 아래와 같다. (1910년 경술국치 이후 순국 선열 중에는 일부만 이 책에 소개되었다. 수록되지 않은 분들의 활동 내용은 '국가보훈처 독립유공자 공훈록'을 참조하시기 바랍니다.)

　　공치봉孔致鳳·권용하權龍河·김근배金根培·김기순金奇純
　　김도현金道鉉·김상태金尙台·김석진金奭鎭·김성진金聲振
　　김영상金永相·김영세金永世·김용구金容球·김제환金濟煥
　　김지수金志洙(논산)·김지수金志洙(연산)·김천술金天述
　　김택진金澤鎭·노병대盧炳大·문태서文泰瑞·박능일朴能一
　　박병하朴炳夏·박세화朴世和·반하경潘夏慶·백성흠白成欽
　　백인수白麟洙·송병순宋秉珣·송완명宋完明·송익면宋益勉

송주면宋宙勉·오강표吳剛杓·유도발柳道發·유병헌劉秉憲
유신영柳臣榮·이근주李根周·이만도李晩燾·이면주李冕宙
이명우李命宇 부부·이범진李範晉·이보철李普喆
이승칠李承七·이재윤李載允·이중언李中彦·이학순李學純
이현섭李鉉燮·장기석張基錫·장태수張泰秀·정재건鄭在健
정동식鄭東植·조장하趙章夏·최세윤崔世胤·최우순崔宇淳
홍범식洪範植·황석黃碩·황현黃玹

영국에서 외교관으로 근무하던 이한응 지사는 1904년 8월 22일 나라를 일제에 송두리째 내어주는 제1차 한일 협약이 체결된 이후 아무런 활동도 할 수 없게 되자 1905년 5월 12일 "아아, 나라는 주권이 없어졌고國無主權 사람은 평등을 잃었다人失平等. 모든 외교에 치욕이 극심하니 피 끓는 사람으로서 어찌 참을 수 있으랴! 나라는 머잖아 멸망하고宗社其將盧失, 민족은 장차 노예가 되겠구나民族其將奴矣! 구차하게 살아본들 치욕만 더 심해질 터이니, 죽는 것이 더 나을 것이다."라는 유서를 남기고 자결하였다. (55쪽 참조)

민영환閔泳煥(1861.8.7.6)-1905.11.30.)
민영환은 서울 견지동에서 흥선대원군 이하응의 처남 민겸호의 아들로 태어났다. 즉 그는 고종과 내외종간 된다. 민겸호는 1882년 임오군란 당시 군인들에게 피살되었다. 민영환은 큰아버지 민태

---

6) 출생일이 국가보훈처 독립유공자 공훈록에는 1861년 8월 7일로 되어 있고, 국가보훈처와 독립기념관이 선정한 2001년 11월 '이달의 독립운동가'에는 1861년 7월 2일로 나온다.

호에 입양되어 있었는데, 민태호는 1884년 갑신정변 때 개화당 청년들에게 살해되었다.

민영환은 22세에 생부, 24세에 양부를 잃었지만 18세(1878년)에 문과에 급제한 인재인데다 왕실과 아주 가까운 인척이라는 출신 성분에 힘입어 출세에는 지장이 없었다. '온순하고 청렴하였으며 애국심이 매우 강했다(국가보훈처 독립유공자 공훈록)'라고 평가받는 그는 "주요 관직을 두루 거치는 동안에 개화사상을 가지게 되어 개화정책을 지지하였다."

민영환
국가보훈처 사진

민영환은 1896년 특명전권공사가 되어 제정 러시아 마지막 황제 니콜라이 2세의 대관식에 참석했고, 1897년에도 특명전권공사로서 영국 독일 프랑스 오스트리아 러시아 이탈리아를 방문했다.

두 차례에 걸친 유럽 답사는 그에게 세계 각국의 선진 문물에 대한 안목과 미래사회의 추이를 예견하는 안목을 길러주었다. 민영환은 세계여행에서 얻은 견문을 바탕으로 고종에게 근대적 개혁과 민권 신장을 통해 독립국가로서의 기초를 굳건하게 다질 필요가 있다고 건의했다. 하지만 그의 건의는 실행에 옮겨지지 못했다.

1898년 서재필 이상재 등이 중심이 된 독립협회가 민권자강운동을 펼치자 적극 지지하였다. 그는 의회를 두어 국민들의 여론을 결집시켜야 나라의 독립을 유지하는 데 크게 유리하다고 생각한 당시 "가장 자주적이고 진보적인 관료"였다.

그는 군부 대신 겸 내무 대신으로서 군사권과 경찰권을 장악하고 있었으므로 독립협회의 의회 설립 운동을 적극 뒷받침했고, 이

민영환 동상
종로구 우정국로 59

 득고 1898년 11월 2일 '의회 설립법'을 공포하기에 이르렀다.

 하지만 "민영환이 독립협회와 공모하여 공화정을 실현하려고 한다"는 수구파의 모략선전에 넘어간 고종이 그를 파면하면서 의회 설립도 물거품이 되고 말았다.

 그 후 복직하여 참정 대신, 탁지부 대신 등을 역임하면서 한일의정서가 1904년 2월 23일 강제 체결되는 데 강력히 반대하다가 일본의 압력과 친일파들의 공작에 떠밀려 시종무관장(청와대 경호실장)으로 좌천되었다. 그 후에도 민영환은 친일 관료들과 맞섰는데, 1905년 11월 17일 을사늑약 체결로 국권이 사실상 일본에 넘어갈 때 조병세와 더불어 수많은 관리들을 이끌고 을사늑약 파기와 을사오적 처형을 주장했다. 그러나 고종은 민영환 등의 상소를 받아들이지 않았다. 민영환은 대한문 앞에서 농성을 펼쳤지만 일제에 체포되어 끌려나오고 말았다.

 11월 29일 풀려난 민영환은 나라를 구할 방법이 없다는 사실을 통감한 나머지 자결을 결심하였다. 그는 스스로 죽음으로써 국민들의 마음에 나라의 독립을 지켜내어야겠다는 각오를 격동시키는 밑거름이 되고자 했다. 그는 11월 30일 각국 공사들에게 보내는 호소문과 국민들에게 보내는 〈경고 대한 2천만 동포 유서〉를 썼다.

 아, 우리의 치욕이 이 지경에 다다랐구나. 생존경쟁이 심한 이 세상에 우리민족의 운명이 장차 어찌 될 것인가. 살기를 원하는 사람은 반드시 죽고 죽기를 맹세하는 사람은 살아 나갈 수 있으니 이는 여러분이 잘 알 것이다.

　나 영환은 죽음으로써 황은을 갚고 우리 이천만 동포에게 사죄하려 한다. 영환은 이제 죽어도 혼은 죽지 아니하여 황천에서 여러분을 돕고자 한다. 바라건대 우리 동포형제여, 천만 배나 분려奮勵를 더하여 지기志氣를 굳게 갖고 학문에 힘쓰며 마음과 마음을 합하고 힘과 힘을 아울러 우리 자유독립自由獨立을 회복할지어다. 나는 지하에서 기꺼이 웃겠노라. 아, 조금도 희망을 잃지 말라. 대한제국 이천만 동포에게 마지막으로 고한다.

　유서 쓰기를 마친 민영환은 목을 찔러 자정 순국하였다. 그의 죽음과 유서는 "온 국민에게 큰 충격을 주었으며, 국권회복을 위한 의병 운동과 애국 계몽 운동이 일어나게 하는 데 큰 계기를 만들어 주고, 나라가 독립을 되찾아야 한다는 모범을 죽음으로써 가르쳐 주었다(공훈록)."

민영환 고택지 표지석
서울 견지동 27-2

이어서 "선생을 따라 전 좌의정 조병세, 전 대사헌 송병선, 전 참판 홍만식, 학부주사 이상철 등도 자결, 순국함으로써 일제 침략에 대한 강력한 투쟁 방략의 하나로 의열 투쟁이 자리를 잡게 되었다. 나아가 선생의 순국은 국권회복을 위한 의병운동과 구국 계몽운동이 발흥하는 기폭제가 되었고, 죽음으로서라도 조국과 민족의 독립을 지켜야 한다는 교훈을 남겨주었다(2001년 11월 〈이 달의 독립운동가〉)."

조병세趙秉世(1827-1905.12.1.)

조병세는 경기도 가평군 가평면에서 태어났다.7) 1859년 문과에 급제했고, 1874년 함경도 암행어사, 1887년 이후 대사성, 의주 부윤, 대사헌, 공조 판서, 예조 판서, 이조 판서, 한성 부판윤, 우의정을 역임했다. 1893년 좌의정이 되었으며, 1894년 7월 갑오경장으로 관제가 개혁되자 중추원 좌의장(국회 부의장 격)을 지낸 후 고향으로 은퇴했다. 1898년 의정부 의정(영의정)에 임명되었으나 곧 사퇴하고 다시 고향으로 돌아갔다.

조병세
국가보훈처 사진

1896년 폐정 개혁을 위한 시무時務(때에 맞춰 지금 해야 할 일) 19조8)를 상소했다. 그는 1900년에도 국정 개혁안 5조9)

---

7) 국가보훈처 독립유공자 공훈록에는 가평 출생으로 기록되어 있지만, 국가보훈처와 독립기념관이 선정한 1995년 12월 '이달의 독립운동가'에는 서울 회동에서 태어났다고 되어 있다.

8) 언로言路를 크게 열어 중책衆策을 모을 것, 현명한 인재를 널리 구할 것, 재정을 충실히 한 후에 군대를 양성할 것, 각지의 의병을 타이르되 토벌하지 말 것 등의 내용을 담고 있다.

9) 1. 재상을 신중히 선택하여 정강政綱을 세울 것. 2. 황제 주변의 간신배를 숙청하여 아첨을 막을 것. 3. 간관諫官을 두어 언로言路를 넓힐

를 건의했다. 1905년 11월 17일 을사늑약이 체결되었을 때는 향리에서 그 소식을 듣고 "나라가 이미 망하였으니 신하로서 죽어야 마땅하다"면서 통곡하였다.

조병세는 78세의 아픈 몸을 이끌고 서울로 와서 고종에게 알현을 청했으나 받아들여지지 않았다. 이에 그는 민영환과 더불어 백관들을 이끌고 대한문 앞에서 농성을 하였다. 그러나 이내 일제에 체포되어 일본헌병주재소에 구속되었다가 이튿날(12월 1일) 풀려났다. 조병세는 석방되는 길로 다시 상소운동을 전개하려고 했지만 일제 헌병대에 붙잡혀 강제로 끌려나갔다. 그는 상소운동마저 할 수 없는 현실을 개탄하면서 고종에게 드리는 유소遺疏(죽음을 앞두고 올리는 상소문), 국민들에게 보내는 유서, 그리고 각국 공사관에 보내는 호소문을 남기고 음독 자결하였다.

황제에게 올리는 유소

(전략) 신은 죄는 많고 충성은 적어서 폐하의 뜻을 받들지 못하여 역신을 제거하지 못하고 겁약劫約(협박으로 맺어진 조약, 을사늑약)을 취소하지 못하니, 죽음으로써 나라의 은혜에 보답하는 길밖에 없습니다. 그래서 감히 폐하께 영결永訣(영원한 이별)하고자 합니다. 신이 죽은 후 폐하께서 결단을 내리시어 을사오적을 처단하시기 바랍니다.

또 늑약을 깨끗이 없애버리고 국가의 명맥을 회복해 주십시오. 그렇게만 된다면 신의 죽는 날이 곧 사는 해가 될 것입니다. 만일 신의 말이 망령된 것이라면 곧 신의 몸을 젓 담아서 여러 적에게 하사

것. 4. 외부대신外部大臣을 잘 가려 임명하여 대외교섭에 신중을 기할 것.
5. 탐관오리를 징치하여 민심을 안정시킬 것.

하십시오. (중략) 신이 피눈물 흐르고 목이 메이는 충심을 참지 못하여 감히 자결하며 아뢰나이다. (후략)

결고訣告(이별하면서 아뢰는 말씀) **전국 인민서**

병세는 죽으면서 국내 인민에게 경고합니다. 아아! 강한 이웃 나라가 맹약을 어기고 적신이 나라를 팔아 5백년 종묘사직이 위태롭기가 깃발에 매달린 실끈 같고 2천만 생령이 앞으로 노예가 되고 말 것입니다. 차라리 나라를 위하여 죽을지언정 차마 오늘의 이런 수치와 능욕을 당하겠습니까? 지사志士가 피를 뿌리고 열사烈士가 울음을 삼킬 때입니다.

병세는 (중략) 대세가 다 틀리고 말았으니 한 번 죽음으로써 위로 나라에 보답하고 아래로 여러 사람에게 사죄하는 것입니다. 그러나 죽어도 한이 남는 것은 나라 형세가 회복되지 못하고 임금의 근심이 풀리지 않은 것입니다. 바라건대 우리 전국 동포는 내가 죽었다고 하여 슬퍼하지 말고 각자 분발하며 더욱 충의를 면려하여 나라를 도우시오.

그리하여 우리 독립의 기초를 튼튼히 하고 회계會稽(월나라 왕 부차가 오나라 왕 부천에게 대패하여 그의 종노릇을 하게 된 곳으로, 뒷날 와신상담하여 복수함)의 수치를 씻는다면 병세는 지하에서도 춤추며 기뻐하겠소.

그의 유서가 "1905년 12월 3일자 대한매일신보에 보도되고 전문이 게재되어 전국 국민들에게 큰 충격을 주고, 국민들이 국권회복운동에 분발하는 데 큰 자극과 격려를 주었다. 조병세의 관을 안치한 곳에는 수천 명의 시민들이 날마다 모여들어 그의 애국충절을 기리고 국권회복을 다짐하였다(국가보훈처 독립유공자 공훈록)."

김봉학金奉學(미상-1905.12.2.)

김병학은 황해도 황주군 청룡면에서 태어났다. 1895년 10월 일제의 명성황후 시해 사건 이후 김봉학은 김하락金河洛 의병군에 참여하였다. 그 이후 군대에 입대하여 평양진위대에서 근무했는데, 소속 부대가 서울로 옮겨오면서 시위대 제 3대대 2중대 3소대에 배속되어 상등병으로 서울에 주둔했다.

1905년 11월 17일 침략 원흉 이토 히로부미의 공작과 친일파들의 준동으로 을사늑약이 강제 체결되고, 민영환과 조병세 등이 자결로써 항거하는 것을 본 그는 "대대로 나라의 녹을 먹던 신하로서 순국하는 것은 당연하다. 나 또한 군인으로서 6년이나 지내면서 나라를 지키지 못했으니 원수의 일제 무리를 죽이고 나도 죽겠다."라고 결의를 밝혔다.

김봉학은 동지들과 함께 이토 히로부미 처단 계획을 세웠지만 사전에 누설되어 실패하고 말았다. 낙심한 그는 죽음으로써 항거하기로 마음을 굳히고 1905년 12월 2일 오후 5시경 독약을 마시고 자정하였다. 순국 당시 35세의 젊은 나이였다. "김봉학의 자결은 대한매일신보에 보도되어 국민을 감격케 하고 분기케 하였다(국가보훈처 독립유공자 공훈록)."

이상철李相哲(1876-1905.12.3)

학부(현 교육부) 주사主事로 재직 중에 을사늑약을 맞았다. 을사늑약 반대 운동에 가담했지만 보람이 없었다. 그는 국민의 분기를 촉발하기 위하여 민영환, 조병세 등이 자정 순국하는 것을 보고 그 뒤를 따르기로 결심, 12월 3일 독약을 마시고 자결했다. 당시 30세에 불과한 청년이었다. 안타까운 것은 유족이 없는 탓에 그의 이력을 증언해줄 자료가 남아 있지 않다는 점이다.

홍만식洪萬植(1842-1905.11.28.)

홍만식은 서울에서 태어났다. 25세(1866년) 때 문과에 급제했고, 1895년 을미사변 때 통분하여 자결하려다가 실패했다.

그는 1904년 이래 해주 관찰사, 의정부 찬정 등의 벼슬이 내려졌으나 취임하지 않았다. 상소문에 자신을 '미사신未死臣(죽지 못한 신하)'로 표현할 만큼 나라가 기울어 가는 것을 통탄하며 살았다.

1905년 을사늑약이 체결되자 아들을 불러 자신이 죽으면 처사례處士禮(벼슬을 하지 못한 선비의 소박한 장례)로 장의하라 당부한 후 독약을 마시고 스스로 생명을 끊어 자정 순국하였다.

송병선宋秉璿(1836.8.24.-1905.12.30.)

송병선은 충청남도 회덕에서 태어났다. 1882년 공조참판, 대사헌 등 모두 23차례나 벼슬이 내려지지만 한결같이 사양하고 충청북도 옥천으로 가서 은거했으며, 옥천 이지당 등에서 학생들을 가르쳤다.

그는 관직을 맡지는 않았지만 20차례 이상의 상소를 임금에게 제출하여 나라의 발전을 도모하고자 했다. 그 중 1881년의 신사봉사辛巳封事 8개조는 아래와 같다.

제1조 성학에 힘써 마음과 뜻을 바로잡을 것.
제2조 말이 들어오는 길을 열어 과실을 들을 것.
제3조 세자를 보좌함으로써 나라의 근본을 굳건히 할 것.
제4조 상과 벌을 미덥게 하여 기강을 세울 것.
제5조 검소한 덕을 밝혀서 재용을 절약할 것.
제6조 벼슬자리를 중시하여 백성들의 마음을 안정시킬 것.
제7조 공물의 진상을 정지하여 일의 근본을 보존할 것.
제8조 왜국과의 화의를 배척하고 예수교를 단절할 것.

1905년 일제가 무력으로 을사늑약을 체결하여 국권을 강탈하자 송병선은 서울로 올라와 고종을 알현하여 을사오적 처단과 을사늑약 파기 등 10개항을 건의하였다.

첫째, 모든 적을 참하여 왕법을 바로잡을 것.
둘째, 현자賢者를 등용하여 각 부에 임용할 것.
셋째, 의義로써 각국 공사관에 변론할 것.
넷째, 기강을 세워 명분을 바로잡을 것.
다섯째, 어사를 파견하여 민정을 순찰할 것.
여섯째, 재정을 정비하여 국력을 배양할 것.
일곱째, 학문을 바로잡아 인재를 기를 것.
여덟째, 사설邪說을 금지하여 적당賊黨을 물리칠 것.
아홉째, 법률을 밝혀 사송詞訟을 정비할 것.
열번째, 군력을 배양하여 비상시에 대비할 것.

"송병선은 각국 공사관에 우리 정부의 입장을 표명할 것과 외국에 대응할 수 있는 군대의 양성을 주장하였다. 행간에 흐르는 핵심은 무엇보다 일제에 맞설 수 있도록 내수를 급히 정비하고, 군사력을 양성하여 일제의 침략으로부터 국가를 지켜내자는 것이었다.

그러나 일제가 이미 중국·러시아·영국·미국 등 조선을 둘러싼 강대국들로부터 조선의 강점을 용인 받고, 조선정부를 장악한 상황하에서 선생의 주장은 이루어질 수 없는 꿈같이 들렸다(2006년 11월 〈이달의 독립운동가〉)."

고종 알현 후에도 그는 을사늑약 반대 투쟁을 계속했다. 하지만 일본의 지시를 따라야 하는 처지가 된 조선 정부는 송병선을 강제로 고향으로 옮겨버렸다. 나라가 망해가는 상황에도 할 수 있는 일이 없음을 통탄한 그는 이윽고 죽음으로 국권회복에 이바지하기로 결심하였다. 그는 을사오적 처형과 을사늑약 파기, 그리고 국민의 궐기로 국권을 되찾아야 한다는 내용을 담은 유서를

대전 문충사

1905년 을사늑약에 항거해 송병선이 자정 순국한 뒤 동생 송병순도 경술국치에 항거하여 1912년 자정 순국했다. 문충사는 형제를 제향하는 사당으로 대전시 동구 동부로73번길 44에 있다.

황제, 국민, 유생 앞으로 쓴 다음 세 차례에 걸쳐 많은 양의 독약을 마시고 자정 순국하였다.

시골에 파묻혀 있는 신 송병선은 이제 목숨을 끊겠습니다. 삼가

북쪽을 향하여 피눈물을 흘리며 성상聖上(임금)께 영결을 고합니다. 신은 역적을 처단하고 조약을 폐지하는 데 대한 상소문과 차자문箚子文(간략한 상소의 일종)을 올리고 처분을 기다린 지 며칠이 되었습니다.

그간 여러 번 접견을 청하였습니다만 폐하의 몸이 편치 않다고 하기에 대궐문에서 명命을 기다렸습니다. (중략) 순검과 일본순사들이 황제의 지시로 보호한다는 핑계를 대고 신의 몸을 수색하고 갖은 욕을 보이더니 강제로 기차에 태워 곧장 신을 고향으로 쫓아버렸습니다. 그 당시에는 죽을래야 죽을 수가 없었습니다. 신이 모욕을 당한 것은 애석하지 않으나 조정에 치욕을 끼친 것은 어떠하며 산림山林(선비)들에게 끼친 부끄러움은 어떠하겠습니까. (하략)

聞安重根義士殺伊藤博文
문안중근의사살이등박문 시비

송병선의 제자 정기연鄭璣淵은 경북 경산 사람으로, 경술국치 당시 34세였다. 그는 스승의 자정 순국한 뒤 정신적 괴로움과 나라의 앞날을 걱정한 글을 썼는데, 안중근 의사의 하얼빈 거사 성공을 문학으로 형상화한 보기 드문 작품도 남겼다. 제목은 〈聞安重根義士殺伊藤博文〉으로 경상북도 경산시 옥곡동 삼의정 경내에 시비로 세워져 있다. 본문은 다음과 같다.

"封狐渡海禍俱臻

벼슬한 여우가 바다를 건너오니 재앙도 함께 따라왔구나

抱劍躊躇幾個人

응징할 칼을 들고 망설인 사람 얼마이던고
有一少年伸大手
한 젊은이가 있어 큰 손을 내밀어 쏘아 죽이니
東天快嘯動西隣
동녘 하늘엔 쾌재소리 들리고 서녘 이웃들은 감동하였도다"

이건석李建奭(1851.11.25.- 1906.5.10.)

1905년 러일 전쟁에서 승리를 거둔 일제는 침략 원흉 이토 히로부미의 지휘 아래 을사오적 등 매국노들을 앞세워 을사늑약乙巳勒約을 강제로 체결했다. 나라의 외교권과 행정권이 일제에 넘어갔다는 소식이 전해지자 온 나라는 일제와 을사오적을 규탄하고 늑약 파기를 주장하는 목소리로 가득 찼다.

충효를 근본으로 살아온 유림儒林의 항일 궐기 또한 당연한 일이었다. 본적이 경북 금릉군 봉산면 지례동 503번지인 이건석 선비도 을사늑약 늑결 소식을 듣고 즉시 행동에 나섰다. 그는 전직 승지 이석종李奭鍾 등과 더불어 늑약의 부당성과 오적신 처단을 주장하는 선비들의 집단 상소를 전국적으로 받기 위해 유약소儒約所(선비들의 서약 장소)와 13도 소청十三道疏廳을 설치했다. 일제와 매국노들이 온갖 방법으로 방해와 협박을 했지만 유생儒生들은 늑약 폐기와 매국 반역자 처단을 주장한 연명 상소를 광무황제에게 올렸다.

일제는 주동자인 이건석을 군부대 안에 감금한 채 협박과 회유를 거듭했다. 이건석은 끝내 일제에 굽히지 않았다. 결국 지사는 1906년 5월 10일 옥중에서 피를 토하며 순국했다.

장례를 위해 시신을 집으로 모신 아들은 아버지의 버선 속에서 자신에게 남긴 유서를 발견하였다.

"아아! 사람이 그 누가 죽지 않겠는가마는 죽고자 하는 곳에서 죽기란 어려운 것이다. 내가 죽어도 눈을 차마 감지 못할 일이다. 아아 응수應洙야! 너는 이 애비의 죽음을 애통해 하지 말고, 네 애비가 매국노를 주살하지 못하고 죽음을 가슴 아프게 생각하며, 네 애비가 국권을 회복하지 못하고 죽음을 애통해 해라. 지금 피를 토하고 죽음에 있어 몇 자로 너와의 이별에 대하고자 한다. 내가 죽은 후에 너는 슬퍼함으로써 효도를 하지 말 것이며, 예를 갖추어 장사지내지 말고, 마땅히 내 뜻을 이어야만이 내 자식이 됨을 명심하라!"

대한 의사 이건석 선생 기념비 충북 황간역

1907년 고종 폐위·군대해산 자정 순국 지사들은 이 책 112쪽 군대해산 부분에 함께 소개하겠습니다. 경술국치 자정 지사 쉰여섯 분은 순국 시점이 대한제국 시기가 아니므로 몇 분만 이 책에 소개합니다. 독자들께서는 국가보훈처 누리집의 '독립유공자 공훈록'을 찾아 자정 순국 지사들의 생애와 활동을 살펴보시기 바랍니다.

을사오적 이근택을 못 죽여 국민들이 원통해했다
'떠돌이 거지 선비' 기산도

국사편찬위원회의 《한국사·19》〈대한제국의 종말과 의병 항쟁〉을 읽으면 아래 내용과 만나게 된다.

(1907년 2월과 3월 나철 등에 의한 매국 5적의 암살 기도가 있었는데) 그보다 조금 빨리 또 하나의 거사가 있었으니, 이것은 장성 사람 기산도奇山度에 의하여 실천에 옮겨졌다.

1906년 2월 16일 매국 5대신 중 일본군 사령관 하세가와長谷川好道와 의義형제를 맺고 이또오伊藤博文의 의義아들이라고 자칭하면서 매국 행위를 서슴지 않았던 교활 간교한 이근택李根澤을 죽이기로 하였다.

이날 밤 기산도는 이근철 외 1명과 같이 변장을 한 후 이근택의 집에 숨어 들어가 잠자리에 들었던 이근택을 단도로 10여 차례 찔렀다. 그러나 끝내 이근택이 목숨을 건짐으로써 실패하고 이들은 체포당하고 말았다.

(기산도 등의) 5적 암살 기도는 매국 대신들의 가슴을 서늘하게 만들었고, 일반 국민들은 이들의 거사가 성공하지 못한 것을 끝내 분하게 생각하였다. 이로부터 매국 역신賣國逆臣들의 집은 일본군에 의하여 삼엄하게 경비되었으며, 역신逆臣들은 겁을 먹고 출입을 삼갔다.

"일반 국민들은 이들의 거사가 성공하지 못한 것을 끝내 분하게 생각하였다"라는 대목을 읽는 필자의 가슴에도 분한 감정이 용솟음 치듯 일어난다. 살인이 성사되지 않은 것을 안타까워하는 필자를 보며 누군가는 인성을 의심할는지도 모른다. 하지만 일본군 사령관과 의형제를 맺고 이토 히로부미의 양아들을 자칭한 극렬한 친일파를 처단하는 일이다. 살인이 아니라 의거다. 어찌 그런 힐난을 두려워할까!

기산도는 16세인 1893년에 결혼했다. 그의 장인은 일본군과 싸우다가 구례 연곡사에서 순국한 고광순高光洵 의병장이었다. 기산도는 구한말 호남 창의 총수 기우만奇宇萬과 장성 의병장 기삼연奇參衍 가문 출신답게 장가를 들었던 셈이다. 그 본인 또한 창의하여 일본군과 싸운 의병이었으니 그럴 만도 한 혼사였다.

1906년 2월 16일 초저녁, 을사오적 중 하나인 군부대신 이근택의 집을 급습하기 위해 기산도와 그의 동지들이 여럿 모였다. 긴장한 숨소리가 실내 가득 떠돌았다. 기산도가 분위기를 진작하려는 의도에서 일부러 목소리를 높였다.

"내가 비록 마흔을 눈앞에 둔 중늙은이이지만, 의병으로서 직접 총을 쏘고 칼을 휘둘러본 경험이 있으니 여러분들은 너무 걱정하지 마시오."

기산도가 말하는 의병 전투는 두 해 전인 1904년의 일이다. 당시 기산도는 기기, 박관호 등과 함께 장성과 광주 사이 못재고개에서 일병과 싸웠다. 이 전투에서 기산도 의병군은 일병을 여럿 죽이는 전과를 올렸지만 아군도 3명이 전사했다. 일본군이 물러간 뒤 기산도가 박관호를 돌아보며 넋두리처럼 말했다.

"동학 때 30만, 아니 40만 명이 일제에 학살됐소.1) 오늘도 뼈저리게 느끼는 바이지만, 과연 우리는 무기나 전술 등에서 왜적의 맞상대라 할 만한 수준이 못 되오. 군대로 감당이 안 될 때에는 단기필마의 개인전個人戰을 펼치는 것이 옳소. 위나라 군대에 밀려 고구려 동천왕이 거의 사로잡히게 되었을 때 유유가 거짓항복으로 관구검의 부장 왕기를 죽임으로써 전세를 역전시킨 역사는 그대들 모두가 아는 바 아니오? 내가 서울로 가서 우두머리 흉적들을 은밀히 처단할 테니 두고 보시오."

1905년 기산도는 상경했다. 그는 이상철·박종섭·박경하·이범석·서상규·안한주·이종대·손성원·박용현·김필현·이태화·한성모·구완희·이세진 등과 더불어 결사대를 조작했다. 한성모의 집에 본부를 차린 결사대는 매국 원흉 암살을 목적으로 하는 의열 독립운동 조직이었다.

"이근택의 저택을 감시하고 있는 동지들이 전갈을 보내왔소. 그 자가 오후 7시경 퇴궐해서 방금 집으로 들어갔다고 하오."

기산도가 그렇게 말하자 구완희가 뒤를 잇는다.

"그렇다면 우리도 이근택의 집 가까이에 가서 머물러야 하지 않겠소?"

---

1) 오지영, 《동학사》(대광문화사, 1984), 262~263쪽 : 갑오(1894년) 12월부터 조선 남방은 관병과 일병의 천지가 되고 말았다. (중략) 동학군으로서 관병, 일병, 수성군, 민포군에게 당한 참살 광경을 이루 말할 수 없었다. (중략) 피해자는 무릇 30~40만의 다수에 달하였고, 동학군의 재산이라고는 모두 관리의 것이 되었고, 가옥 등 물건은 죄다 불 속에 들어갔으며, 기타 부녀자 강탈, 능욕 등은 차마 다 말할 수 없는 것이었다.

모두들 고개를 끄덕인다. 이세진도 같은 의견을 개진한다.
　"그렇소. 상황이 시시각각으로 변할 수 있으니 대처를 잘 하려면 이동 시간을 최대한 줄여야 마땅하지요. 그 자의 저택 담장에 바짝 붙어 있다가 때를 틈타 월장을 하십시다."
　기산도, 구완희, 이세진은 결사대 대원 중에서도 오늘 직접 이근택의 집 안으로 침투할 행동대원들이다. 세 사람은 몸을 날려 이근택의 집 가까이로 옮겨갔다.
　"8시경에 손님 6명이 들어갔다가 이제 막 나왔소. 전갈을 보내려던 참이었소."
　낮부터 정찰을 해온 손성원·박용현·김필현·이태화 등이 반색을 하며 맞이한다.
　"지금이 11시쯤 됐소. 방문자는 더 없을 듯싶소"
　기산도가 동지들을 둘러보며 말한다.
　모두들 말소리 없이 동의하는 눈빛을 주고받는다.
　이내 세 사람은 등을 숙여주는 다른 동지들의 어깨를 밟고 올라 담을 뛰어넘었다. 세 사람은 탈출 때를 대비해 담 안쪽에 밧줄을 매달아 놓았다.
　예상대로 이근택은 방금 침실로 들어가 잠옷 차림으로 누워 있고, 첩은 흡사 자장가라도 불러주는 양 이근택의 옆에서 국문잡기國文雜記를 읽고 있었다. 세 명의 지사들은 불쑥 방 안으로 들어섰다. 이근택과 첩은 놀란 나머지 처음에는 소리도 내지르지 못했다.
　구완희와 이세진이 잽싸게 달려들어 이근택의 두 팔을 목 뒤로 젖혔다. 이근택의 몸이 앞으로 폭 숙여졌다. 그 틈을 타 기산도가 달려들면서 이근택의 목 쪽을 겨냥해 칼을 휘둘렀다.

이때 이근택의 첩이 방 안을 비추던 촛불을 껐다. 새파랗게 질린 낯빛으로 오들오들 떨고만 있어 그냥 내버려둔 것이 화근이었다. 갑자기 캄캄해지자 아무 것도 보이지 않았다.

기산도는 무턱대고 칼을 휘저었다. 이근택은 13곳에 칼날이 닿아 피투성이가 되었지만 숨이 끊어질 만큼 치명상을 입지는 않았다. 그러는 동안 이근택과 첩의 비명이 계속 터졌다.

맨 먼저 하인 한 명이 달려왔다. 기산도의 칼이 하인의 배, 얼굴, 다리 등을 네 번 찌르는 사이 집을 지키는 경비병 6명과 순검 4명이 달려왔다.

경비병들은 이근택의 집에 설치되어 있던 비상 경종을 울렸다. 경종 소리에 일본 헌병과 순사들까지 달려왔다. 그래도 기산도 일행은 남쪽 담에 설치해 놓은 밧줄을 타고 무사히 탈출했다.

사람들은 이틀 뒤인 1906년 2월 18일자 〈대한매일신보〉를 통해 '이씨 봉자李氏逢刺(이씨, 자객을 만나다)' 사건을 알게 되었다.

군부대신 이근택 씨가 재작일再昨日(어제의 전날) 하오 12시경 그의 별실(첩)과 함께 막 옷을 벗고 취침하려 할 무렵에, 갑자기 양복을 입은 누구인지 모르는 3명이 칼을 들고 돌입하여, 가슴과 등 여러 곳을 난자하여 중상을 입고 땅에 혼절한 바, 그의 집 청지기(경비원) 김가金哥가 내실에 시끄러운 소리를 듣고 괴이히 여겨 탐문하고자 하니, 갑자기 양복 입은 3명이 안에서 급히 나와 놀라 누구냐 하고 물은즉, 이들이 역시 칼로 김가를 타격하여 귀와 어깨에 부상을 입히고, 곧바로 도망갔다.

이 군부대신은 한성병원에서 치료 중이나 부상이 극중(매우 심)하여, 위험이 팔구분八九分(80~90%)이라더라.

변장용으로 사용했던 가발을 이근택의 집에 떨어뜨린 것이 단서가 되었다. 일제 경찰 마루야마丸山重俊의 부하들이 한성모의 집을 습격했다. 기산도는 박종섭·박경하·안한주·이종대와 동시에 붙잡혔다. 기산도는 병원에서 퇴원 후 자신을 직접 신문한 이근택에게 호통을 쳤다.

"너희 오적五賊을 죽이고자 하는 지사들이 어찌 한두 사람이겠느냐! 2천 만 모두가 너희들을 처단하러 올 것이다. 네 놈들은 결코 천명을 살지 못할 테니 하늘에 지은 죄값을 하리라. 다만 내가 서툴러서 너를 죽이지 못하고 이렇게 탄로가 난 것이 한스러울 뿐이다."

재판장은 기산도에게 2년 6개월의 징역을 선고했다. 그 재판장은 이완용의 이복형 이윤용이었다. 기산도는 법정에 붙잡혀 있을 당시에는 그 사실을 미처 알지 못했다. 감옥살이를 마치고 나온 기산도는,

"나를 이완용의 형이 심판했다니…! 내가 감방 안에서 그 사실을 알고 얼마나 기가 막혔던가! 동학 2대 교주 해월 최시형에게 사형을 선고한 판사가 고부 군수였던 조병갑이었는데, 내가 또 그 꼴을 당하였어…! 세상이 어찌 이토록 엉망일 수 있단 말인가!"

하며 눈물을 쏟았다.

하지만 기산도는 이내 새로운 울음을 터뜨려야 했다. 그가 옥중에 있을 때는 어느 누구도 차마 말해줄 수 없었던 비보였다. 재종

조부 기삼연 의병장의 순국 소식이 비로소 전해졌던 것이다.

줄곧 일제와 맞서 싸우던 기삼연 의병장은 1908년 1월 2일 광주 서천교 백사장에서 총살을 당해 생을 마감했다. 그 소식에 정신을 놓고 한참 통곡을 하던 기산도가 이윽고 주위 사람들을 둘러보며 다짐했다.

"내가 어찌 원수를 갚지 않고 이 싸움을 그만두겠는가!"

그 후 기산도는 사람들에게서 군자금을 모아 상해로 보내는 등 임시정부와 연계하여 독립운동을 펼쳤다. 그러던 중 관계자들이 체포되고, 기산도도 상해 임시정부에 직접 참여하기 위해 제자 박길용과 기동환을 데리고 진남포로 가던 중 일제에 체포되어 광주 형무소에 갇혔다. 기산도는 일제가 혹독한 고문을 가하자 '내가 어찌 너희 같은 개들과 말을 주고받겠느냐?'면서 스스로 혀를 끊었다.

다시 5년여 갇혔던 기산도는 이미 반신불수의 몸이었다. 그는 재혼한 아내 박순임의 헌신적인 도움을 받아가며 3년 간 떠돌이 생활을 하지만 끝내 버티지 못하고 세상을 떠났다.

그의 유언은 아주 소박했다. 그는 자신의 무덤 앞에 작은 나무비 하나를 세워달라고 했다.

〈流離焉乞之士 奇山度之墓〉

'유리언걸지사 기산도지묘', 즉 '떠돌이 거지 선비 기산도의 묘'라는 뜻이었다.

流離焉乞之士
'유리언걸지사'
기산도 추모비
전남 고흥군 도화면
당오리 산44-2

아래는 기산도 의사가 전라도 특파원의 임무를 맡아 상해 대한민국임시정부에 전달할 군자금을 모은 내역의 일부이다. 국가보훈처 2003년 10월 '이달의 독립운동가' 자료집에 실려 있는 것을 여기 전재하여 독립운동 자금을 제공한 사람들의 이름을 역사에 새기고자 한다.

조면식趙冕植(순천군 쌍암면 구강리) 40원
김창규金昌圭(곡성군 오곡면 오지리) 50원
안창선安昌善(상동) 10원
이화영李華永(곡성면 신기리) 2원
이선근李先根(상동) 42원
조용준趙鏞俊(곡성군 죽곡면 봉정리) 15원
김형석金炯奭(구례군 구례면 산성리) 200원
최재학崔在鶴(보성군 벌교면 칠동리) 10원
김학수金學洙(임실군 삼계면 명곡리) 30원
황용주黃龍周(남원군 대산면 대곡리)
윤용섭尹龍燮(남원군 주생면 지당리) 100원

이근택李根澤(1865, 고종 2~1919)

1903년 10월 이래 특히 주한 일본공사 하야시 곤스케林權助가 추진하는 한일밀약의 일본측 앞잡이가 되었다. 1905년 9월에는 군부 대신으로서 을사늑약 체결을 주도하여 을사오적 중 한 사람이 되었다.

1910년 10월 일제는 그에게 한일병합 성사에 기여한 공로(!)를 인정해 자작 작위를 주었다. 그 후 중추원 고문이 되었고, 죽을 때까지 매년 1,600원의 수당을 받았다. 1911년 1월 일제로부터 은사 공채 5만원을 받았다.

이근택의 형 이근호(1861-1923)는 법부대신과 경기도 관찰사 등을 역임한 고위 관로로서 역시 충실한 일제의 앞잡이였다. 1907년 한일신협약 체결에 분노한 조선 민중들이 그의 성북동 별장을 불태워 없앤 것만 보아도 그가 당대에 얼마나 악질 매국자로 지탄받았는지 가늠할 수 있다. 이근호는 1910년 남작 작위를 받았고, 1911년 은사 공채 2만 5천원을 받았다.

이근택의 동생 이근상(1874-1920)도 두 형에 뒤지지 않는 친일파였다. 1906년 궁내부 대신 등을 역임한 이근상은 1910년에 남작 작위, 1911년에 은사 공채 2만5천 원을 받았다.

김석항金錫恒(1861-1907.7.3.)

김석항은 서울에서 태어났다. 1904년 일본이 조선의 진황지(개간되지 않은 땅) 개간권을 가져가려 할 때 맹렬히 반대 운동을 펼쳤다. 그해 6월 일본은 나가모리 도키치로長森藤吉郎에게 50년 동안 한국에 있는 모든 미개간지의 개간·정리·개량·척식 권한을 줄 것을 조선 정부에 요구하고 있었다. 한국인들은 7월 13일 종로에서 보민회를 결성해 반대 투쟁을 벌였고, 결국 일제는 1908년 동양척식 주식회사를 설립할 때까지 자신들의 기도를 미루게 되었다.

1905년 8월 김석항은 김일제金一濟·기산도奇山度·박경하朴敬夏 등과 함께 을사오적 처단을 도모했다. 김석항은 을사오적의 한 사람인 이근택의 부친 이민승李敏承 처단 거사를 기획하고 총괄했다.

김석항은 이종대李鍾大의 집에서 기산도를 만나 이민승 제거의 필요성에 의견일치를 보았다. 을사오적을 직접 처단하는 것도 좋지만 경비가 삼엄하여 실현 가능성이 낮다는 점과, 을사오적의 가족을 처단하면 심리적 공포감을 주는 데 매우 유효하다는 생각이었다. 그리하여 11월 18일 김석항 등은 결사대를 조직하였고, 11월 23일 밤 기산도 외 7명이 이민승 처단에 나섰지만 성공하지 못했다.

이어 1906년 2월 16일 밤 군부 대신 이근택의 자택으로 습격해 10여 군데 중상을 입혔다. 이 거사로 김석항·기산도 등 12명이 일제에 피체되어 1906년 5월 13일 평리원에서 김석형 3년, 기산도 2년 6월의 징역형을 받았다. 김석항은 옥고를 치르던 중 1907년 7월 3일 감옥에서 당한 고문과 얻은 질병이 원인이 되어 순국하였다.

손성원孫聖元(1874-1906.7.30.)

김석항·기산도 등이 추진하던 을사오적 처단 계획에 참여하였다. 이 거사에는 박경하朴敬夏·박종섭朴宗燮·이종대李鍾大·안한주安漢周·송요철宋堯哲·정재헌鄭載憲·현학표玄鶴表 등도 동참했다. 1905년 11월 손성원은 김석항·기산도의 지휘를 받아 이태화李太和·박용종朴龍鍾·김필현金弼鉉 등과 함께 오적의 출입 행동을 정탐하면서 처단 기회를 엿보았다. 하지만 거사 계획은 일제에 노출되었고, 결국 성공을 거두지 못했다.

손성원은 1905년 11월 28일 아침 서울 중서 니동 한성모韓聖模의 집에 머물던 중 동지들과 함께 일제 경찰에 체포되었다. 당시 이들은 실탄이 장치된 권총 3정과 흰 헝겊에 싼 단도 네 자루를 압수당했다. 손성원은 1906년 5월 13일 평리원에서 징역 2년을 언도받았다. 그러나 취조 때 받은 심한 고문의 후유증이 도져 1906년 7월 30일 옥중에서 순국하였다.

정재헌鄭載憲(1867- 1909.10.23.)

함경남도 영흥 출신인 지사는 1905년 서울에서 추진된 김석항 등의 을사오적 처단 계획에 동참했다. 그는 김일제金一濟 등과 함께 5적 중 군부 대신 이근택의 아버지 이민승李敏承을 처단하는 조의 일원이었다. 그러나 성공하지 못한 채 체포되어 1906년 5월 13일 이른바 모살죄謀殺罪로 징역 2년을 언도받고 옥고를 치렀다.

이범석李範錫(생몰 연월일 미상)

경상북도 영덕 출신인 지사는 1905년 을사늑약이 체결되자 경성의 유약소儒約所에 참여하여 전덕원全德元·강윤희姜允熙 등과 함께 을사늑약을 무효화하기 위해 대궐 밖에서 군중들에 호소하고 각국 외교 사절들에게 서신을 보내는 등 활동을 벌이다가 피체되었다. 그 후 을사오적을 처단하기로 결심한 기산도 등과 군부대신 이근택을 처단하려다 실패하고 재차 피체되었다.

송요철宋堯哲(1860- 사망 연월일 미상)

송요철은 1905년 서울에서 13도유약소十三道儒約所에 참여해 13도 유생 대표 26명 중 사람으로서 일본의 대한제국 침략을 통박하는 통문에 서명하였다.

그리고 기산도 등이 추진 중인 을사오적 처단 거사에 3만 냥을 지원하였다. 기산도 등의 을사오적 처단 거사는 성공을 거두지 못했고, 송요철은 1906년 5월 13일 평리원에서 이른바 모살죄謀殺罪로 징역 2년을 언도받아 옥고를 치렀다.

박종섭朴宗燮(1880- 사망 연월일 미상)

1905년 기산도 등과 을사오적 처단 계획을 추진했다. 당시 기산도는 을사늑약이 체결되기 전 이토 히로부미가 한국에 와서 음모를 꾀하고 있음을 간파, 이지용·이근택·이하영·박용화 4간四奸을 처단할 뜻을 세웠다. 박종섭은 정순만鄭淳萬·이석李石의 지휘를 받아 1905년 음력 9월 새문 밖 국민교육회國民敎育會 연회 자리에서 손효경孫孝慶과 함께 4간을 처단하려 했으나 이하영만 있어서 거사를 일단 보류했다. 이후 박종섭은 동료 6인과 함께 군부대신 이근택의 아버지 이민승을 처단할 계획으로 칼·포砲·몽둥이를 갖춘 채 이민승의 집에 들어가려다가 사전에 드러나 실행하지 못했다.

그 후에도 박종섭은 기산도·박경하·안한주·이종대와 함께 종로에서 이근택을 응징하려 했으나 경호가 심해 뜻을 이루지 못했다. 이윽고 1905년 11월 18일 아침 박종섭 등 결사대는 서울 이동泥洞 한성모韓聖模의 집에서 매국노들을 처단할 준비를 하던 중 체포되었다. 그는 1906년 5월 13일 평리원에서 이른바 모살죄謀殺罪로 징역 2년 6월을 받고 옥고를 치렀다.

박경하朴敬夏(1874- 사망 연월일 미상)

1905년 기산도 등이 주도한 을사오적 처단 거사에 동참하였다.

박경하는 친일 관료 이민승李敏承과 그의 아들인 을사오적 이근택李根澤, 을사오적 이하영李夏榮 처단을 도모했지만 뜻을 이루지 못했다. 을사늑약 체결 다음날인 11월 18일 아침 서울 이동 한성모韓聖模의 집에서 또 다른 거사를 논의하던 중 동지들과 함께 피체되었다. 평리원에서 이른바 모살죄謀殺罪로 징역 2년 6월을 받고 옥고를 치렀다.

정재홍鄭在洪(1867.6.30.- 1907.6.30.)

1905년 5월 이준(1906년 헤이그 특사 활동 중 분사)·양한묵(1919년 만세운동 민족대표 33인 중 한 사람) 등이 중심이 되어 헌정연구회를 조직했다. 헌정연구회는 〈시일야방성대곡〉의 필자 장지연 등의 가세로 1906년 4월 대한자강회大韓自彊會로 개편되었다.

대한자강회는 비교적 온건한 계몽운동을 펼치던 중 국채보상운동 전후에 활발한 현실참여로 돌아섰다. 결국 이완용 내각은 1907년 8월 대한자강회를 해산시켰다.

정재홍은 대한자강회 인천지회 회장으로 활동했다. 그는 1907년 2월 인천항 신상회사紳商會社에 단연동맹회斷煙同盟會를 조직하여 국채보상운동을 펼쳤다. 또 사립 소학교인 천기의숙千起義塾을 설립해 교육계몽에도 힘썼다.

1907년 6월 30일 서울에서 박영효 귀국 환영식이 열렸다. 정재홍은 이토 히로부미가 이 행사에 올 것으로 생각, 많은 사람들이 보는 앞에서 그를 죽이고 당당하게 자결하기로 결심했다(국가보훈처 공훈록). 하지만 행사장에 1천여 인파가 운집했음에도 정작 이토 히로부미는 오지 않았다. 정재홍은 뜻을 이루지 못했으니 살아서 돌아갈 수 없다고 생각했다. 그는 친일파 박영효가 보는 앞에서 스스로 총을 쏘아 자결했다.

그의 손가방 안에는 국문으로 쓴 유서, 〈사상팔변가思想八變歌〉, 〈생욕사영가生辱死榮歌〉가 나왔다. 정재홍은 유서에 "저 대일본 보호 한국 국민 정재홍은 뜻이 있어 나라를 근심하는 우리 동포 모인 데 한 말씀 경고문을 삼가 드리노라. 나라 위하여 마땅히 죽을 때에 죽으면 그 효력이 천 배나 만 배까지에도 미치나, 그러나 죽기 싫고 살기 좋은 인정이라 남으로 하여금 죽어 나의 살 영화를 도우려 하면 그 어찌 되리오 하나니, 이곳에서 죽어 우리 동포 제군으로 하여금 몸을 버려 나라에 도움이 될 경우에 생각게 하심이로다."라고 썼다. 일제의 침략 야욕을 정확하게 인식해야 한다는 피 끓는 호소였다.

남을 죽이고 나만 살면
천리天理(하늘의 이치)에 어긋난다
죽이고 나도 죽자
한 사람 나만 죽어 전국이
느끼고 깨달으면
이 몸에 영화 되고
나라에 행복일세

사상팔변가는 그가 순교자의 길을 갔다는 사실을 말해준다. "정재홍의 죽음은 사회적으로 큰 파급 효과를 불러왔다. 인천의 유지들은 그를 애국지사로 칭송하며 곧바로 의연금 모집에 나섰다. 서울 정동교회에서 열린 장례식에는 이동휘를 비롯해 윤치오, 김동완, 석진형 등 당대를 대표하는 계몽론자들이 참석했다. 인천에서는 그의 죽음이 철시 운동과 일본인 가옥 방화 사건으로 이어졌다. 그러나 이런 무력 행위보다는 그가 씨앗을 뿌린 교육사업이 점차 확장됐다는 점이 더 큰 의미 지닌다고 할 수 있다. 하지만 그의 생애 전반에 대한 연구는 미진한 상황이며, 그 흔한 사진 한 장 남아있지 않다."[2]

---

2) 김민재, 〈독립운동과 인천 37: 정재홍과 육혈포〉, 《경인일보》 2019년 11월 28일)

대종교 창시로 독립운동의 밑거름이 된 나철

을사오적 처단 기도, 민족종교 아래 운집한 독립지사들

나철羅喆은 기산도의 고향 장성과 인접한 보성에서 태어났다. 나철은 기산도보다 6년 먼저 출생해(1863년) 10년 앞서 사망했다(1916년). 보성 벌교 지주 집안 둘째 아들 나철은 과거에 장원급제하는 등 부모와 가문의 큰 기대를 모았다.

그런데 나철은 벼슬살이만 하고 있다가는 나라를 구할 수 없다는 생각에 점점 젖어들었다. 그는 동향인 전라도 부안 출신 이기李沂(1848~1909), 강진 출신 오기호吳基鎬(1865~1916) 등과 의기투합했고, 이어 나라를 부흥하는 운동에 매진할 동지가 되었다.

"일본과 한국 두 민족이 서로 주권을 존중하면서 공존해야 나란히 번영할 수 있다는 사실을 모두가 인식하도록 만드는 것이 중요합니다. 일본인들의 마음과 생각을 바꾸어야 동양 평화가 가능하다는 말이지요."

"옳습니다. 그렇게 하려면 우리가 일본으로 가서 저들의 핵심 지도층을 설득하는 수밖에 달리 방도가 없습니다."

하지만 그것은 순진한 생각에 지나지 않았다. 이토 히로부미 등이 나철 일행을 만나줄 리 없었다. 그제야 나철 등은 독립을 지키기 위해서는 무력을 갖추어야 한다는 사실을 뒤늦게 깨달았다. 자주국가 유지에 방해가 되는 인물이나 세력은 제거하는 수밖에 없다는 생각도 단단히 가지게 되었다.

"맨 먼저 처단해야 할 자들이 바로 을사오적이오. 이완용, 박제순, 권중현 등부터 죽입시다."

"권총을 구입하여 총을 쏘는 훈련을 합시다."

"좋습니다!"

나철, 오혁, 김인식, 강상원, 박응칠 등 20여 명은 감사의용단敢死義勇團을 조직했다. 과감히 목숨을 던질 의롭고 용기 있는 지사들의 단체라는 뜻이었다. 단원들은 '2천만 민족이 노예의 굴레를 벗어나도록 하기 위해 함께 목숨을 바치자'는 동맹서同盟書에 서명했고, '나라를 팔아먹은 오적을 민족의 이름으로 응징한다'는 참간장斬奸狀에 동의했다.

"오적을 처단할 계획을 세밀하게 수립해야 합니다."

"그렇습니다. 연전에 기산도 선생 중심의 자강회가 이근택 처단에 실패한 교훈을 되새겨 볼 일입니다. 자강회가 대의는 좋았으나 치밀하지는 못했습니다."

논의 끝에, 권총을 갖춘 행동부대를 오적의 집 앞마다 배치했다가 저들이 아침에 대문을 열 때 일제히 총격을 가해 처단하기로 작전을 짰다. 거사일은 (1906년) 2월 13일로 잡았다.

그러나 예상과 달리 오적의 입궐 시간이 모두 달라 그 계획은 실행에 옮겨지지 못했다.

"선물을 보냅시다."

새 계책으로, 오적에게 선물을 보냈다. 폭탄을 넣은 상자가 선물로 위장되어 박제순 등 오적에게 배달되었다. 그런데 박제순이,

"선물이 왔다고? 요즘 세상에 대면도 하지 않고 그냥 선물을 보내는 어리석은 자가 어디 있겠느냐? 상자 안에 수상하거나 위험한

물건이 들었을 게 틀림없다."
하고 경계심을 드러내고는,
"이 상자가 나한테만 배달되었을 리가 없지!"
라면서, 이완용 등에게 선물상자를 열지 말라고 두루 연락하였다. 그 바람에 만사가 일그러지고 말았다.

결국 감사의용단은 논의 끝에 을사오적을 나누어서 각각 저격하기로 방침을 바꿨다. 단원들은 2월 27일, 3월 2일, 3월 6일 세 차례에 걸쳐 을사오적 처단을 시도했다. 그러나 계획대로 성사시키지 못하던 차에 이홍래 단원이 붙잡히고 말았다. 그는 권중현 처단 임무를 맡았었다. 이홍래는 권중현을 향해 발사했지만 부상만 입히는 데 그쳤다. 이홍래는 혹독한 고문을 이겨내지 못한 채 자신이 아는 이 사건 관련 인물 18명의 이름을 실토했다.

"이러다간 동지들만 모두 죽을 것이오."

나철, 오기호, 김인식 등은 자신들이 주동자라며 자수했다. 동지들의 희생을 줄이려는 고육책이었다. 나철은 1907년 7월 3일 전라도 지도智島 10년 유배형을 받았다. 그래도 4개월 뒤 고종 특사로 오기호, 이기, 강상원 등과 함께 풀려난 것은 불행 중 다행이었다.

나철은 새로운 투쟁을 모색했다. 민족종교를 일으켜 독립운동의 새 전환을 일으키겠노라 생각했다. 그는 기존의 단군교를 더욱 체계화하고 크게 키워서 나라 잃고 실의에 젖어 지내는 민족을 하나같이 일으켜 세우겠노라는 담대한 계획 아래 실천에 돌입했다.

나철은 1909년 1월 15일 단군교를 일으키는 첫 발걸음을 내디뎠다. 첫 모임은 서울 재동 취운정에서 열렸다. 이 날은 모두 낯익은 얼굴들이 모였다. 나인영(대종교 창시 이전까지의 나철의 이름), 이기, 강상원, 김윤식, 유근, 김인식, 오기호, 강우, 정훈모, 김춘식 등이었다. 그냥 지나치다 '저게 뭔가?' 싶은 호기심에 참가한 사람은 없었다. 올 사람만 초대했다. 모두 왔다 싶을 때 나인영이 자리에서 일어섰다. 그는 '국조國祖를 받들어 민족정기를 세우고 민족독립을 지키기 위한 나라의 정신으로 삼자!'라고 역설했다.

나철은 한얼교 또는 천신교라 불리던 단군교를 1910년 8월 대종교大倧敎로 개명했다. 나라가 일본의 침략 세력에 짓밟힌 이후, 국조를 받들어 민족자존을 지켜야 할 필요성을 절감한 지사들이 많았다. 민족종교를 민족의식 고취의 방편으로 삼자는 뜻이었다. 대종교의 교세가 폭발적으로 늘어난 데에는 그런 시대적 추세도 한몫을 했다.

대종교 교인의 헤아릴 수 없는 증가는 독립운동 세력의 놀라운 확대로 이어졌다. 일제가 대종교를 그냥 내버려둘 리 없었다. 일제는 1915년 종교통제안宗敎統制案을 공포했다. 일제의 종교통제안 공포는 대종교를 불법화하여 탄압하는 데에 입법 목적이 있었다. 대종교는 존폐 위기에 몰렸고, 분을 참지 못한 나철은 1916년 8월 15일 자결하였다. 나철의 유해는 자신의 유언에 따라 단군과 고구려의 무대였던 북간도에 묻혔다. 대종교 본부도 서울에서 북간도로 옮겨졌다.

나철은 독립운동의 밑거름이 되었다. 대종교의 그늘 아래로 독립지사들이 운집했다. 1919년 2월 1일 대종교 지도자 서일, 여준 등을 중심으로 3·1운동보다 빠른 '무오 독립선언'을 발표했다. 일본과의 무력 전쟁 최대 승리인 청산리 대첩의 핵심 북로군정서[1]도

---

[1] 신흥무관학교 교장을 지낸 여준이 주석, 김좌진이 군무부장, 손일민

김좌진 등 대종교 회원 중심의 군사 단체였다.

북로군정서가 중심이 된 2,500명의 독립군은 1920년 10월 21일부터 26일까지 청산리에서 일본군 5만여 명을 상대로 싸워 3,000여 명을 전사시켰다.2) *

박응칠朴應七(1871-1907.7.13.)

1905년 11월 17일 일제는 한국을 식민지로 삼기 위한 전초 작업으로 외교권 박탈 등이 포함된 을사늑약을 강제로 체결했다. 현재의 장관에 해당되는 대신 직책에 있던 이지용李址鎔·이근택李根澤·박제순朴齊純·이완용李完用·권중현權重顯 등이 일제의 앞잡이가 되어 고종황제의 날인 없이 조약을 체결했다. 그 후 이들을 "을사오적"이라 부르게 되었다.

나인영(나철)·오기호 등은 조국을 일본에 팔아먹는 일에 앞장선

등이 중앙위원을 맡은 의군부는 3·1운동 직전인 1919년 2월 24일 창설 논의가 시작되었다. (각주 4에 계속)

2) 의군부는 박찬익, 조소앙, 김좌진, 손일민, 황상규 등 망명객 13명이 향후 독립운동 추진 방법을 논의한 끝에 2월 27일 결성했다. 의군부는 창립 후 대종교 계열의 대한독립군정회大韓獨立軍政會와 연계 활동을 펼치기로 합의, 실행 기관으로 대한군정부大韓軍政府를 설립했다. 그 후 대한군정부는 이름에 '정부'가 들어있는 것은 적절하지 않다는 임시정부의 권고에 따라 대한군정서大韓軍政署로 개명했다. 서간도 일대의 독립군 부대를 서로군정서西路軍政署라 부르는 데에 대칭하여 흔히 북로군정서北路軍政署라는 별칭으로 불린 대한군정서는 1920년 10월 21일~26일의 청산리 대첩을 이루어내는 주력 군대가 되었다. * 청산리 전투에서 죽은 일본군의 숫자는 자료에 따라 1,200명에서 3,000명까지 서로 다르다.

을사오적을 처단해야 민족정기를 바로잡을 수 있다는 데 의기투합했다. 그들은 당원을 모집하였다. 이 때 박응칠이 스스로 가입했다.

을사오적 처단 결사 조직은 1907년 2월 들어 을사오적 처단을 두 차례 시도했지만 성공하지 못했다. 2월 12일에는 을사오적들이 출근하는 길목을 노려 잠복해 있다가 다섯 곳에서 동시에 오적을 처단하고자 했으나 그들이 제각각 나타나는 바람에 실패하고 말았다. 사동 길거리에서 권중현을 저격한 것이 성과였으나 그나마 죽이지는 못하고 상처만 입혔다. 박응칠은 최상오崔相五 · 황경오黃景五 등 20여 명과 함께 충남 금산 보광리 · 두두리 등지로 거점을 옮겼다. 그러나 거사를 도모하기 위해 조총과 거사 자금을 마련하던 중 모두들 피체되고 말았다. 의사는 1907년 7월 13일 교수형으로 순국하였다.

나철 기념관 전남 보성군 벌교읍 녹색로 5163

황경오黃景五(1863-1907.6.9.)

본적 미상의 순국 독립지사이다. 당시는 현대사회만큼 사회 구성원의 인적 사항을 정부가 일사분란하게 정리하고 관리하던 시대가 아니었으므로 이렇게 본적 등이 확인되지 않는 사람이 많다.

황경오 지사는 나철 등의 을사오적 처단 계획에 동의하여 함께 활동했다. 하지만 거사는 성공하지 못했고, 지사는 박응칠 등 20여 동지들과 더불어 충남 금산군으로 거점을 옮겨 조총과 거사 자금을 준비하는 등 재차 거사를 도모하던 중 일제에 피체되어 옥고를 치르다가 1907년 6월 9일 옥사했다.

최상오崔相五(1866-1907.7.13.)

최상오 지사도 을사오적 처단 거사에 동참했다가 실패 후 충남 금산군에서 다시 거사를 도모하던 중 일제에 피체되어 1907년 7월 3일 평리원에서 교수형을 언도받아 순국하였다.

황성주黃聖周(1879- 사망 연월일 미상)

충청남도 금산이 본적인 지사는 1907년 2월 나철 등 뒷날 대종교를 이끌게 되는 지사들의 을사오적 처단 거사에 동참했다가 실패하고 피체되었다. 그는 1907년 7월 3일 내란죄로 유형流刑(귀양) 10년을 언도받았다.

이종학李鍾學(1869- 1907.7.13.)

나철 등의 을사오적 처단 거사에 가담했다. 1907년 2월 12일 을사오적들이 출근하는 길목을 동지들과 나누어서 지키다가 같은 시각에 맞춰 각지에서 오적을 저격하기로 계획을 세웠다. 이종학 지사는 서문밖 길에서 서태운 등 8명의 동지들과 함께 총과 봉을 가지고 매복해 있었으나 뜻을 이룰 수 없었다. 그는 서태운과 함께 통진으로 옮겨 재차 거사를 도모하던 중 수원에서 피체되었다. 1907년 7월 3일 교수형을 받고 순국했다.

황문숙黃文叔(1872- 사망 연월일 미상)

나철 등의 을사오적 처단 계획에 참여했다. 황문숙은 서태운과 함께 서대문 밖에서 법부 대신 이하영을 죽이려 했지만 경계가 심해 성공하지 못했다. 1907년 7월 3일 이른바 내란죄로 유형 10년에 처해졌다.

최익진崔翼軫(1860.7.3.- 1923.11.15.)

경상북도 칠곡 사람인 최익진은 당시 궁중호위국 회계과장이었는데, 나철 등의 을사오적 처단 거사에 적극 동조하여 거사에 필요한 준비금 1400원을 제공했다. 이 일로 피체되어 10년 유형을 받고 진도에서 유배 생활을 하였다.

지사는 1907년 고종황제의 특별사면으로 유배에서 풀려난 뒤에도 의병장 김규식金奎植의 의진에 군량을 제공하는 등 변함없이 구국 활동을 전개했다. (김규식은 그 후 허위 의병대장의 일원으로, 또 청산리 전투 대대장으로 활약했다.)

윤주찬尹柱瓚(생몰 연월일 미상)

농상공부 주사로서 나철 등의 을사오적 처단 거사에 동참하여 격문 등 글을 쓰는 임무를 수행했다. 을사오적 암살 결사대 운영 자금으로 "2,000냥을 내었다. 이 계획에는 전 대신 이용태李容泰, 학부 협판 민형식閔衡植, 궁중호위국 회계과장 최익진, 전 관리공사 서창보徐彰輔, 전 군수 정인국鄭寅國 등도 가담하여 자금을 내었다 (한국학중앙연구원《한국민족문화대백과》)." 평리원에서 5년의 유배형을 선고받고 진도에서 귀양살이를 하였다.

지팔문池八文(1884- 사망 연월일 미상)
나철 등의 을사오적 처단 계획에 동참했다가 체포되었다. 1907년 7월 3일 평리원에서 이른바 내란죄가 적용되어 전남 지도군 지도로 유형 10년을 언도받았다.

이기李沂(1848- 1909)
전라북도 김제 출신으로 어려서부터 한학을 수학하여 학문의 조예가 깊었다. 실학實學 연구자였던 그는 국가 위기를 극복하기 위해서는 정치부터 개혁해야 하고, 급선무는 사리사욕에 눈이 어두워 민생의 도탄을 외면하는 민씨정권閔氏政權을 타도하는 일이라고 생각했다. 그래서 그는 1894년 동학농민혁명東學農民革命이 발발하자 전봉준全琫準에게 서울로 진격하여 민씨정권을 전복해 나라를 구할 것을 제의했다.

1905년 러일전쟁이 끝나고 두 나라가 미국의 중재로 미국 포츠머드에서 강화회의를 가지게 되었을 때에는 이 회의가 조선의 운명을 결정짓는 중요한 계기가 될 것으로 판단, 나철·오기호吳基鎬와 미국을 방문하여 조선의 입장을 호소하려고 계획했었지만 일본의 방해로 실행에 옮기지 못했다.

그 후 그는 나철·오기호와 함께 일본의 정계 요인들을 방문, 일본은 조선에 대하여 선린의 우호로 독립을 보장할 것을 요구하고, 일번 국왕과 이토 히로부미에게 서면으로 조선 침략 정책을 통렬히 규탄하고 귀국했다. 하지만 1905년 끝내 을사늑약이 체결되었다. 그는 1907년 2월 나철·오기호 등과 함께 을사오적 처단 거사를 도모했지만 실패하고 말았다. 그는 7년 유배형에 처해져 전라도 진도에서 귀양 생활을 했다.

오기호吳基鎬(이명 吳赫, 1865.11.18.- 1916.12.24.)

전남 강진 출신으로, 30세인 1894년부터 서울에 거주하면서 지사들을 사귀었다. 한때 정부에서 주사主事로 근무했다. 하지만 국가에 멸망의 위기가 닥쳐오는 것을 실감, 공직을 그만두고 나철·이기와 함께 나라를 구하고 세상을 다스릴 길을 모색했다.

1905년 러일전쟁 후 오기호는 나철·이기와 함께 미국 방문을 도모했다. 미국 주선으로 열리는 러일 강화회담에 참석하여 조선의 독립자주권 보장을 주장할 계획이었다. 하지만 일본이 그런 움직임을 두고만 볼 리가 없었다. 결국 일본의 방해로 미국 방문은 이루어지지 않았다.

그 후 나철·이기와 함께 일본을 방문하여 동양평화와 한국독립 보장을 설파하였고, 조선의 독립을 보장한다는 일본의 당초 약속을 지켜줄 것을 요구하며 공한을 만들어 정계 실력자들에게 우송하였다. 하지만 일본은 을사늑약을 강행했고 통감부를 설치했다. 이에 오기호 등은 을사오적부터 처단해야 나라의 기운을 회복할 수 있다고 판단하기에 이르렀다. 그러나 처단 거사는 실패했다.

오기호·나철·김인식 등은 평리원에 자수하여 모든 일은 자신들의 책임이요 다른 사람들은 죄가 없다고 주장하였다. 오기호는 유형 5년에 처해져 전라도 지도에서 귀양살이를 했다.

조화춘趙化春(1872- 사망 연월일 미상)
조화춘도 나철 등의 을사오적 처단 계획에 동참했다가 체포되어 지팔문과 마찬가지로 1907년 7월 3일 평리원에서 이른바 내란죄가 적용되어 전남 지도군 지도 유형 10년을 언도받았다.

이승대李承大(1875- 사망 연월일 미상)
역시 나철 등의 을사오적 처단 계획에 참여해 활동하다가 체포되어 1907년 7월 3일 이른바 내란죄로 전남 진도군 진도로 유형 10년을 선고받았다.

이광수李光秀(1873.6.29.- 1954.9.5.)
전라남도 담양 출신으로, 나철 등의 을사오적 처단 거사에 적극 동참했다. 그 일로 10년 진도 유배형을 받았으나 광무황제의 은사恩赦로 1년 만에 유배에서 풀려났다.

이경진李京辰(1878.4.8.- 1952.12.10.)
나철 등의 을사오적 처단 계획에 참여했다. 그는 법부 대신 이하영을 처단하는 조에 들어 1907년 3월 25일(음력 2월 12일) 오전 11시경 서태운徐泰云과 함께 서대문 밖에서 이하영을 기다렸지만 경계가 심해 실행할 수가 없었다.
11시 30분경 이홍래 등 18인은 서울 중서 사동 거리에서 군부

대신 권중현을 저격했지만 적중시키지는 못했다. 이 과정에서 강상원康相元이 먼저 체포되었다. 이경진은 1907년 7월 3일 평리원에서 이른바 내란죄로 유형 10년을 받았다.

윤충하尹忠夏(1855- 1946.8.5.)
경남 거창 출신으로, 나철 등의 을사오적 처단 거사에 동참했다 사 피체되어 유형 10년을 언도받았다. 풀려난 후 1919년 2월 경남 거창의 곽종석郭鍾錫을 방문, 파리강화회의巴里講和會議에 유림 연명으로 독립청원서를 제출하여 국제 여론에 호소하려 하니 대표로 나서달라고 요청했다.
윤 지사는 그 후 곽종석의 지시에 따라 곽윤·김황 등과 함께 김창숙金昌淑을 만나 파리장서(파리강화회의에 제출할 독립청원서)를 작성하는 데 주도적인 역할을 했다.

박종섭朴鍾燮(1873- 사망 연월일 미상)
1907년 나철·오기호 등이 주도한 을사오적 처단 거사에 참여했다. 박종섭은 1907년 7월 3일 평리원에서 이른바 내란죄로 전남 지도군 지도로 유형 10년을 선고받았다.

김인식金寅植(1879.9.20.- 1926.2.1.)
나철 등의 을사오적 주살 거사에 동참하였으나 성공을 거두지 못하고 진도로 5년간 유배되었다. 그 후 1909년 음력 정월 15일 새벽 나인영·이기·오기호·강우姜虞·유근柳瑾·정훈모鄭薰模 등 수십 명과 서울 북구 재동 취운정翠雲亭 아래 초가 북벽北壁에 단군태황조 신위檀君太皇祖神位를 모시고 제천祭天의식을 거행하면서 단군교를 창시, 민족중흥에 이바지할 종교로 육성하였다. 단군교는 1910년 6월에 교명을 대종교大倧教로 고치고 포교활동을 통하여 수많은 독립투사들을 길러냈다. 그는 만주로 가서 독립운동에 참가했으며, 1919년에는 윤영기尹永淇와 연락하여 3·1독립운동에 일익을 담당하기도 하였다.

김경선金京善(1861- 사망 연월일 미상)
1907년 3월 초 이홍래李鴻來로부터 나철 등의 을사오적 처단 계획을 듣고 거사에 동참해 3월 15일 광화문 앞에 서 참정 대신(내각 수반격) 박제순이 통과하면 죽일 계획으로 기다렸으나 성공을 이루지 못하고 체포되었다. 그는 1907년 7월 3일 평리원에서 이른바 내란죄로 유형 10년을 받았다.

김영채金永采(일명 김담, 김사명, 1873.2.6.- 1931.5.2.)
을사오적 처단 거사에 동참해 유형 10년의 귀양을 살았다.

강상원康相元(1872- 사망 연월일 미상)
1906년 최익현 의진崔益鉉義陣에서 의병으로 활동했다. 강상원은 1907년 3월 충남 대전에서 나철 등이 이끄는 을사오적 처단 계획을 듣고 이에 적극 동참하였다. 3월 25일 11시 30분경 황주사黃主事·지참봉池參奉·이만장봉李萬丈峰 등 18명과 함께 서울 사동에서 인력거에 타고 있던 군부 대신 권중현을 요격했지만 적중시키지 못한 채 일본 순사에게 체포되었다. 1907년 7월 3일 평리원에서 이른바 내란죄로 유형 10년을 처분을 받았다.

본격 의병 투쟁의 기반이 된 해산 군인들

박승환 대대장의 자결, 군대해산일의 치열한 전투, 의병 투신

1907년 7월 31일 대한제국의 군대가 일제에 의해 강제로 해산되었다. "군대 해산은 대한제국의 실질적인 멸망을 뜻하는 비극적인 사건이었다."[1]

일제는 1905년 11월 17일 강제로 을사늑약을 체결하여 우리나라의 외교권을 박탈한 뒤 1906년 2월 통감부統監部를 설치했다. 이 토伊藤博文의 통감부는 식민 통치 준비 기구로서 총독부가 설치되는 1910년 8월까지 4년 6개월 동안 한국의 국정 전반을 장악했다. 이로써 우리나라는 "사실상 주권 상실 상태가 되었다."[2]

그런 와중에 '헤이그Hague 특사 사건'이 일어났다. 고종은 을사늑약이 자신의 인정 없이 강제·불법 체결되었다는 사실을 국제 사회에 알리기 위해 네덜란드 헤이그에서 열린 만국평화회의에 이상설을 정사, 이준과 이위종을 부사로 하는 특사단을 파견했다.

이들은 1907년 6월 29일[3] 헤이그에 도착했다. 하지만 일본의 방해와, 시기적으로 세계 각국이 한일 협약을 승인한 뒤라는 점 때문에 외교권 없는 대한제국 대표 자격으로는 평화회의에 참석할 수 없었다. 세 사람은 3인 연명으로 작성한 호소문을 써서 평화회

---

1) 한국학중앙연구원, 《한국민족문화대백과사전》〈군대해산〉
2) 한국학중앙연구원, 《한국민족문화대백과사전》〈통감부〉
3) 김창수, 《항일 의열 투쟁사》(독립기념관, 1991), 38쪽.

의 의장에게 전달하기도 하고, 각국 대표들을 찾아다니며 설득 작업을 벌이기도 했다.

   1. 일본인은 우리 황제의 동의 없이 마음대로 모든 정사를 시행한다.
   1. 일본인은 무력으로 우리 한국 정부에 반대한다.
   1. 일본은 한국의 일체 법률과 풍속을 파괴한다.[4]

그렇게 혼신의 노력을 기울였지만 평화회의에 참석하고 또 발언하는 기회는 결국 얻을 수 없었다. 이에 7월 14일 이준이 현지에서 분사憤死하여 공원묘지에 묻히는 사태가 발생했다.[5] 일제는 책임을 묻는다면서 7월 20일 고종을 강제로 퇴위시켰다.

또 일제는 이 사건을 이용해 '한일 신협약韓日新協約'(일명 '정미 7조약丁未七條約')을 체결함으로써 한국을 강점하기 위한 예비 조치를 취했다.

일제는 순종 즉위 4일 후인 7월 24일 전격적으로 한일신협약 원안을 이완용 내각에 제시했다. 대한제국의 국권을 일제가 완전히 장악할 수 있는 내용이었다.

   한국 정부는 법령 제정 및 중요한 행정상의 처분을 하기 전에 통감의 승인을 거쳐야 한다. 고등 관리의 임면은 통감의 동

---

  4) 김창수, 위의 책, 39쪽.
  5) 이준 열사의 유해는 56년 뒤인 1963년 10월 4일 환국하여 서울 도봉구 수유동 산127-2(삼각산로 1)에 안장되었다.

의를 얻어야 한다. 한국 정부는 통감이 추천하는 일본인을 한
국 관리에 고용해야 한다. (등)

이완용 내각은 즉시 각의를 열어 일본측 원안을 그대로 채택했
다. 이완용은 순종의 재가를 얻은 뒤 당일 밤 이토를 찾아가 신협
약을 체결, 조인했다. 그런데 신협약에는 공개되지 않은, 아래 내용
에 관한 시행규칙이 붙어 있었다.

한국 군대 해산
사법권 위임
일본인 차관 채용 (등)

그 중에서도 가장 중요한 것은 군대 해산이었다. 일제는 '정예한
새 군대를 양성하기 위한 준비 단계로 현 군대를 정리한다.'는 구
실을 달았다. 자고로 역사에서 군대가 없어진다는 것은 그 국가가
멸망했다는 뜻이다.

사실 대한제국의 군대는 그 동안 국권과 국토 수호라는 국군 본
연의 소임보다 의병 진압 등 오히려 매국적 폭력 집단 역할을 수
행해 왔었다. 그러던 한국 군대에 애국과 민족 의식이 싹튼 것은
국권을 상실한 을사늑약 이후부터였다. 한국군은 전국 각지에서 봉
기한 의병들과 교전해야 하는 상황에 놓이면서 잠재되어 있던 한
민족으로서의 자의식이 살아난 것이었다.

대한제국 군대의 부활은 1907년 7월 19일 고종 퇴위를 반대하
는 군중 시위 때부터 진가를 발휘했다. 전동 병영을 뛰쳐나온 제 1

연대 제 3대대 소속 100여 무장 군인들은 시위 군중과 함께 종로 경찰파출소를 습격하여 다수의 일본 경찰과 10여 명의 일본 상인들을 살상했다.

일본은 곧장 본국 제 12여단의 전투부대를 대구와 평양 등 주요 지역에 배치하는 한편, 전국에 분산 주둔 중이던 제 13사단을 서울에 집결시켰다. 총기도 6만 정을 추가로 보급받았다. 그렇게 군대를 다시 배치하는 일 외에도 통감부는 한국 군대 해산을 위해 치밀한 계획을 수립, 이행하였다.

일제는 중요 무기와 탄약을 일본군 관할에 두어 한국군의 화력을 사전에 약화시켰고, 무력 저항에 대비해 화약과 탄약고도 사전에 장악했다. 드디어 순종의 군대 해산 조칙軍隊解散詔勅이 7월 31일 밤중에 반포되었다.

다음날인 8월 1일 동대문 훈련원에서 군대 해산식이 열렸다. 한국군 사병들에게는 도수 교련徒手敎練을 한다면서 모두 맨손으로 참석하라는 지시가 하달되었다.

오전 10시 폭우가 퍼붓는 가운데 한국 병사들은 훈련원에 모였다. 그런데 하사관 80원, 1년 이상 근무한 병사 50원, 1년 미만 근무한 병사 25원씩의 이른바 은사금恩賜金과 '각자 자기 집으로 돌아가라'는 명령을 받았다. 한 나라의 정규 군대가 황당하게 해산당하는 순간이었다.

한국군 병사들은 그제야 사태의 본질을 깨달았지만 이미 때는 늦었다. 무장해제 지경인데다 기관총으로 중무장한 일본군들에게 이중 삼중으로 포위된 속수무책 상황이었다. 일제는 이같은 기만술을 써서 지방 주둔 진위대로 모두 해산시켰다. 마지막 해산은 9월

3일의 북청 진위대였다.

　제 1연대 제1 대대와 제 2연대 제 1대대는 8월 1일 해산식에 불참했다. 무기를 버려둔 채 훈련원으로 향하려던 병사들 앞에 1대대장 박승환朴昇煥 참령(소령)의 자결 소식이 들려왔기 때문이다.

　사실 대대장 이상의 한국군은 군대가 해산된다는 사실을 이미 알고 있었다. 일제는 당일 새벽 대관정大觀亭(일본군사령관 관저)에 한국군 연대장과 대대장들을 모아 놓고 순종의 '군대 해산 조칙'을 낭독했다.

　이어서 군부대신 이병무李秉武가 오전 10시에 군대 해산식을 거행할 것인즉 모든 병사들을 무장 해제시켜 훈련원으로 집합시키라는 지시를 내렸다. 한국군 연대장과 대대장들은 비분강개했지만 황제의 칙령을 받들지 않을 수도 없고, 일본군이 사방을 에워싸고 있는 상황이라 하릴없이 병영으로 돌아올 수밖에 없었다.

　박승환은 대관정의 모임에 중대장 김재흡을 대리로 보냈었다. 당연히 김재흡이 돌아와 전달한 것은 군대해산 명령이었다.

　박승환은 "군인은 나라를 경비하는 것이 본연의 임무인데 외국 군대가 침략하고 있는 중에 갑자기 군대를 해산하니 이는 황제의 뜻이 아니다. 적신이 황명을 위조한 것이 분명하니 내 비록 죽을지언정 명을 받을 수 없다!"면서 유서를 쓴 후 "대한제국만세!"를 외치고 권총으로 자결하였다.

　"군인으로서 나라를 지키지 못하고軍不能守國 신하로서 충성을 다하지 못하였으니臣不能盡忠, 만 번 죽은들 무엇이 아깝겠는가萬死無惜!"

　대대장의 유서 앞에서 병사들은 가슴이 탔고 눈물이 쏟아졌다.

제 2연대 제 1대대 부위(중위) 오의선이 뒤따라 자결하고, 그 외에도 여러 장병들이 스스로 목숨을 끊었다. '박승환 대대장의 자결 총성은 부하 장병들에게 봉기를 호소한 것이었다.'6)

대대장 박승환과 여러 장졸들의 자진 순국 사실이 전해지자 군인들의 분노가 폭발하였다. 병사들은 일제히 무기고를 부수어 총을 꺼내들고 봉기하였다. 군대 해산식이 진행되는 중에 제 1연대 제 1대대 장병들이 일본군을 공격했다. 제 2연대 제 1대대 장병들도 동참했다. 일본군은 기관포로 무장한 제 51연대 소속 3개 대대 병력이 투입되었다.

일본군은 숭례문 위에 기관총을 설치한 뒤 한국군을 향해 난사했다. 숭례문 주변은 치열한 총격전 싸움터가 되었다. 이 와중에 가지하라梶原 대위가 한국군에 사살되었다. 가지하라는 러일전쟁 때 19명을 사살하여 이름을 날린 자였다. 하지만 4시간에 걸친 치열한 전투 끝에 일본군 42명을 사살했지만 한국군도 170여 명의 사상자가 발생하고 600여 명이 포로가 되었다.7) 결국 한국군은 화력 열세와 탄환 부족을 실감한 채 물러날 수밖에 없었다.

일본군은 인근에 보이는 한국인 민간인과 무기가 없는 군인들을 닥치는 대로 학살했다.

박승환의 자결은 군대 봉기에 의한 의병 운동의 대대적 파급의 전기를 만들어 준 위대한 순국이었다.8) 그와 같은 '대한제국 군인의 저항은 의병 투쟁을 전국적인 의병 전쟁으로까지 확대시키는

---

6) 국가보훈처 누리집 독립유공자 공훈록 〈박승환〉
7) 김창수, 《항일 의열 투쟁사》(독립기념관, 1991), 45쪽.
8) 국가보훈처 누리집 독립유공자 공훈록 〈박승환〉

중요한 계기가 되었다. 이는 이후 독립군으로 계승되어 무장 독립전쟁의 밑거름이 되었다.'9)

전국 각지 진위대 해산군의 참가로 의병 활동 지역이 온 나라로 크게 확대되었다. 하급 병사 출신의 의병장이 종래의 유생 의병장과 교체됨으로써 의병 부대의 성격도 변하였다. 또 해산 군인의 작전 지휘는 의병의 전투 기술을 향상시켜 일본군에 큰 타격을 주게 되었다. 군대 해산 이후 군인들의 의병 참가는 본격적인 항일 무장투쟁의 시발이었던 것이다.10)

누군가는 친일파가 되어 일신상의 부귀영화를 도모하고, 누군가는 스스로 목숨을 끊어가며 외세에 맞서 싸우는 것이 인간세상의 진면목이다. 모두가 다 의롭고 선하다면 그곳은 이미 평범한 인간들이 뒤섞여 사는 속세가 아닐 터이다.

《효경》은 "옳지 않은 말은 하지 말고非法不言, 길이 아니면 가지 말라非道不行"고 했다. 효경에 이런 가르침이 나오는 것은 인간들이 흔히 법에 어긋난 말을 내뱉고 비행을 일삼기 때문이다. 어떻게 해야 올바르게 인생을 마칠 수 있을까?

신독慎獨이 답일 듯 여겨진다. 《대학》에 나오는 이 말은 홀로 있을 때에도 언행을 삼가라는 뜻이다. *

---

9) 국립중앙도서관 디지털컬렉션 : 한국의 시대별 전쟁사 – 대한제국군의 마지막 기상, 군대 강제해산에 대한 시위대의 항쟁
10) 한국학중앙연구원, 《한국민족문화대백과사전》〈군대해산〉

박승환朴昇煥(1869.9.7.~1907.8.1)

박승환은 1907년 7월 31일 군대해산 당시 시위대11) 제 1연대 제 1대대 대대장이었다. 그는 8월 1일 일제가 대한제국 군대를 강제로 해산시킬 때 자결로 저항하여 부하들의 항일 무장 봉기를 선도함으로써 전국적으로 의병 항일 무장 투쟁이 본격화하는 계기를 만든 지사로 평가받는다.

1869년 9월 7일 서울 반촌에서 아버지 박주표朴周杓와 어머니 남양南陽 홍씨의 장남으로 태어났다. 어려서 양주 목사를 지낸 외숙 홍태윤洪泰潤에게 한학, 궁술, 사격술을 배웠다. 18세이던 1887년 무과에 급제한 그는 1904년 2월 15일 육군 참령參領(소령)으로 진급했고, 국왕 호위 부대인 시위대의 제 1연대 제 1대대 대대장을 맡게 되었다.

그는 고종이 강제 퇴위된 1907년 7월 20일 병사들을 이끌고 궁으로 쳐들어가 황제를 복위시킬 궁리도 해보았다. 하지만 그렇게 한들 결국 고종에게 화가 미칠 것이 너무나 자명했다. 한 나라의 황제를 마음대로 용상에서 끌어내리고 그 아들에게 양위를 시킨 것이 일제이다. 약간 명의 군사들을 데리고 거사를 감행한들 이내 '도루묵'이 될 게 뻔했다.

이어서 박승환 등 시위대의 여러 장교들이 궁리해낸 것이 고종

---

11) 당시 대한제국 군대는 서울에서 왕궁을 호위하는 시위대侍衛隊와 지방에 주둔하는 진위대鎭衛隊로 나뉘었다. 국왕 친위대 성격의 시위대는 제1연대(3개 대대)와 제2연대(3개 대대)로 조직되었다. 지방 진위대는 모두 8개 대대였는데, 수원·청주·원주·대구·광주·해주·안주·북청에 배치되었다. 1개 대대 병력은 500~600명이었고, 진위대 아래에는 분대分隊를 별도로 두어 주요 지방에 파견했다.

의 양위식 참석을 막는 방안이었다. 시위대 장졸들이 경운궁으로 몰려가 고종을 에워싸고 호위하게 되면 황제가 양위 행사에 가는 것을 사전에 차단할 수 있지 않겠느냐는 논의였다. 그러나 이 계획도 실행에 옮겨지지 못했다. 정보를 입수한 군부대신 이병무李秉武가 주한 일본군사령관 하세가와 요시미치長谷川好道에게 제보하였고, 하세가와는 일본군을 풀어 시위대의 움직임을 철저하게 막아버렸기 때문이다. 게다가 양위식 자체도 고종(광무황제)과 순종(융희황제) 없이 진행되었다.

박승환은 끝내 자결로써 한국군 장교와 병사들의 의분을 북돋우어 일제와의 무력 항쟁이 일어나는 계기를 만들었고, 군대해산 이후 정규군 잔병들이 집으로 돌아가지 않고 의병군에 가담하는 정신적 밑거름이 되었다. 이로써 의병은 전술과 무기에서 한층 강력해졌고, 그 이후 종전보다 더욱 치열한 대일 항쟁이 시작되었다.

이규응李奎應(1862.2.25.-1907.7.23.)

일제는 고종이 네덜란드 헤이그 만국평화회의에 특사를 파견한 것을 구실로 일본 도쿄로 친행(직접 감)하여 일본왕에게 사과할 것을 요구하고, 1907년 7월 19일에 이르러 강제로 퇴위시키려 들고, 한국 정부를 일본인 통감 아래에 두고 한국군대를 해산하며 일본인 차관을 임명하는 등의 내용을 담은 정미7조약을 강제로 체결하려 하였다.

침략을 강화하는 일본의 만행을 본 중추원 의관(국회의원 격) 이규응은 통분하여 이완용 등 매국노들을 성토하는 상소문을 쓴 다음 밤새도록 통곡하다가 7월 23일 하오 6시경 독약을 마시고 자정 순국하였다.

그는 상소문에서 언젠가는 반드시 나라의 원수를 갚고 국권을 회복할 수 있는 때가 올 것이므로 결코 황제는 정미7조약에 옥쇄 날인을 해서 안 되고, 양위를 해서도 안 되며, 도쿄로 친행하는 일도 있어서는 안 된다면서 고종의 결단을 호소하였다.

이봉학李鳳鶴(출생 연월일 미상- 1905.12.)

1905년 12월 대한제국 군인 이봉학은 을사늑약 체결로 나라가 사실상 식민지로 전락한 데 비분강개하였다. 그는 대궐 앞으로 나아가 자결로 순국하였다. 그의 자결 순국은 "일제의 한국침략에 대해 저항 의지의 표출(국가보훈처 공훈록)"이었다.

홍재칠洪在七(1869- 사망 연월일 미상)

1907년 6월 초대 회장 이윤용李允用·2대 회장 윤이병尹履炳 등이 주도한 사회단체 동우회同友會가 출범하였다. '황실 존중·청년 교육·동양 평화'를 기치로 내세운 동우회는 일제의 고종 황제 강제 양위와 정미7조약 체결에 반대하는 활동을 펼쳤다.

1907년 7월 18일 윤이병이 2대 회장에 취임하면서 "황제의 일본 방문 및 양위와 한일 양국 간의 조약 체결에 대한 방안을 일반 국민과 의논하자"는 내용의 연설을 하였다. 회장의 취임 연성 이후 동우회 회원들은 군중과 함께 대한문 앞으로 가서 시위를 벌였고, 김학인金學仁 등은 제지하는 경찰관들에게 투석하여 부상을 입혔다.

시위대는 포덕문 앞으로 옮겨가 최원석崔元錫을 회장으로 하는 결사회를 조직한 뒤, 정부 대신을 처단하고 고종의 일본행을 막기 위하여 다음날 20일에 모두 석고단에 집합하자고 결의하였다. 이에 따라 20일 윤이병을 비롯한 동우회 간부·회원·시위대가 석고단에 집합하여 고종 양위 반대 결의 집회를 개최했다.

집회 후 동우회 회원들은 군중과 함께 서소문 밖에 있는 총리대신 이완용의 집을 방화하였다. 홍재칠은 동우회 이사로 활동 중 체포되었다. 그는 1908년 1월 16일 평리원에서 이른바 내란죄 혐의로 유형 10년을 받았다.

최원석崔元錫(1877- 사망 연월일 미상)

최원석도 동우회 회원으로서 열성적으로 활동하다가 1907년 12월 29일 평리원에서 이른바 내란죄로 유형 10년을 언도받았다.

이인승李仁承(1879- 사망 연월일 미상)

이인승도 동우회 회원으로서 고종 황제 강제 양위와 정미7조약 체결 반대 운동, 총리대신 이완용의 집 방화 등의 활동을 하다가 체포되어 1907년 12월 29일 평리원에서 이른바 내란죄로 전남 지도智島 유형 10년을 받았다.

김한긍金漢肯(1881.9.5.- 1951.9.17.)

김한긍도 동우회 회원으로서 고종 황제 강제 양위 및 정미7조약 체결 반대 운동에 참여하다 체포되어 1907년 12월 29일 평리원에서 이른바 내란죄內亂罪로 유형 10년을 언도받았다.

김좌봉金佐鳳(1847- 사망 연월일 미상)

한말에 경원·갑산·울진 군수를 지냈다. 은퇴 후 은거하고 있던 61세 노인 김좌봉은 1907년 11월 일진회—進會와 보조를 맞추고 있는 군수 김기영金璣泳 배척 운동을 시작으로 독립운동에 뛰어들었다. 그는 차도선車道善 의병부대에 들어 도대장으로 활동했다.

1907년 9월 일제는 '총포화약류 단속법'을 공포해 포수砲手들의 총을 회수했다. 차도선은 11월 홍범도洪範圖·송상봉宋相鳳 등과 산포대山砲隊를 조직하였다. 산포대는 일본 헌병·경찰 등과 유격전을 벌이고 친일파들을 암살하기 위해 조직한 독립운동 비밀결사였다. 김좌봉은 북청 후치령 부근에서 포수 300여 명과 함께 일본 군인·순사, 일진회원을 처단했다.

그 후 홍범도와 차도선 등은 일제의 대규모 공격을 피해 남은 부대로 이끌고 간도로 건너갔다. 다시 포수단砲手團을 재조직해 국내로 진격할 계획이었다. 이때 김좌봉은 국내에 남아 있었다.

그는 70대 중반의 고령인 1920년 김석태金錫泰 등이 조직한 대한광복단 갑산분단의 분단장을 맡았다. 1921년 4월 만주와 국내를 오가며 활동하던 갑산분단 조직이 일제에 발각되었고, 그도 120여 동지들과 함께 검거되었다.

김순흠金舜欽(1840.12.15.-1908.9.28.)

1895년 을미사변 직후 이강년李康秊과 함께 의병 항쟁의 길로 들어섰다. 하지만 이듬해 임금의 의병 해산 명령이 떨어졌다. 당시는 무조건 왕명을 따라야 했던 시절이었으므로 이강년과 더불어 의진을 해산하고 말았다.

1905년 11월 일제가 무력으로 고종과 대신들을 위협하여 을사늑약을 강제로 체결하여 국권을 침탈하자, 을사늑약 반대운동을 전개하였다. 그는 일제의 침략행위와 을사오적의 매국행위를 규탄하는 〈토오적문討五賊文(민족 반역자 다섯 명을 성토하는 글)〉을 지어 전국 유림에 배포하였다.

그 후 을사늑약 반대와 국권회복을 위한 의병운동이 일어나자 군자금 조달을 위해 노력하였다. 1908년 일본인 재무서가 세금을 거두어 일본군에 납부하는 것을 보고 의분을 참을 수 없어 단식을 시작했으며, 1908년 9월 28일 마침내 순절하였다.

의병 출정식 때 친일 관찰사와 일진회원 처형

1907년 7월 창의, 19088년 10월 13일 순국한 의병대장 이강년

조선 말기 주요 의병장 중 한 사람인 이강년李康秊(1858-1908)은 22세인 1880년(고종 17) 무과에 급제했다. 그는 1884년 12월 4일 갑신정변이 일어나자 벼슬을 버리고 고향으로 돌아왔다. 귀향해 있던 중 동학농민혁명이 일어나자 관리 출신이면서도 동학군에 투신했다. 이때 '동학 장수' 이강년을 따랐던 농민군들이 뒷날 의병을 자원하여 '창의 대장' 이강년에게 큰 도움을 주었다.

이강년
국가보훈처 사진

1895년 10월 8일 명성황후가 일본인들에게 시해되는 을미사변이 일어났다. 사변 이튿날인 10월 9일 군부 대신 조희연은 "어젯밤 조선사람 여럿이 일본 옷을 입고 와서 시위대(왕궁 수비군)와 충돌했을 뿐 일본인은 현장에 없었다"는 공문을 외부 대신 김윤식 편으로 일본 측에 전달했다.

조선 정부 "명성황후 죽음과 일본인은 무관" 공문 발송

뿐만 아니라 그 이튿날인 10월 10일 친일 정부는 "측근들로 당을 이루어 임금의 총명을 가로막고 매관매직을 했다"는 이유로 명

성황후를 폐위시켰다. 시해 사실은 감춘 채 황후가 어디론가 피신했다고 허위로 발표했다.

시해 소문은 바로 시중에 퍼졌다. 정부 발표일인 10일부터 유생들은 황후 폐위 반대와 일본군 토벌을 주장하는 〈토역소討逆疏〉를 고종에게 제출했다.

11월 5일에는 대구 현풍 출신 문석봉文錫鳳이 선봉장 김문주金文柱, 중군장 오형덕吳亨德, 군향관 송도순宋道淳 등 1,000여 명을 장졸로 하여 유성에서 의병을 일으켰다. 을미사변 이후 첫 창의였다.

문석봉은 나라의 원수를 갚자면서 '국수보복國讐報復'의 기치를 내걸고 공주성을 공격했지만 관군과 일본군 연합부대에 패해 경상도로 물러났다. 문석봉은 경북 고령, 성주 등지에서 재기를 도모하던 중 고령

문석봉
국가보훈처 사진

현감의 밀고로 대구감옥에 갇혔다. 하지만 1896년 초 감옥을 탈출해 원주 등지에서 의병 봉기를 독려하는 통문을 돌렸다.

문석봉은 옥고로 얻은 병 때문에 끝내 운명하지만 "일제의 명성황후 시해 사건 이후 최초로 거의한(의병을 일으킨) 그의 봉기는 의병 활동을 전국적으로 확산시키는 데 기폭제의 역할을 한 것으로 의병사에 큰 의미를 갖는다.(국가보훈처 독립유공자 공훈록 〈문석봉〉)"

의병 창의 계기가 된 을미사변과 단발령

을미의병이 전국적으로 일어난 첫 계기는 명성황후 시해와 유성 의병 활동이었지만, 활활 타오르도록 힘을 보탠 것은 역설적이게도

친일정부였다. 민심이 부글부글 들끓고 있는 상황에도 아랑곳없이 음력 11월 15일 정부는 이틀 후인 11월 17일을 기점으로 양력을 사용하며, 그날을 새해 1월 1일로 삼는다고 예고였다. 세계 흐름에 부응하겠다는 취지였다.

그러나 조선 백성들은 그 조치를 일본 추종 의지의 공개 천명으로 보았다. 게다가 정부는 불에 기름을 붓는 조치를 발표했다. 새로운 1월 1일부터 단발령을 시행한다고 선언했다. 유림들은 단발령에 특히 분개했다.

이런 과정을 거치면서 나라 안의 반일·반정부 기운은 더욱 고조되었다. 문석봉의 투옥과 탈옥을 전후하여 경기·충청·강원도에서 시작된 창의는 이내 경상·함경도까지 확대되었다. 을미의병은 친일파로 지목된 관찰사·군수·순검 등을 처단·문책하고, 관군과 일본군에 맞서 싸웠다.

어수선한 정국을 틈타 친러파가 정권을 잡았다. 친러 정권은 친일내각 요인들을 역적으로 몰아 단죄하는 한편 단발령을 철회했다. 또 의병을 해산하라는 조칙까지 내렸다. 임금의 명령을 따르지 않을 수 없었으므로 결국 1896년 3월 이후 의병활동은 쇠퇴할 수밖에 없었다. 이때 이강년도 잠시 의병 활동을 중단하였다.

이강년은 1896년 2월 23일 고향 문경에서 거의했다. 이때 왜적의 앞잡이 노릇을 하며 양민 토색을 일삼던 관찰사 김석중金奭中과 순검 이호윤李浩允·김인담金仁覃을 농암 장터에서 효수하였다. 그 후 스승 유인석柳麟錫 의병부대 유격장으로서 문경·평천·조령 등지에서 활약했다.

이강년은 군대가 해산당한 뒤인 1907년 3월 유인석과 의논 후 다시 창의하였다. 7월 7일 그는 원주 진위대(지방 주둔 한국군)를 이끌고 봉기한 민긍호閔肯鎬 부대와 합세해 제천에서 적병 500여 명을 격멸했다. 대승 소식을 듣고 각지의 소규모 의병군이 40부대나 몰려와 그를 도창의대장都倡義大將(의병 총사령관)으로 추대했다.

이때 이미 이강년에게는 "4도 도체찰사(현재의 계엄사령관 격)로 임명하니 만약 말을 듣지 않는 자가 있으면 관찰사(광역 단체장 격)와 수령(기초 단체장 격)부터 먼저 베고 파직하라"는 고종의 밀서가 도착해 있었다.

고종 밀서 "말 안 들으면 관찰사부터 죽여라"

그 후 이강년은 일제 앞잡이 김기찬金基燦과 일진회 회원 김상호金商虎를 총살하였고, 8월 3일에는 주흘산 혜국사 승려들의 지원에

이강년 기념관 경북 문경시 가은읍 대야로 1683

힘입어 갈평에서 왜군을 쳐부수었다. 이튿날인 8월 4일에도 갈평에서 순검 1명을 총살하고, 괴성에서 일본군 육군수괴 과전삼태랑戈田三太郞과 육군 보병 대토촌大土村을 잡아 효수하였다.

9월 들어 이강년 부대는 9월 16일 싸릿재, 9월 27일 죽령에서 왜적을 무찔렀다. 10월 5일 고리평, 10월 23일 백자동에서도 적을 격파했다. 그 동안 사로잡은 적병도 580명이 넘었다.

하지만 창의 이후 12년에 걸쳐 한번도 크게 패한 일이 없었던 이강년 부대도 11월 12일 풍기 복상동 전투에서는 원철상元哲常, 이중봉李重鳳 등 10여 명의 간부들이 피체되는 등 적에게 대패하고 말았다.

12월 전국 의병으로 13도연합의병부대를 편성해 서울을 공격하는 담대한 계획에 따라 호서湖西(충청도) 창의대장을 맡아 군사들을 이끌고 양주로 갔으나 동대문 전투 패전 후 목적을 이루지 못했다.

이강년의 전투 장소 중 한 곳이었던 문경 새재

이강년은 그 후에도 계속 1908년 2월 17일 용소동, 2월 26일 갈기동, 3월 12일 백담사, 4월 안동 서벽에서 왜적을 격파했다.

13도 연합의병부대 서울 진격 실패

이강년 부대가 왜적과 싸울 때 김상태金尙台·이만원李萬源·이중봉·백남규白南奎·하한서河漢瑞·권용일權用佾·윤기영尹基榮·이용로李容魯·이세영李世榮 등 해당 지역 출신 장졸들이 큰 공을 세웠다. 당시 이강년 의병군은 "지역의 지리에 밝고 또 엄격한 군율로 의병부대의 기강이 서 있어서 지방민들의 절대적인 지지를 받고 있었기 때문에 일본군이 가장 두려워한 의병 세력이었다.(국가보훈처 〈1995년 10월 '이달의 독립운동가'〉)"

하지만 이강년은 1908년 6월 4일 청풍 까치성 전투 때 쏟아진 비로 화승총을 쏠 수 없게 되는 등 고전을 면하지 못하다가 결국 일본군에게 붙잡히고 말았다. 그는 10월 13일 마침내 교수형을 당해 순국하였다. 대한민국 정부는 그에게 건국훈장 대한민국장을 추서하였다.

건국훈장 대한민국장을 추서받은 30인의 독립지사 중 중국인을 제외한 한국인들의 면면을 살펴봄으로써 이강년 의병장이 우리 독립운동사에서 얼마나 큰 비중을 가진 인물을 살펴볼까 한다.

01. 민영환閔泳煥(1861~1905) 계몽운동
02. 조병세趙秉世(1827~1905) 계몽운동
03. 최익현崔益鉉(1833~1907) 의병
04. 이 준李 儁(1859~1907) 계몽운동

05. 허　위許　蔿(1854~1908) 의병
06. 이강년李康秊(1858~1908) 의병
07. 안중근安重根(1879~1910) 의열투쟁
08. 강우규姜宇奎(1855~1920) 의열투쟁
09. 손병희孫秉熙(1861~1922) 3·1운동
10. 김좌진金佐鎭(1889~1930) 만주 방면
11. 이승훈李昇薰(1864~1930) 3·1운동
12. 윤봉길尹奉吉(1908~1932) 의열투쟁
13. 안창호安昌浩(1878~1938) 임시정부
14. 오동진吳東振(1889~1944) 만주 방면
15. 한용운韓龍雲(1879~1944) 3·1운동
16. 김　구金　九(1876~1949) 임시정부
17. 김규식金奎植(1881~1950) 임시정부
18. 조만식曺晩植(1883~1950) 문화운동
19. 서재필徐載弼(1864~1951) 계몽운동
20. 이시영李始榮(1869~1953) 임시정부
21. 신익희申翼熙(1894~1956) 임시정부
22. 조소앙趙素昂(1887~1958) 임시정부
23. 김창숙金昌淑(1879~1962) 임시정부
24. 이승만李承晩(1875~1965) 임시정부
25. 임병직林炳稷(1893~1976) 미주 방면

김상태金尙台(1864-1912.9.21.)

　김상태는 본래 충청북도 단양 지역에서 명망이 높았다. 그는 명망에 걸맞게 언행일치의 모범을 보여준 참된 선비였다. 1896년 이강년이 문경에서 창의하자 '의형제'를 맺고 중군장中軍將을 맡았다. 그 후 두 사람은 영월에서 궐기한 유인석柳麟錫 의진義陣(의병 부대)에 동참했다. 이들은 유인석이 가장 신임하던 중군장(제천 의병장) 안승우安承禹의 순절 사태를 맞아 만주로 망명했을 때에도 함께 압록강을 건너가 3년 동안 활동했다.

　1905년 을사늑약이 체결되자 김상태는 정운경鄭雲慶과 함께 제천에서 창의했고, 1907년 이강년 의진과 합세했다. 그 해 7월 40여 의진이 회맹하여 이강년을 도창의대장都倡義大將에 추대되었다. 이때 이강년은 극구 사양했지만 김상태가 군사들을 거느리고 와서 "공께서 끝내 여러 사람들의 소망을 저버리신다면 나도 모든 것을 그만두고 돌아가겠다."라고 압박하는 바람에 추대를 받아들이지 않을 수 없었다. 도창의대장에 추대된 이강년은 군대를 재편성하여 중군장에 김상태, 우선봉에 백남규, 좌선봉에 하한서를 임명했다. 이들은 눈부신 활약을 펼쳐 수많은 전투에서 일본군을 격파했지만 1908년 6월 청풍에서 이강년이 피체되고 말았다. 이때 이강년은 다음 말을 했다.

　"나보다 나은 사람이 나타날 것이다. 여러분들은 걱정하지 말라."
　이강년의 이 발언은 "바로 김상태를 지칭한 말이라고 한다(국가보훈처 독립유공자 공훈록)."

　그 이후 김상태는 군사지휘권을 인계 받아 단양 일대에서 활약했다. 그러나 적의 공세가 더욱 높아지자 소백산을 거점으로 유격전을 계속했다. 김상태가 지휘한 의병군이 일본군과 교전한 횟수가 50차례를 넘었다.

경술국치 이후 총독부는 김상태에게 오백금五百金의 현상을 걸었다. 거금에 현혹된 배신자 우중수禹中守의 밀고로 마침내 김상태는 순흥 남목리에서 체포되어 대구경찰서로 압송되었다. 그는 '적의 손에 욕을 보느니 차라리 자결하리라' 결심하고 단식에 들어갔다. 일제가 기계를 동원해 그의 입을 강제로 열어 음식을 먹이려 하였지만 끝까지 항거하여 단식 13일째인 1912년 9월 21일 옥중에서 순절했다. 그는 숨을 거두면서 "나를 운강(이강년) 옆에 묻어 달라"고 유언했다. 그의 시신은 유언에 따라 주장主將 이강년의 무덤 곁에 반장返葬(타지에서 죽은 사람을 거주지나 고향으로 옮겨와 장례를 치름)되었다가 1984년 제천시 고암동 의병골에 이장되었다. 정부는 공훈을 기려 1963년 그에게 건국훈장 독립장을 추서했다.

침략 원흉 이토와 서양인 앞잡이를 처단하다
한국인의 기개를 세계에 과시한 안중근 · 전명운 · 장인환 지사

1908년 3월 23일 전명운田明雲 · 장인환張仁煥 두 지사가 통감부 외교 고문 스티븐스Stevens를 저격했다. 스티븐스는 샌프란시스코까지 와서 '일본의 한국 지배는 한국에 유익하다'는 성명서를 발표하는 등 지독한 친일파였다.

당일 아침 전명운과 장인환은 각각 오클랜드 선창에서 스티븐스를 기다렸다. 장인환에 앞서 전명운은 품속에서 사진 한 장을 꺼내어 시야에 들어온 서양인과 맞추어 보고 있었다. 틀림없는 스티븐스였다.

"저 놈이 분명해!"

하지만 누구에게 확인을 요청해볼 도리도 없는 일이었다. 그저 혼자 판단하고, 혼자서 결행해야 하는 거사였다. 그때까지만 해도 전명운은 장인환이 누구인지 전혀 알지 못했다.

전명운은 권총을 꺼내어 침착하게 스티븐스를 저격했다. 그러나 마음뿐 실제로는 흥분이 앞섰다. 총알은 스티븐스를 명중하지 못했다. 다급해진 전명운은 뛰쳐나가 권총자루로 스티븐스의 얼굴을 후려쳤다.

"이놈, 죽어라! 네 놈은 우리의 국적國賊이다!"

스티븐스가 저항하면서 격투가 벌어졌다. 또 다른 지사 장인환이 뒤에서 그 광경을 주목하고 있었다. 그는 처음 보는 조선 청년이 자신에 앞서 스티븐스를 저격하는 것을 보고 당황했지만, 일단은 그저 지켜보는 수뿐이었다. 그런데 그의 총격에 스티븐스가 쓰러지지 않았고, 두 사람 사이에 격투가 벌어졌다.

두고만 볼 일이 아니었다. 장인환은 스티븐스를 겨냥하여 총을 발사했다. 마침내 스티븐스가 쓰러졌다. 그 과정에서 전명운도 유탄을 맞아 바닥으로 넘어졌다. 장인환이 외쳤다.

"스티븐스 같은 자를 죽이지 않으면 우리나라의 운명은 영영 사라지고 만다. 스티븐스를 죽이고 나도 죽는다면 조국 대한의 영광이 될 것이다!"

6월 27일 석방된 전명운은 변호사 등의 "이곳에 머물고 있으면 일본인들의 보복 테러가 있을 것"이라는 권고에 따라 그해 12월 시베리아 해삼위海蔘威(블라디보스토크)로 피신했다. 그런데 해삼위에 와 보니 안중근安重根이 먼저 망명 와 있었다.

안중근이 이토 히로부미伊藤博文를 사살한 날은 1909년 10월 26일이었다. 전명운은 안중근이 이토를 사살하는 광경을 직접 보거나, 그 소식을 가까이서 신속히 듣지는 못했다. 전명운은 그해 7월 미국으로 돌아갔기 때문이다.

안중근을 처음 만났을 때, 전명운에게 가장 강렬한 인상을 준 것은 그의 잘린 손가락이었다.

"아니, 손은 어쩌다가……?"

첫 대면 때, 전명운은 안중근의 손가락에 주목했다. 안중근이 조금 쑥스러운 표정을 지었다.

"이게 그러니까……."

전명운이 안중근의 잘린 손가락을 보며 찬탄을 금하지 못하던 그 때는 1909년 4월이었다.

그보다 한 달 전인 3월 5일, 두만강 국경 연추烟秋(크리스키노)에서 단지동맹斷指同盟이 결성되었다. 단지동맹은 조국 독립과 동양 평화 유지를 활동 목표로 내건 결사체였다. 조직원으로는 안중근·김기룡·강순기·정원주·박봉석·유치홍·김백춘·백규삼·황영길·조응순·김천화·강창두 등 30대 초반 12명이 가입했다. 이날 12명은 당장 의병을 크게 일으키기는 어려운 만큼 장기적 계획을 추진하여 일제와 일전을 벌이자고 결의하면서 서로를 격려했다.1) 그로부터 불과 일곱 달 뒤인 10월 안중근은 이토를 사살했다.

장기적 계획으로 군사적 힘을 기르자고 맹세했던 단지동맹 동지들과 약속은 결과적으로 허언이 되고 말았다. 사실 안중근은 블라디보스토크에서 더 이상 대규모 의병을 모집하고, 또 항일전을 벌이는 일은 거의 불가능하다는 판단에서 의열 투쟁으로 전환하는 것이 옳지 않을까 내심 생각 중이었다. 특히 이토가 만주를 방문한다는 소식이 들려온 이래로 더욱 그랬다.

'이토 히로부미! 의병들이 첫 번째 암살 대상으로 꼽는 원흉이다!2) 그 자가 만주에 온다? 어찌 장기 계획에 연연할 것인가? 그 어떤 일도 그 자를 처단하는 거사에 견주면 급한 것도 중요한 것도 있을 수 없어!'

안중근은 마음속으로 이토의 죄악을 열거해 보았다.

---

1) 김삼웅, 《안중근 평전》(시대의 창, 2009), 189~193쪽.
2) 김삼웅, 위의 책, 208쪽.

하나, 한국의 민 황후를 시해한 죄

둘, 한국 황제를 폐위시킨 죄

셋, 5조약3)과 7조약4)을 강제로 체결한 죄

넷, 무고한 한국인들을 학살한 죄

다섯, 정권을 강제로 빼앗은 죄

여섯, 철도, 광산, 산림, 천택을 강제로 빼앗은 죄

일곱, 제일은행권 지폐를 강제로 사용한 죄

여덟, 군대를 해산시킨 죄

아홉, 교육을 방해한 죄

열, 한국인의 해외 유학을 금지시킨 죄

열하나, 교과서를 압수하여 불태운 죄

열둘, 한국인이 일본의 보호를 자청한다고 세계를 속인 죄

열셋, 한국과 일본 사이에 싸움이 그치지 않아 살육이 끊이지 않는데도 한국이 태평무사한 것처럼 천황을 속인 죄

열넷, 동양 평화를 파괴한 죄5)

'그런 이토가 러시아 재무장관 블라디미르 코콥초프와 회담하기

---

3) 을사늑약으로, 1905년 이토 히로부미와 을사오적만이 참석한 회의에서 체결되었다. 무력에 의해 불법적으로 체결된 을사늑약을 통해 한국 정부는 외교권이 박탈되고, 일제는 통감부를 설치했다.

4) 1907년의 정미7조약으로, 일제에 군대해산권을 주었고, 일본인 차관을 두어 철저하게 내정이 간섭되었다.

5) 안중근 자서전 《안응칠 역사》에 이토의 열다섯 가지 죄상이 실려 있다. 다만 '열다섯, 일본 천황 폐하의 아버지인 태황제를 시해한 죄'는 사실이 아니므로 여기서는 생략했다.

위해 하얼빈에 온다고?' 안중근은 '대단히 좋은 소식을 듣고 심중 기뻐 견딜 수 없었다.'6)

안중근은 '타인에게 선수를 빼앗길까 우려하여 누구에게도 입 밖에 내지 않고 곧'7) 이토 처단 준비에 들어갔다. 그는 무엇보다도 먼저 거사를 함께 실행할 동지부터 규합했다. 안중근은 블라디보스토크의 교민들 중에서 자신과 가장 친한 최재형, 유진률, 이강, 우덕순을 만났다. 그들은 모두 블라디보스토크 교민 신문인 대동공보사의 임직원들이었는데, 안중근도 한때 그곳에서 기자로 일한 적이 있었다.

"우리나라 침략의 원흉이자 동양 평화의 파괴자인 이토가 마침내 만주 침략의 본심을 드러내고 있습니다. 결코 묵과할 수 없는 일이지요. 국권회복을 위해서도 그렇고, 동양평화를 위해서도 그렇습니다. 내가 이 자를 반드시 처단하고 말 작정이오."

안중근은 본래 명사수로 이름이 높았다. 그런즉 이토를 사살할 자신감이 넘친 것도 당연했다. 안중근은 믿을 만한 사람을 만나면 붙들고 열변을 토했다.

"모든 독립지사들이 처단 대상 1호로 지목하고 있는 자가 바로 이토요! 게다가 지금은, 다들 아시는 바와 같이, 일본의 압력을 두려워하는 러시아가 우리의 독립운동을 탐탁하지 않게 여기고 탄압하고 있습니다."

안중근은 열변에 열변을 거듭했다.

---

6) 〈경경시의 신문에 대한 안응칠(안중근)의 공술(제 7회)〉(1909.12.4.), 김삼웅, 앞의 책, 207쪽에서 재인용.

7) 주6과 같음.

"이토만 처단하면 우리의 독립 열망이 얼마나 강력한지 세계만방은 물론 러시아 당국과 러시아 사람들에게 분명하게 보여줄 수 있어요. 결코 놓칠 수 없는 기회가 왔다, 그 말입니다!"

안중근이 결의를 보이자 최재형 등이 한결같이 두 주먹을 불끈 쥐면서 호응했다.

"옳은 말! 원흉 이토를 처단할 수 있다면 우리 민족의 앞날에는 서광이 비칠 게요! 우리가 힘을 보태리다!"

그뿐이 아니었다. 대동공보사의 집금 회계원 우덕순禹德淳은 자리에서 벌떡 일어나 큰소리로 외쳤다.

"내가 이토를 저격하겠소. 하얼빈 역에서 기필코 이토의 숨을 끊어버리겠소!"

의기는 높았지만 총을 구입할 자금은커녕 하얼빈으로 이동할 여비조차 없었다. 모두의 얼굴에 짙게 그림자가 드리워졌지만 안중근만은 쾌활한 음성으로 장담했다.

"자금은 내가 마련할 테니 염려들 않으셔도 됩니다."

안중근은 황해도 출신 의병장 이진룡을 만났다. 그 무렵 이진룡은 블라디보스토크에 머무르고 있었다. 그가 블라디보스토크에 체류 중인 것은 무기 구입 때문이었다. 즉 이진룡은 현재 현금을 보유하고 있었다.

"내가 이토를 처단하려 하오. 그 일로 기천 $_{\text{己千}}$(이진룡)에게 특별히 부탁할 것이 있어서 찾아왔소."

이진룡이 반색을 하면서 되물었다.

"이토를 죽인다? 그렇게만 된다면 '동북아 정세의 지각변동을 일으키는 큰 사건'[8]이 일어나는 것이지요. 좋은 계획이오. 그래, 내가 무엇을 도와주면 되겠소?"

"하얼빈에서 이토를 처단하려면 무기를 갖춰야 하고, 실행을 맡을 동지들의 여비와 숙식 경비가 필요하오."

안중근은 류인석을 연해주 의병대장으로 모시고 참모중장으로서 의병 활동을 했는데,9) 이진룡 또한 본래가 류인석의 문인이었다. 뿐만 아니라 안중근과 이진룡은 1879년생으로 동갑이었다. 이진룡은 1915년 12월 광복회 만주 지부, 즉 길림 광복회가 창립될 때 초대 지부장을 맡게 되는 인물로, 본디 성격이 호방하고 활기찼다.

"허허, 내가 무기를 구입하기 위해 현금을 가지고 있다는 사실을 이미 알고 찾아 왔으니, 어찌 내놓지 않고 베기겠소."

"허허허."

두 사람은 마주 보며 호탕하게 웃었다.

"비록 내 수중에 돈이 없다한들 이토를 죽이는 데 쓰일 군자금이라면 남의 것을 빼앗아서라도 장만해 드릴 터인즉, 흔쾌히 지원을 해 드리겠소. 다만 이 돈이 나 개인의 재산이 아니라 황해도 의병들이 무기를 사오라고 모아준 군비軍費라는 사실을 잊어서는 안 되오. 반드시 이토를 처단해야 한다, 그 말이오!"

"물론이지요. 내 기필코 이토를 처단할 것이니 기쁜 소식을 기다리시오."10)

---

8) 김삼웅, 앞의 책, 356쪽.

9) 정우택, 〈류인석의 연해주 의병 활동과 안중근〉(2017.10. 18.), 세명대학교 인문도시산업단 누리집.

10) 안중근의 자서전 《안응칠 역사》 82쪽에는 '100원만 꾸어 달라고 사정을 했으나 그(이진룡)는 끝내 거절하였다. 나는 하는 수 없이 그에게 위협을 가하여 강제로 100원을 빼앗았다. 자금이 생기니 일이 반은 이루

그렇게 하여 드디어 10월 21일, 안중근과 우덕순은 하얼빈으로 출발했다. 두 사람은 10월 22일 밤 9시경 하얼빈에 도착했다. 혹 수상하게 보여 일이 틀려질까 봐 두 사람은 기차 안에서도 다른 좌석에 따로 떨어져 앉아 서로 모르는 사이인 양 행세했다.

하얼빈에서 조도선도 거사에 동참했다.

"만약의 사태를 대비하려면 동지들이 더 있어야 하지 않겠소?"

그렇게 말하면서 대동공보사 하얼빈 지국장 김형재가 조도선을 소개했다. 세 사람은 열차가 정차하는 채가구와 하얼빈 역에서 거사를 감행하기로 하였다. 채가구 역은 우덕순과 조도선이, 하얼빈 역은 안중근이 맡았다. 하지만 채가구에 배치된 우덕순과 조도선은 아무 것도 할 수가 없었다. 두 사람이 투숙한 여인숙의 주변 일대를 러시아 경비병들이 철통같이 에워싸버렸다.

이제 안중근밖에 없었다. 안중근이 하얼빈역에서 먼저 이토를 저격하고, 만약 실패하면 우덕순이 채가구역에서 2차 저격을 감행하기로 했었는데, 그런 기대는 버려야 했다. 그래도 하늘이 도왔는지, 안중근은 하얼빈 역의 이토 환영식장 안으로 아무런 제재 없이 들어갈 수 있었다. 애당초 러시아는 동양인들에 대해 검문을 실시할 방침이었다. 그런데 일본이 '일본인의 출입 자유를 제한해서는 안 된다'며 거절했다. 덕분에 안중근까지 자유롭게 식장 안으로 접근하게 되었다. 일본의 방침이 이토의 목숨을 끊는 데 크게 기여한

어진 것 같았다.'라고 기술되어 있다. 이에 대해 김삼웅은 《안중근 평전》 203쪽에 '일제의 신문을 받을 때 의병장 이석산(이진룡)을 보호하기 위하여 빼앗은 것으로 진술(기술)한 것은 아니었을까?'라고 추정하고 있다. 이 글에서는 김삼웅의 추정을 따른다.

셈이었다.

9시 15분, 시간이 되자 기차에서 내린 이토가 군악대의 음악 속으로 걸어 들어왔다. 환영 인파의 만세에 짓눌려 다른 소리들은 모두 묻혀 버렸다.

이윽고 일본 측 거물들이 앞으로 다가왔다. 안중근은 권총을 꺼내 맨 앞에 선 자의 가슴을 향해 통렬하게 세 발 쏘았다. 바로 이토였다. 안중근은 '혹 이 자가 이토가 아닐 수도 있겠다' 싶은 걱정에 그 옆의 인물들에게도 총격을 가했다. 이토는 물론 하얼빈 총영사 가와카미 도시히코川上俊彦, 궁내 대신 비서관 모리 타이지로森泰二郎, (일본이 만주 침략을 위해 세운) 남만주철도주식회사 이사 다나카 세이타로田中淸太郎도 모두 그 자리에서 쓰러졌다.

안중근은 적들이 쓰러지는 것을 보고 바로 '코레아 우라!'를 우렁차게 세 번 연호했다. 사방 천지가 온통 러시아 군인들로 가득 차 있었으므로 그들이 알아들을 수 있도록 '대한 만세!'를 러시아 말로 외친 것이었다.

"코레아 우라!"

"코레아 우라!"

"코레아 우라!"

환영식장은 아수라장이 되었지만 이토는 그것조차 알지 못했다.

이토는 피격 30분 만인 10시경에 숨졌다.

중국인들은 '안중근의 의거로부터 중국과 조선 인민의 항일 투쟁이 시작됐다.'11)면서 안 의사의 거사 성공에 찬사를 보냈고, 또 스

---

11) 중국 주은래 총리는 1963년 발표한 담화문에서 '안중근의 의거로부터 중국과 조선 인민의 항일 투쟁이 시작됐다.'라고 찬탄했다. 인용 본

스로 격앙되었다.

 1910년 2월 14일 일제 관동도독부 형사법정은 사형을 선고했다. 안중근의 두 동생은 진남포에 계시는 어머니에게 달려와 '앞으로 어떻게 하면 좋겠느냐'고 말씀을 드렸다. 어머니 조마리아는 두 아들에게 '여순으로 가서 형에게 전하라'면서 이렇게 말했다.

 "중근은 큰일을 했다. 만인을 죽인 원수를 갚고 의를 세웠으니 무슨 잘못을 저질렀단 말인가. 큰일을 하였으니 목숨을 아끼지 말라. 일본 사람들이 너를 살려줄 까닭이 없으니 비겁하게 항소 같은 것은 하지 말라. 깨끗이 죽음을 택하는 것이 어미의 희망이다. 살려달라고 구걸하면 양반집 체면을 떨어뜨리는 것이다. 이제는 평화스러운 천당에서 만나자."

 3월 26일, 안중근은 여순 감옥 묘지에 묻혔다. 그 이후 안중근의 묘는 묻힌 자리가 멸실되어 다시는 찾을 수 없게 되고 말았다. 그는 나라가 회복이 되면 자신을 고국땅으로 가져가 반장返葬을 해달

문은 노컷뉴스 2018년 8월 16일 〈뤼순 아파트 어딘가에 안중근 의사가 있다〉라는 CBS 라디오 인터뷰의 손수호 변호사의 발언에서 따왔다. "당시 일본은 제국주의 침략 의도를 어느 정도 잘 감추고 있었어요. 그래서 대부분의 국가에서는 그저 일본의 유력 정치인이 저격당했구나. 이렇게 인지했죠. 하지만 중국에서는 달랐습니다. 수많은 신문 기사가 쏟아졌고, 안중근 의사의 의거를 널리 알렸습니다. 이런 적극적인 보도 때문에 중국과 일본 사이에 외교 마찰이 생겼고요. 심지어 폐간당한 신문까지 있었을 정도였습니다. 당시 중국 민중들은 애국심과 동양 평화에 대한 공헌을 높이 평가하면서 안중근 의사에게 열광하기도 했습니다. 그 후 중국의 영원한 2인자로 불렸던 저우은라이, 주은래 총리가 1963년에 담화를 발표하는데요. '안중근의 의거로부터 중국과 조선 인민의 항일 투쟁이 시작됐다.'면서 높은 평가를 내리기도 했습니다.

라고 유언했지만, 독립된 지 75년이 지난 지금도 그 일은 이루어지지 않고 있다. 아마도 그가 두 동생에게 남긴 유언은 오늘도 여순 감옥 위 허공을 떠돌고 있을 것이다.

내가 죽은 뒤에 나의 뼈를 하얼빈 공원 곁에 묻어두었다가
우리 국권이 회복되거든 고국으로 반장해 다오.
나는 천국에 가서도 또한
마땅히 우리나라의 회복을 위해 힘쓸 것이다.
너희들은 돌아가서 동포들에게
각각 모두 나라의 책임을 지고 국민 된 의무를 다하여
마음을 같이하고 힘을 합하여 공로를 세우고
업을 이루도록 일러다오.
대한독립의 소리가 천국에 들려오면
나는 마땅히 춤추며 만세를 부를 것이다.

국가보훈처 2001년 12월 〈이달의 독립운동가〉는 다음과 같이 기록하고 있다. "안중근은 한국 침략의 원흉이자 동양 평화의 파괴자인 이토 히로부미를 처단함으로써 인류의 양심과 민족 정의를 실현하고, 제국주의 열강의 침략에 신음하고 있던 중국을 비롯한 피압박 민족국가로부터 큰 지지와 찬양을 받았다."

여순 감옥에서의 안중근 의사 국가보훈처 사진

전명운
국가보훈처 사진

전명운田明雲(1884.6.25.-1947.11.18.)

전명운은 평양에서 태어났다.12) 서울로 와서 한성학교漢城學校에 다니던 중 미국 유학을 결심했다. 20세이던 1903년 9월 18일 하와이에서 도착, 학비를 벌 겸 노동자로 일하다가 1904년 9월 23일 미국 본토로 건너가 철도 노동자, 알래스카 어장 노동자 등으로 생계를 유지하면서 아메리카에서 독립운동 중이던 공립협회에 가입했다.

일제의 임명을 받아 대한제국 외교 고문으로서 일본의 앞잡이 노릇을 하던 미국인 스티븐스가 1908년 3월 21일 자기 나라에 들어와 기자회견을 하면서 "일본의 한국 통치는 한국을 발전시킬 수 있는 잘된 일" 등의 망언을 서슴지 않았다.

공립협회13) 등 미국 내 독립운동 단체의 회원들은 논의를 거쳐 스티븐스에게 대표단을 보내 망언 취소를 요구했다. 한국을 식민지

---

12) 국가보훈처 독립유공자 공훈록에는 '평양'으로 되어 있지만 같은 국가보훈처 누리집의 <1996년 11월 이달의 독립운동가>에는 '1884년 6월 25일 서울 종현鐘峴(현 명동성당 부근)에서 아버지 전성근田聖根과 어머니 경주 이씨慶州李氏 사이의 13남매 가운데 7남으로 태어났다.'로 기술되어 있다(2021년 2월 8일 현재 기록. 우리나라의 독립운동 현창 수준이 어느 정도인지를 단적으로 말해주는 상징하라 할 만하다. 다른 분도 틀렸거나 불분명한 부분이 부지기수…). 누리집의 그 다음 대목은 '선생의 호는 죽암竹嵒이고, 본관은 담양潭陽이다. 선생은 조실부모하여 맏형인 명선明善의 밑에서 자랐지만, 어려서부터 천성이 영민하고 용감하여 불의를 보면 참지 못하는 성미였다고 한다.'이다.

13) 안창호 등이 1905년 4월 조직한 항일 민족운동 단체

로 만드는 데 큰 역할을 한 것으로 인정받아 일본 정부로부터 여섯 차례나 훈장을 받은 스티븐스가 한국인들의 요구에 쉽게 응할 리 없었다. 회원들 사이에는 스티븐스 처단 결의가 높아졌고, 전명운은 스스로 실행자를 자원했다. 스티븐스가 내일 워싱턴으로 가려고 페리 선창에 온다는 정보도 입수되었다.

과연 이튿날인 1908년 3월 23일 오전 9시 30분쯤 샌프란시스코 주재 일본 총영사 소지장조小池張造의 안내를 받으며 스티븐스가 페리 선창에 나타났다. 전명운이 권총을 발사했다. 그러나 성공하지 못했고, 전명운이 권총 몸체로 스티븐스를 가격하면서 격투가 벌어졌다.

이때 전명운과 아는 사이는 아니지만 혼자서 스티븐스를 처단하기로 결심하고 이 장소에 와 있던 장인환이 세 발의 총탄을 날려 그의 가슴과 다리에 명중시켰다. 나머지 한 발은 전명운의 어깨에 맞았다. 스티븐스는 사흘 뒤인 3월 25일 죽었다. 전명운은 미국 법정에서 왜 스티븐스를 습격했느냐는 미국 검찰에 이렇게 말했다.

"일본이 우리나라의 독립을 위하여 러시아와 전쟁을 한다고 공언하더니 끝내 우리의 국권을 빼앗고 토지를 약탈하였다. 그들은 우리의 생명을 없애려 하였고 자유행동을 못하게 하였다. 나는 미국에 와서 학업을 닦아가지고 대한에 헌신하기로 결심했는데 스티븐스가 한국의 월급을 먹는 자로 일본을 천조하며 우리의 조국을 배반하는 일을 했다. 나는 애국심으로 그 놈을 포살하려고 했다."

전명운 의사의 거사 동기는 미국의 여러 신문에 크게 보도되었다. 신문을 본 우리 동포들은 물론 미국인들까지도 전명운 지사의 애국심에 감동했다. 특히 동포들은 거사 바로 당일 두 지사의 후원회를 조직했다. 후원회를 통해 변호사 선임14), 통역 선발, 앞으로 전개될 재판 지원 활동, 두 의사의 법정 투쟁을 통해 일제 침략의 실상을 세계 만방에 널리 알리는 사업을 펼치기로 했다.

공립협회는 스티븐스를 '공리公理의 적', 일본을 '자유의 적'으로 규정하고 두 의사가 스티븐스를 포격한 것은 '자유 전쟁'이라고 선포했다. 두 의사의 의거가 민족의 자유를 쟁취하기 위한 전쟁, 즉 '독립전쟁'의 일환이라는 사실을 세계만방에 강조한 것이었다.

이는 스티븐스 처단 사건의 재판 과정이 독립운동의 일환이라는 뜻이었다. 당연히 공립협회는 두 의사의 구원에 총력을 경주했다. 상당수 미국 신문들도 '스티븐스는 한국의 공적公敵'이라는 제목 아래 두 지사의 친일 미국인 처단 사건을 크게 보도하면서 '인류의 양심이 살아있다'라고 평가했다(〈이달의 독립운동가〉). 대다수 미국인들도 동정을 표시했고, 세계 각국에 흩어져 있던 동포들의 성원도 밀려들었다.

일제는 전명운 지사에게 사형 또는 무기 징역이 선고되도록 하려고 갖은 책동을 부렸지만 마침내 1908년 6월 28일 무죄 석방되었다. 전 지사는 '장인환 의사의 재판이 진행 중에 미국에 있는 것이 바람직하지 않다'는 변호사의 권유에 따라 1908년 12월 러시아 연해주로 건너갔다. 미국에 거주하고 있는 일본인들의 보복 살해가

---

14) 서울신문 2012년 12월 2일자 : 이승만은 '장인환·전명운의 스티븐스 저격 사건' 통역을 맡아 달라는 부탁을 거절하여 동포사회의 거센 비난을 받았다. 이승만은 또 미국에 도착한 후 일본의 조선통치를 비판하기는커녕 워싱턴포스트와의 인터뷰에서 '지난 3년 사이에 한국은 전통이 지배하는 느림보 사회에서 활발하고 웅성대는 산업경제의 중심으로 변모했다'고 오히려 찬양했다.

우려되어서였다.

전 지사는 연해주에서 안중근 의사와 만나 의기투합한 끝에 그가 조직한 독립운동단체 동의회同義會에 가입해 활동했다.15) 그 이후 전 지사는 다시 샌프란시스코로 돌아와서 의용군義勇軍을 조직, 군자금을 모집하여 임시정부에 보내기도 하였다.

장인환 지사
국가보훈처 사진

장인환張仁煥(1876.3.10.-1930.5.22.)

장인환은 1876년 3월 10일 평안남도 평양군 대동면에서 장명구張明九의 아들로 출생했다. 전명운과 같은 평양 출신이기는 했으나 샌프란시스코에서 스티븐스를 처단할 때까지는 서로 알지 못하는 사이였다.

전명운이 12살 때 어머니, 17살에 아버지를 잃고 어렵게 삶을 시작한 것과 마찬가지로 장인환 또한 일찍 부모를 여의고 숙부에 의지해 삶을 이어가다가 1904년 역시 전명운처럼 하와이에 노동자로 이민하였다. 그 후 전명운과 마찬가지로 사탕수수 농장 등에서 일하다가 1906년 7월 샌프란시스코로 이주했다. 그를 기다리고 있던 것은 철도 역부, 농장 일, 식당 소제 잡부 등의 임금은 적고 강도는 높은 노동이었다.

---

15) 국가보훈처 1996년 11월 〈이달의 독립운동가〉: 연해주에서 전명운 선생은 1909년 봄 안중근安重根과 만나 국권회복에 관한 의견을 교환한 후, 의기 상통하여 그가 조직한 동의회同義會에 가입하여 활동하였다. 따라서 같은 해 10월 26일에 결행된 안중근의 하얼빈 의거에도 선생의 영향이 있었다고 생각된다.

그는 적은 임금으로 어렵게 생활했지만 독실한 기독교 신자로서 샌프란시스코 한인 연합 감리교회 창립멤버가 되었고, 독립운동단체인 대동보국회大同保國會에16) 가입해 활동했다.

당시 을사늑약 체결, 광무황제 강제 퇴위, 군대해산 등 일제의 침략 만행이 이어졌다. 분개한 장인환은 "나는 특별한 학식이 없어 나라를 별달리 보국할 방책이 없으나 언제든지 우리나라가 일본을 대하여 독립전쟁을 개시하는 날 내 몸에 피를 뿌릴 것이다."17)라면서 나라와 겨레를 위해 목숨을 바칠 것을 스스로 다짐하였다.

그 시점에 일본의 앞잡이로 유명한 스티븐스가 샌프란시스코에 왔다. 일본의 임명으로 대한제국 외교 고문을 맡고 있던 미국인 스티븐스의 자국 방문은 일본의 지시에 따른 것이었다. 일본은 대한제국의 외교권을 빼앗은 데 대한 국제 사회의 시선이 싸늘해지자 미국 정부를 상대로 자신의 침략 행위가 정당했다는 점을 설파하려 했다. 그 적임자로 지목된 인물이 스티븐스였다.

스티븐스는 3월 21일 샌프란시스코에 도착하기 직전 타고온 배

---

16) 1903년 9월 샌프란시스코에 상항친목회桑港親睦會가 발족되었다. 상항친목회는 1905년 4월 공립협회로 재조직되었다.
이때 상항친목회의 발기인 중 한 사람이었던 장경은 안창호를 따르지 않고 대동교육회를 만들었다. 대동교육회는 이름이 말해주는 것처럼 교육진흥을 목표로 내세웠지만 내용상으로는 안창호의 공립협회에 대항하는 성격의 단체였다.
대동교육회는 교육진흥에 주된 관심을 두었으므로 공립협회에 견줘 정치적 활동은 미약했다. 그러나 1907년 3월 일제의 국권침탈이 극심해지는 시대 상황에 맞춰 정치 운동을 지향하면서 이름도 대동보국회로 바꾸고 조직과 활동의 성격도 민족운동 경향으로 확대했다.

17) 국가보훈처 2008년 03월 〈이달의 독립운동가〉

에서 선상 기자회견을 열어 을사늑약을 비호하고 한국을 맹렬히 비난했다. '일본의 한국 지배는 한국에게 유익하다(Japan's Control, A Benefit to Corea)'라는 제목이었다. 그는 기자들에게 일본의 한국에 대한 침략을 '보호'라고 왜곡 선전하면서 악의적으로 한국을 헐뜯었다.

   1. 일본이 한국을 보호한 후로 한국에 유익한 일이 많음으로 근래 한·일 양국인간에 교제가 점점 친밀하며,
   2. 일본이 한국 백성을 다스리는 법이 미국이 비율빈 백성을 다스림과 같고,
   3. 한국 신정부(정미7조약 후에 일제 괴뢰정부화한 정부) 조직된 후로 정계에 참여치 못한 자가 일본을 반대하나 하향에 농민들과 사사 백성은 전일 정부의 학대를 받지 아니함으로 농민들은 일본사람을 환영한다.

이러한 회견 내용을 신문을 통해 알게 된 최유섭崔有涉·정재관鄭在寬·문양목文讓穆·이학현李學鉉 등 공립협회와 대동보국회 간부들은 스티븐스를 찾아가 강력히 항의했다. 대표단은 발언 스티븐스에게 발언 취소와 사과를 요구했다. 스티븐스는 사과는커녕 오히려 "한국의 인민은 우매하여 독립할 자격이 없다. 이완용은 충신이다. 이등박문 덕분에 한국과 동양에 행복이 있다." 등의 망언을 일삼았다. 격분한 정재관이 스티븐스의 턱을 강타했고, 다른 대표들도 의자를 들어 스티븐스를 두들겨 팼다.

이후 미국 거주 한인들 사이에 스티븐스 처단이 논의되었다. 장

인환도 혼자서 스티븐스 처단 거사에 대해 깊이 고민했다. 이윽고 그는 항의와 반박만으로는 아무런 결실도 거둘 수 없다는 결론에 이르렀다. '그는 스티븐스의 죄악을 징치하고 한국민의 자주독립 정신을 세계만방에 떨치고자 결심하였다(2008년 3월 〈이달의 독립운동가〉).'

1908년 3월 23일 장인환은 스티븐스를 권총으로 저격했고, 이틀 뒤인 3월 25일 스티븐스는 죽었다. 구속된 장인환은 심문하는 미국인들에게 "스티븐스가 을사늑약을 찬성하니 우리 이천만 동포를 독살하려는 자이다. 이 도적을 죽이지 않으면 우리 동포가 반드시 멸망하게 된다. 그래서 내가 목숨을 던져 스티븐스를 처단한 것이다."라고 당당하게 밝혔다.

장인환과 전명운은 1908년 12월 미국 법정에서 판결을 받았다. 전명운은 보석으로 석방되었지만 장인환은 징역 25년형을 언도받았다. 그는 1919년 1월 10일 가석방되었다가 1924년 4월 10일에야 완전히 자유를 되찾았다. 그러나 옥고로 인한 신병으로 말미암아 1930년 5월 22일 세상을 떠나고 말았다. 국가보훈처 2008년 3월 〈이달의 독립운동가〉의 평가를 읽어본다.

"선생과 전명운의 의거가 국내·외에 미친 영향은 컸다. 첫째, 러일전쟁 이래 한국병탄을 위한 일제 침략과 그 하수인의 하나인 스티븐스의 불의 비행을 국제여론에 호소하는 중요 계기가 되었다. 둘째, 국내의 한민족의 애국혼을 각성시켜 보다 조직적이고 효과적인 항일민족운동 추진의 계기를 이루었다. 특히 양 의사 의거를 계기로 국내·외 한민족의 항일민족운동

이 통합, 효과적으로 추진되어 가는 경향이 두드러졌다. (중략)
셋째, 일본 제국주의에 유린되던 조국을 구하려는 항일 독립운동에 있어 의열투쟁의 방략을 선도하여 적지 않은 실효를 거두어 갔다. 양 의사의 의거 후 곧이어 안중근은 만주 하얼빈에서 일제의 한국침략원흉 이토를 총살하였고, 이재명은 서울 명동에서 이완용을 자상刺傷(상처를 입힘)하였다.

뿐만 아니라 남대문에서 사이토 총독을 저격한 강우규, 일본 도쿄에서 일왕을 저격했던 김지섭과 이봉창, 상하이에서 일본의 침략군사령관 시라카와白川義則 대장 등을 도살한 윤봉길, 타이페이에서 일제 황족 구니노미야久邇宮邦彦를 저격한 조명하 등의 의거가 끊이지 않고 계속되었다."

안중근安重根(1879.9.2.- 1910.3.26.)

황해도 신천에서 태어난 안중근은 16세이던 1894년 갑오농민혁명 때 부친과 함께 "동학혁명을 빙자하고 민간에 폐를 끼치는 무리들의 토벌에 나서기도 하였다(국가보훈처 공훈록)". 17세이던 1895년에는 부친을 따라 천주교에 입교하여 프랑스인 신부와 함께 선교에 나서기도 했다.

27세이던 광무 9년(1905) 을사늑약이 체결되자 중국 상해로 망명하였다가 부친상을 당해 귀국했다. 그 이후 안중근은 평안도 진남포로 이사하여 삼흥三興학교와 돈의敦義학교를 세워 인재교육에 힘썼다.

하지만 광무황제 폐위, 군대 해산 등 나라는 점점 식민지 상태로 내려앉았다. 안중근은 다시 중국으로 건너가 이범윤李範允·김두성金

斗星 등과 의병을 일으켰고, 융희 2년(1908) 의병부대를 이끌고 함경북도로 진입해 경흥·회령 등지에서 일본군과 전투를 벌였다. 1909년 3월 5일, 두만강 국경 연추(크리스키노)에서 조국 독립과 동양 평화 유지를 활동 목표로 내건 결사체 단지동맹斷指同盟을 결성했다. 단지동맹 최초의 조직원은 안중근·김기룡·강순기·정원주·박봉석·유치홍·김백춘·백규삼·황영길·조응순·김천화·강창두 등 30대 초반 나이의 12명이었다. 이들은 장기적 계획을 추진하여 일제와 일전을 벌이자고 결의했다.

1909년 9월 안중근은 노령 블라디보스톡에 머물던 중 침략 원흉 이토 히로부미가 하얼빈으로 온다는 소식을 들었다. 그는 동지 우덕순禹德淳과 이토 처단을 결의, 권총을 한 개씩 준비했다. 그 이후 하얼빈으로 이동하는 과정에서 유동하劉東夏·조도선曺道先18) 두

---

18) 조도선(1879- 사망 연월일 미상) : 함남 홍원 사람이다. 그는 1895년 고향을 떠나 노령 이르크츠크 등지에 체재하면서 세탁업과 러시아어 통역에 종사하다가 1909년 8월에 블라디보스톡을 거쳐 만주 하얼빈으로 갔다. 동년 10월, 조국침략의 원흉인 이등박문이 블라디보스톡으로 가기 위해 하얼빈에 온다는 소식이 들려오자 그는 마침 하얼빈에서 안중근이 조국침략의 괴수인 이등박문을 처단하려는 계획을 갖고 우덕순·유동하 등과 비밀리에 준비를 진행시키고 그에게 이등박문의 처단계획에 참여를 요청하자 이에 적극적으로 동의하였다.

침략의 원흉 이등박문을 처단하기 위한 계획은 2단계로 세워졌다. 즉 안중근은 하얼빈역에서 이등박문을 저격하기로 하고 그와 우덕순·유동하는 열차의 교환지점인 채가구역에서 대기하여 이등박문을 처단하기로 하였던 것이다. 1909년 10월 26일 오전 9시 30분경 이등박문이 러시아 관원들의 호위 속에 각국 영사들이 도열해 있는 곳으로 걸어 나오고 있었다. 안중근은 그 기회를 놓치지 않고 이등박문을 향해 정확히 3발의 총탄

사람이 동참했다.

10월 26일 9시경 하얼빈에서 안중근의 권총이 불을 뿜었다.

이토가 죽었다.

안중근은 '일본 헌병이 체포하려고 대들자 하늘을 향하여 "대한 독립만세"를 크게 세 번 외쳤다. 거사의 성공을 알리는 개가凱歌였다. 이 소식을 전해들은 본국 동포들의 그 큰 기쁨이야 이루 말할 수조차 없는 것이었다. 또한 청일전쟁 이래 일본제국주의의 위협에 떨고 있던 중국의 국민들에게도 큰 기쁨의 소식이 아닐 수 없었다. 군대해산이 있은 후 중국 상해로 가서 조국의 독립운동을 준비하던 신규식申圭植의 다음과 같은 시 또한 당시 상황의 일면을 말해주는 것이다.

푸른 하늘 대낮에 벽력소리 진동하니
白日靑天霹靂聲
6대주의 많은 사람들 가슴이 뛰놀았다
大州諸子魂膽驚
영웅 한번 성내니 간웅이 거꾸러졌네
英雄一怒奸雄斃
독립만세 세 번 부르니 우리 조국 살았다
獨立三呼祖國生

을 발사하여 가슴과 어깨·배를 명중시키고 러시아 헌병에게 붙잡혔다. 그리고 그의 일행도 일제의 수색으로 역시 붙잡혔다. 그는 1910년 2월 14일 징역 1년 6월형을 언도받고 옥고를 치렀다(국가보훈처 공훈록).

1909년 11월 그는 러시아 헌병대에서 여순에 있는 일본 감옥으로 이송되어 심문과 재판을 받게 되었는데 일제 관리들은 위세를 부리며 중죄인으로 다루었다. 그러나 그는 조금도 굴하지 않고 저들의 부당한 침략행위를 통렬히 공박하여 시정을 요구하였으며 일제 관리 또한 그의 의로운 기개에 감복하여 특별히 우대하기도 하였다.

　그리고 공판정에서는 의병 참모중장의 자격으로 독립전쟁을 하여 적 이등박문을 죽였으니 이런 법정에서 신문을 받을 이유가 없다 하여 재판을 거부하기도 하였으며 재판장의 신문에 대하여 이등박문은 누차에 걸쳐 대한의 독립을 보장한다는 양국 간의 조약과 서명을 무시하고 무력으로 우리나라를 위협하여 독립을 빼앗으니 이것은 세계 인도의 적이요, 우리 대한 신민臣民 만대의 원수인즉 죽이지 않을 수 없다고 항변하여 일제를 당황하게 하였다.

　그는 또 이등박문이 우리나라를 침략하고 불법무도한 일을 제 마음대로 하여 동양평화를 교란한 사실 등 15개조의 죄상을 들어 서면으로 저들에게 제출하여 다시금 이등박문을 논죄하기도 하였다. 따라서 이등박문의 처단은 목적의 일부를 달성한 것이요, 정작 큰 소원은 조국의 완전 독립과 동양평화의 정착임을 주장하였다.

　1910년 2월 7일부터 14일에 이르기까지 6회의 공판을 받았던 그는 14일 사형을 선고받고 3월 26일 순국하였는데 순국 직전에 아우 정근定根·공근恭根에게 다음과 같이 부탁하였다고 한다.

　"내가 죽은 뒤에 나의 뼈를 하얼빈 공원 곁에 묻어두었다가 우리 국권國權이 회복되거든 고국으로 반장返葬해다오. 나는 천국에 가서도 마땅히 우리나라의 국권회복을 위하여 힘쓸 것이다. 너희들은 돌아가서 동포들에게 각각 모두 나라의 책임을 지고 국민된 의무를 다하여 마음을 같이하고 힘을 합하여 공을 세우고 업業을 이루도록 일러다오. 대한독립의 소리가 천국에 들려오면 나는 마땅히 춤추며 만세를 부를 것이다."

그러나 조국이 광복된 지 오랜 세월이 지나도록 남북이 갈라진 채 그의 유언을 실행하지 못하고 있으니 오직 부끄러울 따름이다.

유동하劉東夏(1892.1.5.- 1918)

이토 히로부미가 1909년 10월 26일 아침에 하얼빈에 도착하는 것을 안중근에게 전보를 타전했다. 1910년 2월 14일 징역 1년 6월형을 받고 옥고를 치렀다.

우덕순禹德享(1876- 1950.9.26.)

독립협회 등 애국계몽단체에 가입하여 활동하던 중 1905년 을사늑약이 체결되자 러시아로 망명하였다. 1908년 여름 안중근과 함께 함경도 경흥·회령 지방의 일본군을 습격하여 큰 전과를 올리기도 하였다.

우덕순
국가보훈처 사진

1909년 10월 블라디보스톡에서 안중근의 이등박문 처단 계획을 듣고 함께 거사할 것을 약속하였다. 이때 우덕순은 '만났도다. 만났도다. 원수 너를 만났도다. (중략) 덕 닦으면 덕이 오고 죄 범하면 죄가 온다. 너뿐인 줄 알지 마라 너의 동포 오천만을 오늘부터 시작하여 하나 둘씩 보는 대로 내 손으로 죽이리라.'라는 내용의 〈거사가擧事歌〉를 지어 반드시 조국의 원수를 갚겠노라는 결의를 다졌다. 하얼빈 거사 후 안중근과 더불어 공범으로 지목되어 징역 3년형을 언도받고 옥고를 치렀다.

출옥 후에도 하얼빈·치치하르·만주리 등에서 교육·종교사업을 펼쳐 독립운동에 힘을 기울였고, 해방 이후에는 흑룡강성의 한인민단韓人民團 위원장으로서 동포들의 귀국을 돕는 일에 힘썼다. 1948년에는 대한국민당大韓國民黨 최고위원으로 정치활동을 하면서 건국사업에 이바지했지만 1950년 9월 26일 인민군에 의해 처형되었다.

이완용을 반 죽인 명동성당 거사

이재명과 그의 동지들, 매국 친일파들을 평생 떨며 살게 만들었다

"안중근 의사가 이토를 사살했어!"

"그래! 이제는 친일 매국노 이완용李完用과 이용구李容九를 없애는 것이 국권수호의 첩경이야!"

안중근 의사의 이토 처단은 나라 안과 밖을 대단하게 뒤흔들었다. 안중근 의사의 거사 성공에 크게 고무된 이재명·김정익·이동수·조창호·김정익·김태선·김병록·김용문·김이걸·이응삼·김병현·김동현·이연수 등은 평양 박태은의 집1) 등지에서 수시로 회동하여 이완용과 이용구 처단을 추진했다. 이완용을 응징하는 거사가 먼저 착수되었다.

1909년 12월 22일 명동성당에서 이재명은 인력거를 타고 지나가려는 이완용에게 칼을 휘둘렀다. 이재명은 이완용의 허리와 어깨

---

1) 국가보훈처 공훈록 〈박태은〉: 朴泰殷, 1893.6.6.— 1937.12. 30. 평남 평양 사람이다. 1909년 11월 하순부터 12월 상순까지 본인의 집에서 이재명·김정익·이동수·전태선 등과 이완용·이용구 등 매국적을 처단하기로 논의하였다. 그리고 그는 오복원·이응삼 등과 거사에 필요한 자금을 조달하였다. (중략) 그는 붙잡힌 후 경성지방법원에서 징역 7년형을 받고 옥고를 치렀다.

등을 찔렀다. 하지만 이완용은 절명하지 않았고, 이재명은 일본경찰의 창검에 왼쪽 넓적다리가 찔리는 중상을 입은 채 체포되었다. 이재명은 이완용의 집으로 끌려갔다.

마침 이완용의 집에는 농부대신 조중응이 있었다. 조중응은 이완용과 함께 을사조약 체결에 앞장선 매국노였다. 조중응이 이재명을 바라보며 호통쳤다.

"네가 흉악한 폭도로구나!"

이재명이 두 눈을 부릅뜨고 조중응을 꾸짖었다.

"너 따위 매국노 놈이 감히 나에게 너라고 하느냐?"

이재명은 재판정에서도 이완용의 죄목을 8개조로 나누어 분명하게 질타했다. 재판장이,

"이완용에게 무슨 잘못이 있어 그를 해하려 하였느냐?"

라고 묻자, 이재명은 목소리를 높여 그를 질타했다.

"첫째, 을사조약이 체결되도록 하여 외교권을 일본에 넘긴 일과 조선통감부가 우리나라에 설치되도록 한 죄를 저질렀다.

둘째, 헤이그 특사를 빌미로 황제 앞에서 3차에 걸쳐 협박하여 양위하게 한 죄를 저질렀다.

셋째, 정미칠조약을 강제로 체결한 일과 또한 군대를 강제로 해산케 한 잘못을 저질렀다.

넷째, 어린 황태자를 일본에 인질로 보내고, 또 일본여자와 정책적인 결혼을 시켰다.

다섯째, 고종을 일본에 건너가게 하려고 획책했다.

여섯째, 황제를 강제로 서북 지방을 순행케 했다.

일곱째, 사법권을 일제에 넘겨 애국지사를 처벌케 한 잘못을 저

질렀다.

여덟째, 일진회로 하여금 100만인 서명운동을 전개시켜 표면적으로 한일 합병의 근거가 되게 하는 잘못을 저질렀다. 재판장은 이완용의 이러한 과오를 진정 알지 못한단 말인가?"

재판장이 이재명에게 물었다.

"피고의 일에 찬성할 사람이 몇이나 되겠는가?"

이재명이 대답했다.

"2천 만 대한민국 모두다!"

이재명 의사는 1910년 9월 30일 순국했다.2) *

이재명 李在明(1887.10.16.-1910.9.30.)

이재명은 평안남도 평양성 안에서 출생했다. 전명운·장인환 지사와 마찬가지로 평양 출신인 이재명은, 역시 전명운·장인환 지사와 마찬가지로 하와이로 노동 이민을 떠났다. 1904년 미국 노동 이민회사의 모집에 응해 하와이로 갔던 그는 역시 전명운·장인환 지사와 마찬가지로 1906년 3월 미국 본토로 옮겨갔다.

이재명
국가보훈처 사진

공립협회에 가입해 항일 운동에 동참하고 있던 중 을사늑약 강제 체결 소식이 들려왔다. 1907년에는 헤이그특사 파견이 있었고,

---

2) 이완용은 1926년 2월 11일 '이재명 의사의 칼에 폐를 다친 후유증으로 앓던 해수병이 악화하여 사망하였다(한국학중앙연구원 《한국민족문화대백과》)'.

이를 빌미로 일제가 광무황제(고종)의 퇴위를 강요했다. 또 일제는 '정미7조약'을 강제 체결해 한국군의 군대까지 해산해버렸다. 공립협회는 매국자 숙청을 결의하고 실행자 선발에 들어갔다. 이때 자원자가 이재명이었다.

이재명은 10월 9일 일본을 거쳐 귀국했다. 그는 중국, 노령 등지를 돌아다니면서 동지를 규합하고 일제의 침략 원흉들과 매국노들을 처단할 계획을 세웠다. 당시 그는 이토 히로부미를 염두에 두고 있었다. 1909년 1월 이토의 강요로 융희황제(순종) 서도西道(평안도) 순행이 실시되었다. 이토는 순종을 앞세워 한국인들의 저항 민심을 가라앉히고 어명으로 의병들을 해산시킬 계획이었다. 황제의 순행에 동행하는 이토를 처단하기로 계획한 이재명 등은 평양역에서 대기하였다.

하지만 이 거사는 실행되지 못했다. 이토가 황제 옆에 바짝 붙어 있어서 저격하면 황제까지 위험하다고 안창호가 만류한 때문이었다. 얼마 후 안중근의 이토 처단 하얼빈 거사 소식이 들려왔다.

이후 이재명 등은 을사오적을 비롯한 매국자들을 처단하기로 결의했다. 1909년 11월 친일단체 일진회가 이른바 '한일합방'을 주창하는 성명서를 공포하면서 매국노 처단도 더 늦출 수 없는 상황에 이르러 있었다. 이는 미국에 있을 때 을사늑약 강제 체결 소식을 듣고 결심한 바이기도 했다. 실제로 이재명은 명동성당 거사 이후 체포되었을 때에도 일본인 판사가 "이완용을 죽이려는 생각은 언제부터 했는가?"라는 질문에 "미국에 있을 때 을사늑약 체결 비보를 듣고 그때부터 이완용을 죽이려고 생각했다"라고 대답했다.

이완용을 비롯한 역적들이 12월 22일 오전 명동성당에서 열리는 벨기에 황제의 추도식에 참석한다는 소식을 전해졌다. 오전 11시 군밤장수로 변장해 성당 문밖에서 기다리다가 이완용을 공격하였다. 그는 가로막는 차부(박원문)를 찔러 거꾸러뜨리고 이어 이완용의 허리를 찔렀다.

이완용이 혼비백산해 도망하려 하자 다시 어깨 등 3곳을 찔렀다. 쓰러진 이완용을 바라보며 이재명은 "나는 모든 동포를 구하기 위하여 이 거사를 행하였다!" 하고 크게 외쳤다.

이어서 "그런데 그대들은 어찌 보고만 있는가?"라고 호통쳤 다. 다시 "오늘 우리 모두의 공적公敵을 죽였으니 정말 기쁘고 통쾌하다!"라고 외치며 만세를 연창하였다.

의사를 체포한 일본 경시청은 그에게 "공범이 있느냐?"고 물었다. 이재명은 "2천만 우리 동포가 모두 나의 공범이다"라고 태연자약하게 말하였다. 법정에서도 일본인 판사가 "이완용을 죽이는 데 협조한 자를 말하라"고 다그치자 "우리 2천만 동포 모두며 방조자는 전혀 없었다"라고 거침없이 말한 뒤 방청인들을 바라보며 역적 이완용의 8개 죄목을 통렬히 꾸짖었다. 다만 아쉬운 것은 중상을 입은 이완용이 죽지 않고 살아났고, 매국노 처단은 안타깝게도 실패로 끝났다는 사실이었다.

마침내 이재명 의사는 1910년 5월 18일 경성지방법원에서 사형을 선고 받았다. 그는 최후 진술을 통해 "너희들의 부당한 법률로 나의 생명을 빼앗지만 나라를 위한 나의 충성된 혼과 의로운 혼백은 결코 빼앗지 못한다. 죽는 것은 아깝지 않으나 살아서 이룩하지 못한 한은 죽어서라도 기어이 설욕할 것이다!"라고 말했다.

의사는 불과 24세인 1910년 9월 30일 사형 집행으로 순국하였다. 경술국치를 거쳐 조선총독부가 정식으로 출범하는 10월 1일을 하루 앞둔 날이었다.

국가보훈처 2001년 12월 〈이달의 독립운동가〉는 "안중근 의거와 이재명 선생의 의거는 한말 의열투쟁의 마지막 귀결이자 정화精華였다"라고 평가하고 있다.

이학필李學泌(1888.10.1.- 1910)

평남 대동 출신 이학필은 이재명과 동향인으로 그보다 몇 달 늦게 태어났다. 이학필은 이재명·김정익金貞益 등과 함께 이완용·이용구를 처단하기로 결의한 후, 1909년 12월 23일에 이완용부터 제거하기로 하였다.

그는 동지들과 12월 중순 서울로 올라와 단도를 구입하는 등 준비를 갖추고 때를 기다렸다. 이윽고 12월 23일 오전 11시 30분경, 이재명이 이완용을 칼로 응징하여 중상을 입힌 후 피체되었고, 일경의 대대적인 수색에 따라 다른 동지들도 대부분 붙잡혔다.

이때 이학필은 급히 몸을 숨겨 만주로 피신하였다. 그는 일제의 궐석재판闕席裁判(피고가 없는 상태에서 판결이 실시됨)에서 징역 5년형을 언도받았다.

조창호趙昌鎬(1881.10.9.- 1936.5.5.)

이재명과 마찬가지로 평양에서 태어났다. 을사늑약 강제 체결에 분개한 그는 을사오적과 일진회 주구 이용구를 처단하기 위해 동지를 규합했다. 동지들은 1909년 12월 평양 박태은朴泰殷의 집에 모여 이동수李東秀와 김병록金丙祿은 이완용을, 조창호와 김정익은 이용구를 처단하기로 역할을 분담했다.

이튿날 오복원吳復元·박태은·이응삼李應三 세 명은 거사 자금을 담당하고, 조창호와 전태선은 권총과 단검을 준비해 서울로 운반하기로 결정했다. 김용문金龍文(일명 김중화)은 먼저 서울로 출발해 이완용과 이용구의 동태를 탐지하기로 했다.

1909년 12월 20일 밤 김용문이 이완용 등 매국노들이 12월 23일 명동성당에서 거행되는 벨기에 황제의 추도식에 참석할 것이라는 정보를 파악하여 보내왔다. 12월 23일 오전 11시 30분경 이재명이 이완용을 칼로 찔러 거꾸러뜨렸다.

거사 직후 일제 경찰의 대대적인 수색이 벌어져 이용구 처단을 맡았던 조창호를 비롯해 동지들 대부분이 피체되고 말았다. 조창호는 징역 15년 언도받고 옥고를 치렀다.

전태선全泰善(생몰 연월일 미상)

역시 평양 사람이다. 전태선은 1909년 평양에서 목재상에 종사하고 있던 중 이재명 등의 을사오적 처단 계획을 들었다.

그는 적극 동조하여 동지 규합에 앞장섰다. 1909년 12월 23일 오전 11시 30분경 이재명이 명동성당에서 이완용을 습격한 후 동지들과 함께 일제에 피체되었다. 1910년 5월 18일 징역 10년형을 언도받고 옥고를 치렀다.

이응삼李應三(1892- 1963.9.21.)

역시 평양에서 출생했다. 이재명 등의 이완용 처단 거사에 동참했다가 피체되어 징역 5년형을 언도받고 옥고를 치렀다. 1914년

12월 출감 후 만주로 망명, 1927년 상해 임시정부와 접촉하고 그 해 7월 군자금 모금차 국내로 잠입하였다. 1929년 12월에는 평양의 일본 주요 기관을 폭파하기 위해 폭탄을 몰래 반입하려다 발각되었지만 일경의 체포망을 뚫고 만주로 무사히 탈출했다.

이동수李東秀(1883.12.8.- 1944.4.12.)

평안북도 정주 출생으로 이완용 처단 거사에 동참했지만 일제에 피체되지 않고 궐석재판에서 15년형을 언도받았다. 그 후 1919년 3·1독립운동에 적극 참여했다. 그 해 4월 23일에는 서울에서 열린 국민대회國民大會에 참석해 한성임시정부漢城臨時政府[3] 수립에 크게 기여했다. 그 후 상해에서 독립투쟁을 벌이다가 1924년 일경에게 붙잡혀 15년의 옥고를 치렀다.

---

3) 3·1운동으로 독립을 선포한 우리 민족은 정부 수립에 착수했다. 하지만 일제의 감시가 삼엄한데다 독립운동가들 사이의 연락이 어려워 단일 정부를 수립할 수 없었다. 그래서 여러 지역에 별개의 임시 정부가 생겨났다.

중국 상하이에서는 민주 공화제의 대한민국임시정부가 1919년 4월 11일 수립되었다. 국내에서는 1919년 4월 23일 13도 국민 대표 명의로 한성정부가 수립되었다. 연해주에서도 같은 해 3월 17일 대한국민의회가 조직되었다. 이 밖에도 조선민국임시정부, 신한민국정부 등이 있었는데, 이 정부들은 실제적인 정부 부서를 갖추고 있지는 않았다.

그 이후 민족 지도자들은 단일 정부를 수립하여 보다 조직적이고 체계적인 독립 운동을 추진하는 데 힘을 쏟았다. 그 결과 국내에서 수립된 한성정부를 계승하고, 대한국민의회를 흡수하여 상하이에 통합 정부인 대한민국임시정부가 수립되었다.

대한제국 의열 독립운동사

김중화金中和(1888.2.27.- 1972.12.12.)

12월 23일 이완용이 명동성당에 참석한다는 사실을 파악하여 동지들에게 알렸다. 거사 후 7년형을 언도받고 옥고를 치렀다.

그는 1916년 출옥한 후에도 만주로 건너가 흑룡강성 지역의 황무지를 개간하여 독립운동 군자금을 조달했다. 또 독립군 양성을 위해 학교를 설립하였으며, 송강의원松江醫院도 개설해 독립운동가들을 규합하는 일에 진력하였다. 1920년에는 고려혁명군高麗革命軍 조직4)에 참여했다.

김정익金貞益(1891- 사망 연월일 미상)

이재명과 더불어 일진회一進會 이용구李容九와 을사오적 대표 이완용 처단 거사를 도모하였다. 이완용과 이용구의 위치가 다르므로 처단 담당 실행자도 나누었다.

이완용 암살은 이재명·이동수·김병록이 책임을 맡고 이용구 처단은 김정익과 조창호가 책임을 맡는 것으로 역할을 분담했다. 이윽고 1909년 12월 23일 오전 11시 명동성당에서 이완용을 습격하는 거사가 이루어졌다. 이재명을 죽이지는 못했지만 세상을 뒤흔드는 데에는 충분한 효과가 있었다. 그러나 김정익 등의 동지들은

---

4) 청산리 대첩의 주역들인 이범석李範奭, 김규식金圭植, 고평高平 등이 1923년 5월 400여 명의 군사를 모아 연길현 명월구에서 조직한 항일 부대로 '북간도를 근거로 하여 크게 항일투쟁을 전개하면서 성과를 거두었던 의군부를 재편성한 큰 항일부대였다. 이 단체는 국민개병제도를 택하고 일반동포의 교육계몽에 주력하여 군인의 자치를 도모하였다. 또한 병농일치제를 채택하여 표면으로는 선량한 농민을 가장하며 항일투쟁을 전개하였다(한국학중앙연구원《한국민족문화대백과사전》).'

이완용을 반 죽인 명동성당 거사 167

이용구 처단 거사를 실행하기 전에 피체되었다. 김정익은 15년의 징역형을 언도받아 옥고를 치렀다.

김이걸金履杰(1884.7.14.- 1950.8.14.)

김이걸 지사 또한 평양에서 태어났다. 그는 용연 사립 융성학교 隆盛學校 교사로 재직하던 중 이완용 처단 계획에 동참했다. 그는 이학필李學泌의 의뢰를 받고 칼과 권총 2정을 이국림李國林에게 전달했다. 명동 거사 후 5년형을 언도받고 옥고를 치렀다. 출옥 후인 1919년 3·1독립운동 때에도 참가했고, 의용단義勇團5)에도 가입해 활동했다.

김병현金秉鉉(1889- 사망 연월일 미상)

역시 평양 사람이다. 1909년 이완용 처단 거사 때 동지 조창호趙昌鎬로부터 권총을 구해달라는 말을 듣고 동지 김이걸金履杰을 통해 그의 친척인 이국림李國林으로부터 권총 한 자루를 받아 거사 준비에 보탰다. 거사 후 5년 옥고를 치렀다.

---

5) 1919년 평양에서 결성되었다. 1920년 8월 3일 문일민·김예진·우덕선이 평안남도청에, 장덕진·안경신이 평양경찰서에 각각 폭탄을 투척하였고, 같은 달 20일 표영준이 평안남도 경찰부장에게 중상을 입혔다. 25일에는 민양기가 일본 경찰을 사살했고, 8월 초순에는 김석황이 평양 경찰서 경찰에게 중상을 입혔다. 1921년 8월 15일에도 김석황이 대동군에서 일본경찰 1명을 사살하였고, 9월 이치모가 강동경찰서에 폭탄을 투척하였으며, 10월 이수영이 성천 삼흥에서 일본경찰을 사살하였다. 의용단은 한때 평안도 일대의 의열투쟁을 주도했을 만큼 활발한 활동을 벌였으나, 중심인물이 점차 일본경찰에 잡힘으로써 그 활동도 위축되어갔다.

김병록金丙錄(1885- 사망 연월일 미상)

역시 평양 사람이다. 하와이로 노동 이민을 떠났다가 미국에서 안창호가 설립한 공립협회共立協會에 가입해 이재명과 함께 활동했다. 1907년 공립협회가 매국노 처단을 결의하여 그해 10월 이재명이 실행자로서 귀국할 때 함께 돌아왔다. 1909년 12월 20일 김용문으로부터 "이완용 등 매국 각료들이 이달 22일 벨기에 황제 추도식에 참례하기 위하여 명동성당에 나간다."는 연락을 받고 동지들과 무기를 분배해 준비를 마쳤다.

1909년 12월 23일 일찍 이재명·이동수와 함께 명동성당 정문 앞에서 이완용이 나타나기를 기다렸다. 이재명은 군밤장수로 위장해 문 옆에서 밤을 구우며 대기했고, 김병록과 이동수는 각각 은신하여 바깥 동정을 살피며 이완용의 출현을 기다렸다.

11시 30분쯤 이완용이 추도식 참례를 마치고 여러 매국각료들과 성당을 나와 정문 앞에 대기시켜 두었던 인력거에 막 올라타려 했다. 이때 이재명이 달려들어 이완용을 찔러 쓰러뜨렸다. 김병록은 이완용이 쓰러지는 것을 보고 거사가 완벽하게 성공한 것으로 판단, 이를 동지들에게 알리며 기뻐하였다. 그러나 이완용은 죽지 않았고, 그는 일제에 피체되어 경성재판소에서 15년의 징역형을 언도받아 옥고를 치렀다.

이완용李完用(1858.6.7.- 1926.2.11.)

우리나라 국민들 뇌리에 '최악의 매국노(두산백과)'로 각인되어 있는 사람이다. 성남시 분당구 백현동에서 태어난 이완용은 25세인 1882년(고종 19) 문과에 급제했고, 1888년 고종의 명으로 미국 공사관이 되어 미국에 머물렀다. 1890년 귀국하여 대사성을 역임했다. 이완용은 미국 문물을 접하면서 개화파가 되었지만 보수적 성향을 띤 채 유교 사상을 고수하기도 했다. 그는 러시아에 기대려는 친러파 세력의 우두머리 역할을 하면서 친일 세력과 친중 세력을 견제했다. 그래서 1895년 을미사변이 일어났을 때는 친일 내각이 적으로 간주해 신변 위협을 느끼고 미국 공사관에 피신하기도 했다. 이완용은 미국 공사관에 머물면서 친러 내각의 복원을 시도하였고, 고종이 러시아 공관에서 생활하는 아관파천을 일으켰다.

이완용이 친일파가 되는 것은 1904년 미국과 일본이 필리핀은 미국, 한국은 일본이 차지하기로 서로 양해한 소위 '가쓰라-데프트 밀약' 이후이다. 이때 이후 이완용은 고종을 협박하여 을사늑약 체결을 주도하고, 헤이그 특사 때는 고종을 왕위에서 물러나게 만들고, 총리대신으로서 일본에 나라를 넘겨주는 한일병합조약을 체결하는 등 맹활약(?)했다. 우리나라 국민들 사이에 안중근 못지않게 유명한 사람, 그가 바로 이완용이다.

죽으면서도 "부끄럽다"고 한 선비정신

〈절명시〉를 남긴 황현

매천 황현黃玹, 시인이자 독립운동가이다. 1910년 8월 말 일제 침략으로 나라를 뺏긴 뒤 황현이 스스로 자신의 삶을 마감하자, 경상도와 전라도의 선비들은 돈을 모아 그의 문집을 간행했다. 선비들은 《매천집》 권수卷首 본전本傳에 김택영이 쓴 〈황현 평전〉을 실었다. 김택영은 황현이 중국으로 망명해서 독립운동에 투신하려고 계획했을 때 동행을 약속했었던 그의 오랜 벗이다. 평전 일부를 번안해서 읽어본다.

"황현은 호방하고 의협심이 강했다. 성격은 쾌활하고 기품은 강직했다. 그는 나쁜 자를 원수처럼 미워했고, 스스로 기개가 높고 오만하여 남에게 굽히지 않았다. 출세한 자가 교만하게 굴면 그의 면전일지라도 꾸짖었다.

대신 그는, 자신이 좋아하던 사람이 귀양을 가거나 죽으면 천 리 길도 마다하지 않고 반드시 위문을 갔다. 옛글을 읽다가 충신과 지사가 원통한 일을 겪는 장면이 나오면 눈물을 줄줄 흘렸다. 학문에 정통했고, 눈치껏 살아가는 학자들은 만나지 않았다는 얘기도 전해진다."

관리들의 부정부패 목격 뒤 관직 진출을 포기한 황현

황현은 1855년 12월 11일 태어나 1910년 9월 10일 세상을 떠났다. 그는 생애에 걸쳐 한 번도 벼슬을 하지 않았다. 1883년 '널리 인재를 구한다'는 명분을 내걸고 조정이 실시한 특별 과거 보거과保擧科를 본 적은 있으나, 1차 시험에서 1등으로 뽑힌 자신의 글을 시험관이 마음대로 2등으로 내려 앉히는 부정부패를 겪고는 그 뒤론 본 시험에 응시하지 않고 귀향했다.

그로부터 5년 뒤인 1888년 황현은 과거를 보라는 아버지의 강권에 어쩔 수 없이 재차 상경했다. 그는 유교 경전 통달 정도를 시험하는 생원회시生員會試에 장원급제했다. 하지만 또 한 번, 관리들의 부정부패를 목격하고는 절망한 나머지 관직에 뜻을 버리고 귀향했다. 그 뒤 황현은 전남 구례의 작은 서재에 책 3000여 권을 쌓아 놓고 두문불출로 책을 읽고 글을 썼다.

이때는 이미 동학농민운동, 청일전쟁, 갑오경장이 연이어 일어나는 등 망국 위기 상황이었다. 황현은 후대에 역사의 진실을 전해야겠다는 절박감을 느꼈던 것으로 보인다. 그는 일제 침략상, 친일파들의 준동, 동학농민운동의 전말 등을 기록하기 시작했다.

1905년 11월 17일 을사늑약이 체결됐다. 1907~1908년 교육구국 운동을 펼칠 의지로 구례 광의면 지천리에 호양학교壺陽學校를 설립했던 황현은 그 후 좀 더 적극적인 국권회복운동에 투신하기 위해 중국 망명을 시도했다. 그러나 성공하지 못했다. 그는 다시 방문을 걸어 잠근 채 붓을 들어 《매천야록梅泉野錄》을 완성했다.

진실을 후대에 전하기 위해 집필에 들어가다

어느덧 1910년 8월 29일에 이르러 기어이 나라는 일제에 병탄되고 말았다. 황현은 통분으로 나날을 보내면서 지난날 자신이 쓴 글을 돌이켜봤다. 전 참정대신 민영환이 1905년 11월 29일 스스로 목숨을 끊었을 때 그는 피눈물을 삼키며 〈혈죽血竹〉을 썼었다.

竹根於空不根土
대나무가 흙 아닌 허공에 뿌리를 내렸네
認是忠義根天故
하늘이 이 충의를 알아 그렇게 한 것이네
山河改色夷虜瞠
산천이 놀라고 오랑캐도 놀랐네
聖人聞之淚如雨
임금도 그 소식에 비 오듯 눈물을 흘렸네 (중략)
精靈所化現再來
공의 정신 살아나 대나무로 다시 오셨으니
驚天動地何奇哉
하늘이 놀라고 땅이 흔들림이 무에 이상하리 (중략)
百回拂眼看是竹
눈 비비며 백 번 다시 봐도 대나무가 틀림없다 (중략)
分明碧血噴未乾
분명히 푸른 피 치솟아 마르지 않고
點點灑作靑琅玕
점점으로 뿌려져 대나무가 되었구나 (하략)

그렇게 며칠을 숨죽인 듯 흘려보낸 황현은 이윽고 9월 8일, 방을 쓸고 자리를 깨끗하게 정돈했다. 그리고 지필묵을 꺼내어 반듯하게 앞에 놓고 마주 앉았다. 그는 잠시 눈을 감았다가 허공을 응시하면서 심호흡을 가다듬었다. 목숨을 끊을까 하고 몇 번이나 고민했던 지난 세월들이 허허로운 소리를 내며 귓전을 바람처럼 스쳐 지나갔다. 그는 〈절명시絶命詩〉 네 편 중 첫째 수부터 하얀 종이 위에 검게 휘갈겨 썼다.

亂離滾到白頭年
어지러운 세상 겪으며 머리만 백발이 되었구나
幾合捐生却未然
몇 번이나 이승을 떠나려 했건만 실행하지 못했네
今日眞成無可奈
오늘은 진정 어쩔 도리가 없도다
輝輝風燭照蒼天
바람에 흔들리는 촛불이 푸른 하늘을 비추네

살아온 지난날을 돌아보니, 그동안 스스로 목숨을 끊지 못한 것이 새삼 회한이 돼 가슴이 메어온다. '오늘은 진정 어쩔 도리가 없도다'란 3행은 오늘 기어이 자결할 결심을 굳혔다는 뜻이고, '바람에 흔들리는 촛불'은 죽음을 눈앞에 둔 황현의 운명을 상징한다. '촛불이 푸른 하늘을 비추고 있는' 것은 망국 상황을 맞았으면서도 아무런 힘을 보태지 못하는 자신의 무기력에 대한 한탄이자, 죽음으로써 '하늘에 한 점 부끄러움 없기를(윤동주)' 소원하는 참된 선비의 우주적 세계관을 나타낸다.

   妖氣晻翳帝星移
   요사스러운 기운 서려 나라가 망하고 나니
   久闕沈沈晝漏遲
   대궐은 침침해지고 낮시간도 지루하기만 하구나
   詔勅從今無復有
   이제는 임금의 명령도 다시는 없을 테니
   琳琅一紙淚千絲
   예전에 받은 옥빛 조서에 눈물이 쌓이는구나
   鳥獸哀鳴海嶽嚬
   금수도 슬피 울고 산천도 찡그리네
   槿花世界已沈淪
   무궁화 이 강토는 이미 망해버렸도다
   秋燈掩卷懷千古
   가을 등불 아래 책 덮고 옛일을 돌아보니
   難作人間識字人
   세상에서 지식인 구실 참으로 힘들구나

제 3수 마지막 행의 식자인識字人이 단순히 비문맹非文盲, 즉 글자字를 아는識 사람人을 지칭하는 것이 아님은 물론이다. 식자인은 현대어로 지식인, 조선 시대의 선비를 가리킨다. 선비의 표상은 언행일치言行一致다. 나라가 외적에 침탈돼 온 백성이 저들의 노예가 됐으니, 모름지기 참된 선비라면 목숨을 걸고 항거해야 한다. 그래서 황현은 나라를 위해 스스로 목숨을 끊는 자정自靖을 결심한 것이다.

하지만 스스로 생명을 끊는다는 것은 '참으로 힘든難作'일이다. 황현은 〈절명시〉 네 편과 자녀들에게 남기는 유서 등을 다 쓴 뒤 9월 9일 마침내 독약을 마셨는데, 다음 날에 이르러 숨을 거뒀다. 삶이 막을 내리기 직전에 달려온 동생 황원에게 그는 "죽는 것이 참으로 쉽지 않구나. 내가 독약을 마시면서 그릇에서 입을 세 번이나 떼었다. 내가 이렇게 어리석었단 말인가?" 하고 탄식했다. 그처럼 스스로 삶을 마감하는 것은 참으로 힘든 일인 것이다.

그러면서도 황현은 일제에 맞서 무장투쟁을 하다가 죽지 못하고, 소극적으로 자결을 하는 것을 부끄럽게 생각했다. 그는 〈절명시〉 마지막 제 4수에 '진동을 따르지 못하고 윤곡을 따르는 것이 부끄럽다'고 썼다. 조윤곡은 몽고 침입 때 자결했고, 진동은 참형을 당했다는 사실로 미뤄볼 때 황현은 '무장투쟁 내지 항거 등 적극적 저항을 하지 못하고 자결하는 소극적인 형태로 스스로 죽어감을 아쉬워하였던 것이다.'6)

曾無支廈半椽功
일찍이 나라를 위해 공을 세운 바 없으니
只是成仁不是忠
다만 나의 죽음은 선비의 일일 뿐 충성은 아니로다
止竟僅能追尹穀
마지막을 겨우 윤곡을 따르는 데에 그치니

---

6) 조재곤, 국가보훈처 독립유공자 공훈록 '2010년 8월 이달의 독립운동가'

當時愧不蹈陳東
때를 당하고도 진동을 따르지 못함을 부끄러워 하노라

시의 2행이 유난히 눈길을 끈다. 나라에 충성하기 위해 죽는 것이 아니라 인仁을 실천하기 위해 자결한다고 했다. 자신의 자정이 선비로서 언행일치 정신을 실천하는 행동이라는 뜻이다. 공자는 다른 사람을 사랑하는 것을 인을 실천하는 출발점으로 삼고, 백성에게 널리 베풀어 중생을 구제하는 것을 인을 실천하는 완성점으로 보았다. 황현은 한자 '인'의 우리말 '어질다'가 '얼이 짙다'에서 온 말이라는 사실을 실감 나게 해준다. 그의 심성은 착했고, 행동에는 깊은 가치가 들어 있다.7)

황현은 자녀들에게 남긴 글에도 자신의 그런 생각을 밝혀두었다. 황현은 "나는 죽어야 할 의리는 없다"고 했다. 벼슬을 하지 않았으니 임금에게 갚아야 할 빚이 없다는 뜻이다.

그러면서 황현은 "다만 국가에서 선비를 길러온 지 500년이 됐는데, 나라가 망한 날을 맞아 한 사람도 죽지 않는다면 어찌 통탄스러운 일이 아니겠느냐? 내가 위로는 하늘이 준 양심을 지키고, 아래로는 읽은 글의 정신을 지키기 위해 영원히 잠드는 것이니, 너희들은 너무 슬퍼하지 말라"고 했다. 그의 말은, 자기 죽음이 임금을 위한 것이 아니라 사람이 사람답게 살 수 있는 세상을 위한 행동이라는 뜻이다.

백성들에겐 '일정한 마음'이 없다는데…

---

7) 한국학중앙연구원, 《한국민족문화대백과사전》, 〈인〉

김부식의 《삼국사기》〈내물왕 조〉에 왕이 백제왕에게 편지를 보내면서 "백성들이란 본래 일정한 마음이 없습니다民者無常心"라고 적는 장면이 나온다. 투항해온 백제 백성들을 신라가 받아들인 데 대해 백제왕이 항의하자 내물왕은 "백성들은 생각이 나면(왕이 잘해주면) 오고, 싫어지면(정치가 신통하지 않으면) 가버리는 것이 그들의 본디 속성입니다"라고 답변한다.

　《삼국사기》〈김유신 전〉에도 비슷한 언급이 나온다. 집으로 문병 온 문무왕에게 김유신은 "삼한이 한 집안이 되어三韓爲一家(삼국이 통일되어) 백성이 두 마음이 없게 되었습니다百姓無二心"라고 말한다. 이 역시 백성은 임금이 누구든 자신에게 잘해주면 섬기고 그렇지 않으면 돌아선다는 뜻이다.

　내물왕과 김유신의 지적은 백성, 즉 보통 사람을 폄훼하는 발언이 아니다. 위정자들이 정치를 잘해야 한다는 뜻일 뿐이다. 황현은 벼슬을 하지 않았으니 백성이라고 할 수 있겠다. 그런데도 그에게는 불변의 상심常心이 있었다. 우리는 변하지 않는 마음을 가진 사람을 흔히 '지사', '선비', '지성인' 등으로 부르며 존경한다.

　황현 선생을 기리는 뜻에서 시원찮은 글 한 편을 쓰면서, 사람이 어떻게 살아야 하는지 다시 한번 생각해 본다. *

지금까지 우리나라가 국권을 잃은 과정을 살펴보았습니다. 물론 경술국치 뒤에도 의열 항쟁은 줄기차게 계속되었습니다. "1910년대에 가장 활발하게 활동한 독립운동단체(제5차 교육과정 국정 고등학교 국사 교과서)" 광복회가 1915년 8월 25일 대구 달성토성에서 결성되어 맹렬한 항쟁을 펼치고, 1919년 9월 25일 강우규 지사가 서울역에서 조선총독 사이토오에게 폭탄을 던진 이후에도 "10년 동안 모두 34건의 의열 투쟁이 벌어졌"습니다. "한 해에 평균 3, 4건이나 되는 의거가 일어났던 셈이니 1920년대는 실로 의열투쟁의 시기였다(박성수, 《알기 쉬운 독립운동사(국가보훈처, 1995)》)"고 할 것입니다.

다만 지면사정상 경술국치 이후의 의열독립운동사를 이 작은 책에 모두 담을 수는 없으므로 그 중에서도 특히 중요한 의거만 간략하게 소개를 할까 합니다. 자세한 내용은 차후 이 책과 별개의 단행본으로 펴낼 졸저를 참고해주시기 바랍니다. 이후 목차는 아래와 같습니다.

    광복회 · 180
    강우규 · 197
    의열단 · 199
      나석주 · 226
      장진홍 · 231
      조명하 · 233
    한인애국단 · 237
      이봉창 · 240
      윤봉길 · 241
    부민단 의거 · 245

1910년대 최고의 독립운동단체
광복회

1915년 12월 초 어느 날.

광복회 총사령 박상진, 지휘장 우재룡과 권영만, 경상도 지부장 채기중, 재무부장 최준, 사무총괄 이복우 등이 둘러앉아 회의를 하고 있다. 경주 녹동 469번지 박상진의 집이다.

최준이 말한다.

"좋은 정보가 입수되었소."

모두들 최준을 쳐다본다.

"영일, 영덕, 경주 일대에서 거둔 세금을 양력 12월 24일에 우편마차로 대구까지 이송한다는 소식입니다."

권영만이 바로 찬동을 한다.

"세금을 뺏자는 말씀이군요. 우리 광복회의 첫째 행동 강령이 부호들의 의연을 받되, 일본인이 불법 징수한 세금을 압수하여 무장한다는 것이니 아주 할 만한 사업이오."

권영만이 대답한다.

"내가 우 동지와 더불어 반드시 일을 성사시키리다."

박상진이 권총 두 자루를 탁자 위에 올려놓는다.

"두 분 모두 의병 출신이라 특별히 믿음이 갑니다."

권영만은 고향인 청송에서 의병 활동을 했다. 우재룡은 산남의진 선봉장이었다. 이복우가 부연 설명을 한다.

"우편마차는 읍내에서 출발해서 갯보산과 장산 사이의 솟티고개를 넘은 다음 효현다리를 건너 아화로 갑니다."

 박상진은 20여 년 전인 1887년에 울산 송정을 떠나 경주로 이사를 왔지만 청송으로 가서 허위에게 배우랴, 서울 양정의숙에 유학하여 신학문을 연마하랴, 떠나 있은 시간이 많은 탓에 갯보산, 장산, 솟티고개 등의 지명이 금시초문이다. 권영만과 채기중은 외지인이라 더욱 그랬다. 우재룡은 비록 주소지는 경주 녹동이지만 이사를 온 지 며칠 되지 않은 탓이라 권영만·채기중과 별반 다를 바 없었다.

 "우편마차가 솟티고개를 넘는다? 고개라면 습격을 하기에 아주 좋은 장소인데……."

 권영만이 혼잣말로 중얼거리자 이복우가 거든다.

 "무열왕릉에서 읍내 반대쪽으로 넘어가는 고개입니다. 고개를 넘으면 금세 나무다리가 나오는데 그 다리 이름이 효현교지요."

 다음날 아침, 마부는 휘파람을 불며 우편마차를 몰아 가볍게 솟티고개를 넘은 다음 곧장 효현교에 닿았다. 그런데 이게 웬일인가? 다리 상판에 구멍이 숭숭 뚫려 있다. 도무지 우편마차가 통과할 형편이 아니다. 다리 아래 고현천의 살얼음길을 잠시 응시하던 마부는 그리로 마차를 몰고 들어간다. 저절로 마차는 속도를 잃었고, 돌에 걸려 가끔 멈추기도 했다. 그래도 마부는 조심조심 마차를 움직였다.

 사실 다리 상판은 어젯밤에 지금 꼴로 부서졌다. 낮에는 행인들이 있어 어쩌지 못하고 밤이 이슥해진 후에 파괴 작업을 했다. 물에 반쯤 잠겨 있는 큰 돌덩이를 가져와 수십 차례 내리치니 마침내 다리 상판이 푹 찌그러졌다. 사람이 걸어서 지나가기에는 조심에 조심을 거듭하면 아주 불가능할 것도 없었지만, 마차가 통과하다가는 반드시 바퀴나 말발굽이 빠질 지경이었다.

 속도를 잃은 채 어슬렁거리는 마차의 짐칸에 우재룡이 뛰어오른다. 그가 칼로 바깥 행랑을 찢자 우편물들이 쏟아지면서 뒤를 이어 세금이 든 큰 행랑이 나타난다. 우재룡이 그것을 둘러맨 채 권영만에게 낮게 속삭인다.

"형님! 가십시다!"

두 사람이 녹동에 닿아 행랑에서 8,700원(현 시세 대략 4억 원)을 내놓자 기다리고 있던 박상진 등이 활짝 함박웃음을 터뜨렸다.

광복회 본부 간부들은 12월 26일에도 〈매일신보〉를 펼쳐놓고 환호작약하며 웃었다. 기사의 제목은 '경주 아화 간에서 관금 봉적, 팔천칠백 원 분실, 범인은 조선 사람'이었다. 본문까지 요약하면, 12월 24일 경주에서 아화로 가던 우편마차가 길에서 정부 공금 팔천칠백 원을 조선인 도적에게 빼앗겼다는 내용이다.

"우리가 도적들이구만! 핫핫핫!"

우재룡이 크게 웃음을 터뜨리자, 다시 한번 녹동 469번지에는 박장대소가 봄꽃처럼 만개했다.

다음 날, 녹동에서는 오늘도 회의가 열리고 있다.

"우편마차 탈취 사업은 아주 성공적이었소. 정보가 정확했고, 신속 담대하게 실천에 옮길 인재가 있었기에 가능한 성과였습니다. 재무부장님과 두 분 지휘장께 다시 한번 감사 말씀을 드립니다."

박상진이 총사령으로서 개회 인사를 한다. 최준, 권영만, 우재룡이 동시에 웃음을 머금으면서 '별말씀을!' 하고 손사래를 친다. 박상진이 말을 잇는다.

"오늘은 우리 7대 강령 중 두 번째, 세 번째 강령과 관련되는 일에 대해서 거론하겠습니다. 우리는 만주에 사관학교를 설립하고 군사를 양성해야 합니다. 그렇게 해서 무력을 길러야 궁극적으로 일본놈들을 섬멸하고 광복이라는 최후의 목적을 달성할 수 있습니다."

우재룡이 주먹으로 손바닥을 치면서 화답한다.

"맞소. 지금도 우리는 각 도의 지부 조직을 충실하게 꾸리느라 여념이 없지만, 그 어느 곳보다도 길림 사령부를 세우는 일이 급선무라

할 것이오. 그래야 군자금을 전달하는 보람을 맛볼 수가 있소. 이번처럼 관금을 탈취하거나, 부호들로부터 의연금을 거두거나, 친일파들에게서 빼앗거나 하여 군자금을 조성한들 군대도 없는 국내에 쌓아두기만 한다면 무슨 보람이 있겠소. 그 일은 내가 맡아서 올해 내로 길림 사령부를 출범시키리다."

우재룡은 박상진과 처음 만나 함께 독립운동에 매진하기로 결의한 이후 벌써 일곱 차례나 만주에 다녀왔다. 녹동으로 이사와 살기 시작한 것은 1년 남짓밖에 안 되지만 그 사이에 다섯 번이나 다녀왔고, 경주로 오기 이전에도 두 번에 걸쳐 그 먼 거리를 왕복했다. 약 2년여 동안 석 달에 한 번꼴로 만주를 드나든 우재룡은 길림, 단둥 등지에서 이진룡, 김좌진, 주진수, 손일민 등 수많은 독립지사들을 만났다. 그때마다 우재룡은,

"본인은 산남의진에서 정환직·정용기 부자 의병대장을 모시고 일본놈들과 싸웠던 우재룡이라 하오. 갑인년(1914년)부터 왕산 선생의 고제인 박상진 의사와 더불어 나라 안팎을 아우르는 새로운 비밀결사를 조직하기 위해 뛰고 있소. 새로운 단체는 국내에서 독립운동 자금을 모아 국외 무장투쟁 독립운동 지사들을 지원하는 일을 그 첫째로 할 것이외다. 그 일을 위해 길림에 경학사의 뒤를 잇는 새로운 독립운동 결사체를 두어 새 단체의 만주 지부로 삼으려 하오. 국내에는 전국의 각 도마다 지부를 설치할 것이며, 친일 매국노들을 처단할 계획이오. 아무쪼록 마음과 힘을 모아주기를 간곡히 호소하는 바이오."
하고 열변을 토했다.

지금 우재룡은 그 동안 애쓴 보람을 만주 지부 창립이라는 열매로 거두기 위해 떠나려 하고 있다. 우재룡은 출발 전에 미리 서한을 써서 압록강 건너 단둥의 안동여관으로 부쳤다. 단둥에서 만주와 국내 독립지사 사이의 연락 업무를 담당하고 있던 손일민은 우재룡의 편지가 당도한 즉시 '오는 25일 길림의 모 중국인 여관에서 회동하자.'는 연

통을 지사들에게 넣었다. 손일민이 조치를 취하는 동안, 우재룡은 대구 상덕태상회 등지에서 권영목을 만났다. 그가 약전골목 서북쪽 끝 지점의 상덕태상회에 들른 것은 만주로 가져갈 군자금을 수합하기 위해서였다.

권영목은 영주 대동상점에서 준비한 7만 원(현 시세 33억9천 만 원)8)을 우재룡에게 내놓았다. 대동상점은 박제선·권영목 등이 처음 설립하고, 그 이후 이교덕·정응봉·유명수·김노경·조재하 등이 중심되어 조직해 낸 경상도 지부의 핵심 거점이었다.

우재룡과 권영목이 길림에 당도하니, 신민회의 강원도 책임자였던 주진수, 우재룡과 같은 대구진위대 출신의 양재훈, 서간도 지역 독립운동을 위해 군자금을 모집하다가 체포되어 서대문형무소에서 옥고를 치르고 나온 김좌진 등이 기다리고 있었다. 길림광복회의 수령, 즉 광복회 부사령을 맡기로 내정되어 있던 이진룡이 마침 토사곽란이 심한 까닭에 참석하지 못했지만, 이날 길림광복회 결성식은 환호와 결의 속에 무사히 치러졌다.

1916년 5월 어느 날.
이날도 경주 녹동 박상진의 집에서는 회의가 열렸다. 방 안에는 왼쪽부터 경상도 지부장 채기중, 강원도 지부장 김동호, 본부 지휘장 권영만, 충청도 지부장 김한종, 총사령 박상진, 본부 지휘장 우재룡, 황해도 지부장 이관구, 전라도 지부장 이병호가 둥그렇게 앉았다. 이병호가 의연금 모금 투쟁을 더욱 강력히 펼치자고 말한다.

"우리 광복회가 추구하는 바 핵심 활동 목표는 독립운동 자금을 확보하여 만주로 보내는 것이당께라. 7대 투쟁 강령 중 둘째 무관을 양성해 불고, 셋째 군인을 양성한답디다, 넷째 무기를 준비해 불고,

---

8) 현 시세 환산은 대한광복단기념사업회 《대한광복단 기념공원》 14쪽에 나오는 기술의 인용임.

다섯째 기관을 설치한다는 강령들은 모두 이와 연관되는 사업이랍디다. 그랑께, 길림사령부가 정식으로 출범을 한 이 시점에 우리의 군자금 모금 실적은 너무나 부족하다 그럽디다. 두 분 지휘장께서 우편마차를 습격하여 관금을 탈취한 것이 손가락에 꼽힐 뿐 그 외는 성과가 별로 없어라. 이렇게 된 디는 부호들의 의연금 호응이 기대와 너무나 동떨어지게 미미한 것이 가장 큰 요인이라고 본 것이지라. 7대 투쟁강령 중 여섯째, 즉 일본인 고등관리와 한인 반역분자를 포살한다는 강령을 이제 실천해야 할 쓰것씁디다."

충청도 지부장 김한종이 대뜸 호응을 한다.

"속 션한 말씀 들소. 염두에 둔 자라도 있는가요?"

김한종은 일찍이 경상도에 의사가 있다는 소문을 듣고 걸어서 풍기까지 찾아가 채기중을 만나고, 광복단에 가입한 사람이다. 이병호가 말한다.

"그런 자가 있기는 헌디… 시방은 그 자를 처단하자는 말이 꼭 하고 싶어서가 아니랑께라. 당연히 그렇게 해야 쓴디, 여러 선배 동지들께서 모인 이 자리에서 말씀드리는 것이지라."

채기중이 신중한 어조로 말을 한다.

"하지만 사람을 죽이는 일이니 신중에 신중을 거듭해야 하오. 친일 반역자를 처단하는 일이야 어쩔 수 없지만, 자칫 애꿎은 이를 살상해서는 아니 되오."

박상진이 말한다.

"소몽 선생의 지적은 깊이 명심해야 할 부분입니다. 우리는 광복을 되찾기 위해 비밀결사를 조직했습니다. 인명을 살해하는 그 자체가 우리의 목표라 할 수는 없습니다."

이병호가 박상진의 말 뒤에 꼬리를 단다.

"여부가 있당가요? 그것은 수단이지라. 지가 비록 새파랗지만 수단이 목표 달성에 걸림돌이 되부러서는 안 된다는 사실은 익히 알고 있지라. 소몽 선생 말씀처럼 신중에 신중을 거듭해서 행동에 돌입을 해야지라."

이윽고 권영만이 좌중을 정리하는 발언을 한다.

"일본놈들과 전투를 벌이게 되는 경우는 물론 예외이지만, 특정인을 처단하는 과업은 본부에서 회의를 거친 다음 실행하도록 하는 것이 타당할 듯하오. 여러분들께서는 어찌 생각하시오?"

채기중이 가장 먼저 동의했다.

"좋은 결론이오. 그렇게 하십시다."

우재룡, 김한종, 이관구 등도 찬동했다. 이렇게 논의가 끝나는가 하는데, 이병호가 새로 말을 꺼낸다.

"우리 광복회가 추진하는 주요 자금 모집은 의연금 모금이고, 대상은 전국의 부호들이지라. 식민 지배가 시작된 지 얼마 되지 않은 땐데도 대부분의 부호들은 일제 통치 체제에 안주하려는 경향을 보이고 있을 뿐만 아니라, 상당수 부호들은 의연금 모집에 저항하고 있당께요. 광복회는 이를 응징함으로써 전국의 비협조적인 부호들에게 경각심을 일깨워야 하지라. 전라도에서는 서도현이 바로 그런자다요. 좋은 기회를 만나면 반드시 응징할까 하지라."

이병호가 서도현을 처단하겠다고 내심을 드러내자, 충청도 지부장 김한종도,

"전국 각 도별로 응징 사례를 남기는 것이 좋을 듯하네유. 그 사람 개인헌테 무슨 억하심정이 있어서는 아니지만, 대의를 위해서는 어쩔 수 없이 밀고 나가야지유. 충청도에는 악명 높은 자로 박용하가 첫손에 꼽히네유."

한다. 이때 황해도 지부장인 이관구가 자기 고장 사람이 아닌데도 장승원을 응징해야 한다고 발언한다.

"경상도에는 장승원이라는 자가 있지 않습네까?"

논의 끝에 총독 암살 계획은 이관구, 영월 중석광 습격과 장승원

처단은 우재룡, 서도현 습격은 이병호가 지휘하기로 했다.
 회의가 끝나고 광주 이명서의 미곡상으로 돌아온 전라도 지부장 이병호는 이병온, 유장렬, 장남철, 한훈, 손창서, 한준호, 고제신, 이병화, 김봉술, 김재명 등의 동지들과 회동했다. 이명서의 미곡상은 광복회의 전라도 연락 거점이었다.
 "경주 광복회 본부에 무사히 다녀왔소. 회의에서 여러 가지가 결정되부렀는디, 본부에서 장승원, 충청도 지부에서 박용하, 전라도 지부에서 서도현을 응징해 불고, 친일 반민족 앞잡이들에게 일벌백계의 본보기로 삼자고 결의했어라. 또 총독 저격을 추진하기 위해 총사령과 황해도 지부장이 만주로 가기로 했어라. 경상도 지부와 강원도 지부가 협력하여 영월 중석광을 습격해서 독립군 군자금도 모을 것이지라."
 지부장이 경주 회의 내용을 전하자 모두들 손뼉도 치고 환성도 지르며 반겼다. 유장렬부터 환영의 말을 하였다.
 "우리 광복회는 오늘날 나라 안에서 독립운동을 가장 활발하게 하는 비밀결사요. 사실 나라가 무너지기 이전에는 의병이라면 전라도였는데 일제의 지독한 탄압에 짓눌려 그 동안 기운이 다소 쇠한 바 있었지유. 오늘 지부장의 말씀을 들으니 더욱 기운이 나네유."
 유장렬의 말은 모두의 기세를 북돋우었다. 한훈도 맞장구를 쳤다.
 "선배들의 뒤를 따라다니면서 광복 운동에 투신한 것이 점점 보람차게 느껴집니다. 우리 전라도 지부도 서도현 응징 사업으로부터 시작해서 타 지부에 결코 뒤지지 않는 성과를 내었으면 좋겠네유."
 유장렬과 한훈은 전라도 지부에서 활동하고 있지만 천안과 청양 출신이라 충청도 사투리가 말에 섞여 있다. 그렇게 의기가 뭉쳐지자, 서도현 응징 사업은 달리는 말에 채찍을 가한 형상으로 신속히 추진되었다. 경주에서 이병호가 돌아오고 보름이 겨우 지난 5월 어느 날 밤, 이들은 서도현의 집을 습격했다. 하지만 이날 전라도 지부는 서도현을 처단하기는 했으나 군자금을 모집하지는 못하였다. 이병호가 좌

중을 둘러보며,

"시방은 반쪽 성공이오. 크게 실망할 일은 아니지만 내중은 온전한 성공을 거둘 수 있도록 더욱 세심히 준비를 허장께요."
라고 말한 것도 그런 뜻에서 토로한 소회였다.

1916년 7월 말이다. 우재룡의 한 마디가 박상진의 마음에 뜨거운 불기운을 불어넣는다.

"전라도 지부에서 서도현을 처단했소. 스승의 원수인 장승원을 어찌할 것인지 고심함이 좋을 성싶소."

박상진이 벌떡 몸을 일으키며 말했다.

"그렇습니다. 자, 회의들 하십시다."

그리하여 8월 1일, 장승원 처단 임무를 맡은 우재룡·임세규·권상석 세 사람은 장승원의 집 일대를 탐색했다. 우재룡이 탄식한다.

"장승원 집 뒤의 오태산을 넘으면 바로 왕산 선생의 집터가 있다오. 장승원이는 저렇게 으리으리한 기와집에서 떵떵거리며 호의호식을 하고 있는데 왕산 선생은 순국하시고, 집은 무너졌으며, 그 처자와 형제들은 모두 만주 벌판에서 굶주림과 싸우면서 항일 투쟁을 하고 계시니…… 이런 것이 하늘의 이치요? 도통 하늘에 바른 이치가 있는지 의심스럽소. 하늘에 바른 이치가 있다면 산이 무너져 덮치거나, 아니면 낙동강이 범람해서 저 놈을 저승으로 끌고 가야 할 것 아니오?"

이렇게 울분을 토하다 말고 우재룡이 손바닥을 탁 쳤다.

"그래! 낙동강에 배를 준비해 두면 되겠소!"

닷새 후인 8월 6일, 장승원의 집에서 900보 남짓 떨어진 강변에 나룻배 한 척이 물길을 타고 내려와 사르르 정박했다. 사공 임무를 맡은 손기찬은 낚시꾼인 양 물고기 잡는 시늉을 하며 동지들을 기다리고 있었다. 손기찬이 기다리는 사람은 우재룡, 임세규, 권상석이었다.

이 무렵 세 사람은 각기 다른 길을 걸어 장승원의 집 부근에 당도해 있었다. 낯선 장정 셋이 일행이 되어 마을 안으로 들어서면 의심의 눈총을 모을 수도 있는 까닭이다. 저격에 성공하면 세 사람은 장승원 집 뒷문으로 탈출하여 동쪽으로 산기슭을 타고 400보 달린 다음, 개울가로 난 길을 따라 500보쯤 남하해 배를 탈 계획이었다.

하지만 세 사람에게는 장승원의 집으로 들어갈 만한 때가 주어지지 않았다. 장승원을 두고 세간에서 경상도 최고의 부호라고 일컫는 이유가 저절로 수긍이 되었다. 노비들과 소작인들이 연신 드나들며 앞마당과 뒤뜰에서 일을 하고 수작을 벌이는데, 마치 물 반 고기 반인 연못을 보는 듯하였다.

밤이 되어도 노비들은 대문채 안에 가득 들어앉아 수비병들처럼 사랑채와 안채를 지켰다. 결국 이 날 세 사람은 달빛을 맞으며 낙동강을 타고 물러났다.

광복회는 이즈음 심한 자금 압박을 받고 있었다. 자연스레 논의는 군자금 모집 운동에 집중되었다.

"우리가 두 해 전에 군자금 요청 문서를 부호들에게 보낸 적이 있었는데 별로 신통한 결과를 얻지는 못했지요."

박상진은 1915년 11월에 실행했던 의연금 모금 활동을 돌이켜 본다. 당시 광복회는 대구의 부호 정재학에게 5만 원, 이장우에게 2만 원, 서우순에게 1만 원의 의연금을 요구했었다. 하지만 아무도 호응을 하지 않았다.

"이제부터는 체계적으로 의연금을 모집해야겠습니다."

박상진이 그렇게 운을 떼자 채기중이 묻는다.

"총사령은 무슨 좋은 복안이라도 있소?"

"국내 부호들의 자산 정도를 조사한 다음, 그들을 여러 등급으로 나누어 각자의 정도에 부합하는 의연금 출연을 요구하는 것입니다. 요구를 할 때는 포고문을 동시에 발송하여 그들에게 남아 있는 일말의 양심에 호소하는 한편, 불응시에는 처벌한다는 경고도 함께 보내는 것이지요."

그리하여 채기중은 경상도, 김동호는 강원도, 김한종·장두환·엄정섭은 충청도 식으로, 지부별로 자기 도내에 거주하는 대부호들의 자산 정도를 조사하는 일에 착수했다.

박상진은 한문으로 포고문을 작성했다. 포고문이 완성되자 우재룡은 그것을 품에 넣어 중국 단둥으로 달렸다. 우재룡은 안동여관에 닿자마자 손일민과 함께 포고문을 한글로 번역한 후 인쇄기가 있는 지하실로 내려갔다.

우재룡은 포고문 발송도 만주에서 했다. 그것도 단둥이나 길림만이 아니라 이곳저곳 돌아다니면서 했다. 인쇄와 발송을 경주에서 하면 몸도 편하고 여비도 안 들지만, 비밀을 유지하기 위해서는 어쩔 도리가 없는 일이다.

아아! 슬프다. 우리 동포여! 지금이 어느 때인가? 사천 년의 종묘사직이 흔적도 없이 사라지고 이천 만 민족은 노예가 되었고 나라의 치욕과 백성의 욕됨이 그 극에 이르렀다.

아아! 저 섬나라 오랑캐가 오히려 이에 배부른지 모르고 나날이 악정과 폭행을 가하여 우리들의 생명과 재산을 멸망케 하려 하고 있다. 그러나 우리 동포들은 아직 이를 깨닫지 못하고 점차 가라앉아 장차 화가 미칠 것을 알지 못하고 편안함만 도모하려 한다.

보금자리가 깨진 곳에 어찌 알이 완전할 수 있겠는가? 백자천손이 모두 원수의 희생이 되고 천창만상이 역시 다른 사람의 창고로 들어가지 않을 수 없으니, 말과 생각이 여기에 이르니 피눈물이 흘러내린다.

우리 조국을 회복하고 우리 원수를 몰아내어 우리 동포를 구함은 실로 우리 민족의 천직으로서 우리들이 반드시 해야만 하는 의무이다. 이는 본 회가 성패와 영리하고 우둔함을 따지지 않고 죽음을 무릅쓰고 이를 창립한 까닭으로 이미 10여 년이 지났다. 그간 경과한 엄청난 어려움은 일일이 나열할 겨를이 없다. 내외 동포로부터 이 의거에 동정을 보내지 않은 사람이 없다.

그러나 지금 본 회의 목적을 달성하기에 이르지 못함은 실로 우리 동포가 한마음이 되지 못하고 머뭇거리며 제대로 결심을 하지 못함 때문이다. 이제 큰 소리로 급히 우리 동포에게 고하노니 이를 가벼이 여기지 말고 마음을 기울여 한번 생각하기 바란다. (하략)

포고문이 경상도 대부호들에게 전달된 때는 1917년 10월말이었다. 박상진, 채기중, 우재룡, 김한종 등이 녹동에 모여 포고문을 부호들의 집으로 발송하자고 논의한 한 때가 7월 29일이었으니, 최준이 자신의 집으로 배달되어 온 포고문을 들고 와서,

"참으로 대단들 하십니다. 그 사이에 중국까지 가서 이 포고문을 등사해 발송했단 말이오?"

하며 찬탄에 찬탄을 거듭한 것은 하등 이상할 것도 없는 일이었다. 그러는 최준을 향해 박상진이 껄껄 웃으면서 대답했다.

"재무부장에게 포고문을 발송한 것은 일제가 그대를 의심하지 않도록 하려고 우 지휘장이 세심히 조치한 결과요. 아무튼 7월 29일에 포고문을 보내기로 결정한 뒤 두 달 만에 그것이 경상도 대부호들의 손에 들어가게 했으니, 소몽 선생 이하 경상도 지부 간부들의 신속한 자료 수집 능력 또한 대단하지 않습니까? 게다가 우 지휘장이 마치 날아다니듯 기민한 활동력으로 만주를 오가고 있는 면모는 또 어떻습니까? 그대의 말처럼 '참으로 대단한' 일입니다."

다시 최준이 맞장구를 친다.
"정말 총사령을 비롯해 우 지휘장, 채 지부장님 등 우리 광복회 지사들의 능력은 하늘도 알아줄 것이오."

11월 8일, 포고문을 발송하기 위해 만주로 떠난 우재룡을 대신해서 장승원 처단의 책임을 맡게 된 채기중은 유창순, 강순필, 임세규와 함께 오태마을을 찾았다. 채기중이 임세규를 척후 삼아 탐지를 해보니 장승원은 출타하고 집에 없었다. 이튿날인 11월 9일 초저녁, 채기중은 나그네를 가장하여 장승원의 집에 1박을 청했다.
"대구 사는 진사 공 아무개라 하오. 경성 가는 중에 문득 날이 어두워졌기에 염치 불구하고 이렇게 찾았소이다."
채기중은 '서울' 대신 친일파들이 좋아하는 '경성京城'이라는 호칭까지 써가면서 집사의 비위를 맞추었다. 집사가 보니 의관을 정제한 점잖은 선비라, 의심하지 않고 그를 사랑채에 묵게 하였다.
다시 이튿날인 11월 10일 아침, 채기중은 장승원과 인사를 나눈 후 그 집에서 나왔다. 이들은 장승원 집에서 5리가량 떨어진 낙동강변 버드나무숲에 모여 작전을 짰다. 채기중과 강순필이 장승원을 저격하고, 총소리가 나면 다른 사람들은 집에 불을 지르기로 역할을 나누었다. 불이 번지면 소화를 하느라 그 집 사람들은 경황이 없어질 테고, 그러면 추격에 신경을 쓰지 못할 것이다.
이윽고 해가 서산에 걸렸다. 일행은 다시 장승원의 집 근처로 접근했다. 장승원이 하루 종일 밖으로 나가지 않고 집 안에 머무르고 있다는 사실은 종일 감시하여 이미 알고 있다. 그래도 채기중 일행은 혹시나 하는 마음에 장승원 집 상황을 다시 한번 파악해 보았다. 어쩐 일인지 오늘은 대문채와 사랑채 사이 뜰이 조용했다. 들판에 일을 나간 종들이 아직 돌아오지 않은 듯했다.
채기중 일행은 석유로 가득 찬 맥주병을 들고 장승원의 집으로 향했다. 대문채를 지나 장승원이 머물고 있는 거실에 들이닥친 채기중과 강순필이 권총을 장승원의 콧등에 들이댄 채 호통을 쳤다.

"이제야 친일 반민족 장승원이를 처단하게 되었구나!"

장승원이,

"웨, 웬놈이냐?"

하다 말고,

"사, 살려 주시오! 무엇 때문에 이러시오? 돈이요? 달라는 대로 줄 테니 목숨만 살려 주시오!"

하며 애걸복걸하였다. 채기중이 꾸짖었다.

"너는 왕산 선생 형제가 의병을 일으키기 위해 군자금을 요청했을 때 일제에 밀고까지 했다. 어디 그뿐이냐? 왕실 재산을 관리하는 높은 벼슬에 있으면서 전하의 토지까지 편취한 불충한 자이다. 게다가 너는 아무 죄도 없는 소작인의 처를 무자비하게 때려서 죽인 악독한 살인마다!"

"그, 그건 오해요. 나는 허위와 그런 약속을 한 적도 없고, 왕실 재산을 가로챈 적도 없소. 모두가 나를 시기하는 자들이 악의로 지어낸 거짓들이오."

"이놈이 터무니없는 거짓말로 우리를 속이려 드는군!"

"아, 아니오. 모두 참말이오. 사람이 출세를 하면 공연히 질투에 휘말려 적이 많아지는 법이라는 걸 모르시오? 워, 원하는 대로 돈, 돈을 드릴 테니 조, 조용히……."

채기중이 총탄을 연달아 쏘면서 장승원에게 말했다.

"그래… 이제는 조용히 지옥에서 쉬어라, 이 반역자야!"

강순필도 장승원에게 총을 쏘았다. 마당에서 총격을 기다리고 있던 유창순은 채기중이 대여섯 발, 강순필이 한두 발 연사한 듯한 총소리를 들었다. 유창순은 때를 놓칠세라 석유가 든 맥주병을 마루에 확 집어던졌다. 석유가 산산이 흩어지면 불을 지를 계획이었다. 그런데

병이 깨어지지 않고 구르기만 했다. 다급해진 유창순은 병을 다시 주워 재차 집어던졌다.

그제야 병이 쨍 소리를 내며 박살이 났다. 이때 파편이 튀면서 유창순의 손등에 날아와 콱 박혔다. 손이 피투성이로 변한 유창순은 성냥에 불을 붙일 수가 없었다. 그 순간 채기중과 강순필이 방에서 뛰쳐나왔다. 유창순은 성냥을 내던지고 그들을 뒤따라 마당을 가로질러 달렸다.

장승원의 종들이 주인의 방 쪽으로 몰려가는 것을 확인한 채기중은 품속에 안고 온 종이를 꺼내어 침착하게 대문 오른쪽 벽에 붙였다.

曰維光復 天人是符 聲此大罪 戒我同胞
聲戒人 光復會員

'나라를 광복하려 함은 하늘과 사람의 뜻이니 큰 죄를 꾸짖어 우리 동포에게 경계하노라. 경계하는 이, 광복회원'이라는 뜻의 사형 선고문이었다. 같은 종이를 강순필은 마을 어귀 버드나무 다락에도 붙였다. 장승원 처단이 단순한 살인 사건이 아니라 조국 광복을 위해 친일파를 응징한 독립운동의 일환임을 명백히 밝히기 위한 것이었다.

채기중은 장승원을 처단하기 위해 선산으로 출발할 때 말했었다.

"장승원을 처단한 뒤 그냥 도주해버리면 세상 사람들은 무슨 개인적 원한이 있는 자가 살해한 것으로 여길 것이오. 이는 마땅하지 못한 일이오."

친일파 거두 장승원이 독립운동 군자금 의연을 거부하다가 광복회에 총살당했다는 소식은 세상을 놀라게 했다.[9]

---

9) 박성수, 《알기 쉬운 독립운동사》(국가보훈처, 1995), 176쪽 : 3·1운동 전야에 세상을 놀라게 한 사건은 비밀결사 광복회가 대구의 부호 전 관찰사 장승원을 사살한 일이었다.

장승원이 처단된 장소에서 '광복회' 이름이 나온 이래 일제는 광복회에 대한 수사를 시작했다. 그 사이 충청도 지부에서는 김경태와 임세규가 친일파 박용하를 처단한 뒤 역시 '광복회에 반대하는 자는 군율에 따라 사형에 처한다'는 내용의 사형 선고문을 현장에 걸어 놓았다. 일제 경찰은 부호들에게 발송한 통고문이 가장 많이 발견된 충청도 지역을 중점 수사 지역으로 잡았다.

충청도 경찰국은 관외 출입 빈도가 특별히 높은 조선인들의 면면을 뒤진 끝에 박용하 처단 사흘 만인 1월 27일 김한종과 장두환을 주목했다. 결국 장두환이 먼저 체포되고, 곧 이어 충청도 지부장 김한종도 일제에 구속되었다. 이어 강석주, 권상석, 김경태, 김상준, 김원묵, 김한종의 두 삼촌인 김재창과 김재풍, 김재철, 성달영, 성문영, 신양춘, 유중협, 유창순, 정우풍, 정운기, 정태복, 조정철, 황학성 등 충청도 지부원들이 일제 경찰에 붙잡혔다.

2월 1일에는 총사령 박상진마저 체포되었다.

박상진이 체포되던 무렵 우재룡과 권영만은 서울에 있었다. 일제 경찰은 광복회 회원들을 붙잡기 위해 충청도부터 수사를 벌였고, 이어서 경상도로 범위를 넓혔다. 이제 곧 서울권으로 수사망이 올라올 상황이었다. 서울을 벗어나는 것이 급선무라고 판단한 두 사람은,

"같이 다니다가는 같이 잡힐 수도 있으니 각자 따로 움직여서 단둥 안동여관에서 만나십시다."

하였다. 두 사람은 굳게 악수를 나누고 헤어진다.

몇 달 뒤, 일제의 눈을 피해 온 국내를 숨어다니던 우재룡이 압록강 건너 단둥 안동여관 문을 밀고 들어섰다. 권영만이 활짝 웃는 얼굴로 달려나오면서 소리를 내지른다.

"무사했군. 무사했어!"

오랜 만에 우재룡도 잠깐 미소를 머금는다.

그렇게 우재룡과 권영만은 일제의 체포 작전을 따돌렸지만, 대부분의 주요 광복회 간부들은 박상진 총사령의 피체 이후에도 계속 일제 경찰에 구속되었다. 6월에는 평안도와 황해도에서 활동해온 이관구, 박원동, 성낙규, 오찬근, 이근영 등이 체포되었다. 8월에는 전라도의 이병호, 최면식 등이 구속되었다.

특이한 것은 채기중의 피체였다. 경상도 지부장 채기중이 일제에 잡힌 곳은 경상도가 아니라 전라도 목포였다. 그는 광복회 지사들을 구속하려는 일제 경찰의 검은 손이 경상도 지역에 뻗쳐오자 몸을 피해 전라도로 옮겨와서 활동했다.

채기중은 전라도 지부장 이병호 등과 함께 지역 부호들에게 '경고문'을 발송하여 의연금 납부를 재촉하는 등 광복회 활동을 계속했다. 그해 5월, 목포의 현기남, 광주의 임병용, 보성의 양신무과 박남현 등은 광복회 전라도 지부가 보내온 경고문을 받았다.

채기중과 이병호 등은 6월에도 보성 일대의 부호들을 상대로 하는 독립운동 군자금 모집 활동을 준비했다. 하지만 충청도 지부와 경상도 지부를 대대적으로 탄압한 일제 경찰이 이제는 전라도의 동향을 삼엄하게 감시하고 있는데, 총사령 박상진이 체포되는 등 광복회의 활동 자체가 내리막길을 걷고 있는 상황에서 부호들로부터 의연금을 거두는 것은 사실 불가능했다.

결국 보성에서의 군자금 모집을 포기한 채기중과 이병호는 중국 망명길을 모색했다. 하지만 두 사람은 우재룡과 권영만처럼 중국으로 넘어가는 데 성공하지 못했다. 두 사람은 7월 14일 목포에서 중국행 배편을 알아보던 중 일제 경찰에 체포되었고, 그 후 박상진·채기중·이진룡·강병수·김한종·김경태·임세규·황봉신·황봉운 지사가 사형을 당하고, 장두환 지사가 고문으로 옥사했다.

65세 노인의 살신성인 항일 투쟁

강우규

하세가와 요시마치長谷川好道가 3·1운동을 사전에 막지 못했다는 이유로 해임되고 사이토 마코토齋藤實가 후임 총독으로 부임한 직후였다. 1919년 9월 2일, 사이토가 총독 부임식 참석차 남대문정류장(현 서울역)에서 이제 막 마차에 오르는 순간, '콰쾅-!' 하며 수류탄이 폭발했다. 37명의 사상자가 발생한 이 쾌거는 비록 사이토를 처단하지는 못했지만, 조선총독이 겁에 질려 정신없이 도망치는 꼴은 세상에 똑똑히 보여주었다.

수류탄을 던진 강우규는 조용히 현장을 벗어났다.

강우규는 65세나 된 노인이었다. 가난하게 자라 별로 배운 것도 없는 강우규는 56세나 되어서야 비로소 독립운동에 눈을 떴다. 그는 1911년 만주로 이주해 교육 사업과 교회 활동을 하던 중 독립지사들을 만났고, 그들에게 감화되어 항일운동에 헌신하기로 결심했다.

강우규는 처음 독립운동에 몸을 바치기로 마음을 다졌을 때 지사들에게 이렇게 말하였다.

"왕산 선생 이야기는 오래 전부터 많이 들었소. 다만 그 분이 나와 같은 해에 이 세상에 태어났다는 사실은 오늘 처음으로 알게 되는구려. 그 분은 오랫동안 나라와 겨레를 위해 싸우다가 일찍이 순국하셨소. 나는 아무 가진 것도 없고, 잃을 것도 없는 일개 민초에 지나지 않지만, 그 분은 조용히 살기로 마음을 먹었으면 평생 호의호식할 수 있는데도 모든 것을 다 버리고 목숨까지 내놓으셨소. 나와 나이가 같은 분이 말이오. 그 사실을 알고도 내가 독립운동에 동참하지 않는다면 어찌 인간이라 할 수 있겠소!"

블라디보스토크 신한촌 노인단 길림성 지부장으로서 만주에서 벌어진 3·1운동에 참여했던 그는 노인단 대표 5명이 서울에 와서 시위를 벌이다가 구속되자 분노, 총독 암살을 결심하였다. 블라디보스토크에서 영국인으로부터 수류탄을 구입한 그는 신임 총독이 부임하느라 분주한 상황을 틈타 거사를 도모하는 것이 좋겠다고 생각했다. 그래서 때를 기다리며 서울에 잠복해 있다가 드디어 오늘, 남대문정류장 앞에서 사이토가 마차에 오르는 순간을 포착하여 수류탄을 던졌던 것이다.

현장은 무사히 벗어났지만 강우규는 끝내 체포되었다. 거사 이후 장익규, 임승화 등의 집에 숨어서 지냈는데, 친일파로 유명한 조선인 형사에게 9월 17일 잡히고 말았다. 경기 경찰부 고등계 형사인 그 조선인은 두 달 뒤 의친왕을 단둥에서 붙잡게 되는 바로 그 김태석이었다.

11월 29일, 강우규는 '왕산 선생이 순국한 이곳에서 보잘 것 없는 내가 세상을 떠나는구나. 이 어찌 무한한 영광이 아닐쏜가.'라는 마지막 감회를 밝힌 뒤, 서대문형무소 허공에 시 한 편을 떠나보내면서 순국했다.

단두대 위에 봄바람은 있는데
몸이 있어도 나라가 없으니
어찌 감회가 없을 수 있으리

1920년대 대표 의열 투쟁 단체
의열단

관찰사를 지낸 경상도 최고의 부자이자 유명한 친일파인 장승원이 광복회에 의해 처단된 일로 세상이 들썩였다. 1917년 11월 10일의 일이었다. 대구은행 숙직실에 있던 이종암은 오랫동안 고민해 온 일을 마침내 실행해야겠다고 결심했다. 부산상업학교에서 보고 들은 한 살 연상 박재혁과 최천택의 독립운동, 은행 동료이자 선배들인 이영국과 신상태의 조선국권회복단 운동, 세상을 온통 뒤흔들어 겨레에게 용기와 희망을 주고 있는 광복회 지사들의 의열 투쟁……. 지금까지 겪어온 일들이 몸속의 피를 마구 솟구치게 하는 듯한 느낌이 들었다. 대구은행 출납계 주임 이종암은 은행돈 1만500원(현 시세 약 10억 원)을 빼내어 몸을 숨겼다. 1917년 12월 어느 날이었다.

시간이 지나 자신에 대한 수배령이 한풀 꺾인 1918년 2월 어느 날, 이종암은 압록강을 건너 만주로 갔다. 신흥무관학교를 찾아가 입교한 이종암은 이성우, 서상락, 강세우, 김상윤, 한봉근, 신철휴 등 젊은 동지들을 규합한 후 길림성 파호문 밖 중국인 반 아무개 씨의 화성여관 전체를 전세 얻었다. 그곳은 자신의 거처 겸 의열단 창단 주역들의 연락처로 썼다. 이종암의 집은 김원봉 등의 숙소이기도 했고, 폭탄 제조 실험장으로도 사용되었다.

고향산천을 떠나 만주로 망명한 우국청년들은 이 집에서,
"안중근 의사와 우덕순 의사가 군대 없이 혈혈단신으로 이토를 처단했을 때 중국 사람들은 '안중근의 의거로부터 중국과 조선 인민의

항일 투쟁이 시작됐다!'고 찬탄했지요. 이재명 의사, 장인환 의사, 전명운 의사, 이 분들도 하나같이 거느린 군사는 없었고 그저 몇 명의 동지들과 거사를 일으켰는데, 나라의 모든 남녀노소들이 열광했었지요. 조직을 결성하여 체계적으로 항일 투쟁을 펼친 단체는 바로 광복회였구요."

"바로 그것이오! 모험 의열 투사를 찾아 결사대를 조직해야 합니다! 물론 몇 사람의 순국으로 대중의 마음을 완전하게 진작할 수는 없을 게요. 하지만 끝까지 변함없이 의열 투쟁을 지속하면 기필코 우리가 이깁니다. 광복회가 대구 달성토성에서 창립대회를 열면서 결의문에 '우리는 우리 대한독립권大韓獨立權을 광복하기 위하여 우리의 생명을 바칠 것은 물론이요, 우리의 일생에 목적을 달성하지 못할 때는 자자손손子子孫孫이 계승하여 불구대천의 원수 일본인을 완전 축출하고 국권을 완전히 광복하기까지 절대불변하고 일심전력할 것을 천지신명께 맹세한다!'라고 천명했습니다."

"동감입니다. 그러기 위해 우리는 목표를 경성과 동경에 두어야 할 것입니다. 적의 군주君主 이하 대관大官을 모조리 살해하고 일체의 시설을 파괴해 버리면 우리 민족의 애국심에는 저절로 불이 붙어 배일排日 항일抗日의 기세는 맹렬히 타오를 것입니다. 우선은 총독으로 오는 녀석을 대여섯만 계속해서 거꾸러뜨립시다. 그러면 총독으로 오겠다는 녀석이 없어질 것입니다. 동경에다 진천震天(하늘이 뒤집히는) 대폭력으로 위력을 보입시다. 그러기를 몇 해만 계속하면 자진해서 조선을 내어놓을 것입니다. 이런 방법밖에는 우리에게 독립의 길을 열어줄 것은 없습니다."

하고 서로를 향해 열변을 토했고, 이윽고 1년 3개월 뒤인 1919년 11월 10일 이곳에서 의열단 창단식이 개최되었다.

그 후 이종암과 김원봉은 나란히 상해로 가서 임시정부 별동대인 구국 모험단救國冒險團 단원들과 합숙하며 약 3개월 동안 폭탄 제조·

조작법을 배웠다. 모든 경비는 이종암이 대구은행에서 가져간 1만500여 원으로 충당되었다. 가장 먼저 지출된 500여 원은 길림성 파호문 밖 중국인 반모 씨의 화성여관을 세 얻는 데 쓰였다. 이종암은 3,000원을 김원봉 등에게 생활비와 여비로 쓰게 주었고, 7,000원을 구영필에게 맡겨 삼광상회를 경영시켰다. 삼광상회에서 얻은 이익으로 의열단을 운영하려는 계획이었다.

1920년 4월 12일, 곽재기는 '제1차 암살 파괴 계획'에 쓰일 폭탄을 단둥 세관에서 찾아 압록강변의 원보상회元寶商會로 가져갔다. 상해에서 단둥 세관까지 폭탄을 옮기는 일은 임시정부 외무차장 장건상이 해결해 주었다. 장건상은 상해 주재 일본 총영사가 1922년 4월 22일 본국 외무대신에게 보고서를 제출하면서 '김원봉 이상 가는 의열총장義烈總長'이라고 평가했을 만큼 제1차 암살 파괴 계획에 적극적으로 참여했다. 장건상은 서양 선박회사 이륭양행의 단둥 지사장인 아일랜드 사람 쇼오Show에게 '소포를 부칠 테니 받아 두었다가 내가 보낸 청년이 오거든 내주시라.'고 부탁했고, 곽재기는 쇼오에게서 폭탄을 찾았던 것이다.

폭탄을 받은 원보상회 주인 이병철은 가마니 20여 장 준비했다. 그는 가마니 속에 옥수수를 계속 집어넣었다. 가마니가 옥수수로 가득 채워지자 이제는 폭탄을 나누어 넣은 다음 끈으로 사방을 묶었다. 포장이 끝나자 이병철은 밀양역전의 대운송점大運送店으로 그것들을 탁송했다. 가마니에는 '수취인 金仁出'이라는 송장을 꿰매어 붙였다.

"이제 밀양으로 부리나케 달려가야 하오. 내가 김인출金仁出이니 어쩌겠소? 옥수수 가마니를 김병환이 바로 찾도록 했다가는 밀정 놈들이 냄새를 맡을지도 모르니 이렇게라도 하는 수밖에……. 그나저나, 왜 놈들 때려부수고 죽이려고 독립운동을 하는 중에도 고향에 간다니 어쩐지 가슴이 설레네!"

이병철이 그렇게 말하니 곽재기로서는 웃는 도리뿐이다. 두 사람은 악수를 나누고, 이병철은 황급히 보따리를 챙겨 바로 압록강을 건넌다.

사흘 뒤인 4월 15일, 이병철은 밀양에 도착했다. 이병철은 폭탄을 찾아 그 길로 김병환의 내일동 미곡상점으로 갔다. 김병환은 밀양 3·1운동을 주도한 혐의로 체포되어 부산형무소에서 여섯 달 옥살이를 했는데, 이병철은 그때 잡히지 않고 피신하여 압록강을 건넜었다. 이병철이 미곡상 문을 드르륵 밀치고 들어서자 그보다 두 살 아래인 김병환이 약간의 존대를 하면서 그를 환대한다.

"이게 누고(누구요)? 병철이 형 아이가(아닙니까)!"

김병환이 속사포로 환영사를 한다.

"기별 받고 기다렸는데 예상보다도 일찍 당도하셨소!"

1년 이상 서로 못 본 얼굴들이다. 하루도 빠짐없이 일제의 눈초리가 매섭지만, 이렇게라도 만나니 내심으로는 반갑기만 하다.

"몸은 성한가? 왜놈들한테 붙잡혀 갔으니 곤욕을 치렀을 텐데, 아픈 데는 없고?"

"감옥에서 나온 지 어언 반 년이 넘었지만 아직도 안 아픈 데가 없는 지경이오. 형도 조심하시오. 만세운동 조금 한 걸로도 온갖 악랄한 고문을 다 당했는데, 의열단을 하고 있으니 잡히는 날에는 어찌 되겠소!"

진심으로 걱정을 해주는 김병환의 말을 듣고 이병철이,

"그렇게 말하면 나 혼자만 의열단인 줄 알겠네!"

하여 둘은 잠시 서로를 마주보며 웃었다. 이어 이병철은,

"밀양 사람들 중에 달리 고초를 겪은 이들은 또 누구 누구가 있는가?"

라며, 만세운동에 가담했다가 일제에 끌려간 다른 사람들 안부를 묻는다. 김병환이 한탄하듯 대답한다.

"형도 알다시피 윤치형과 윤세주는 몸을 피해서 만주로 망명한 덕분에 궐석 공판으로 징역 1년6월 선고는 받았지만 당장의 고초는 겪지 않았고……. 정동찬, 김소지, 박만수, 이장수, 최종관, 박소종이 징역 여섯 달씩을 살았지요. 모두들 스물하나에서 스물셋 청년들이니 아마도 향후 더 철저히 일제에 맞서는 인물들이 될 게요. 그 외 권재호, 설만진, 정동준은 징역 넉 달씩 살았고, 윤보은도 석 달을 살았소. 김상득, 박작지, 엄청득, 노재석, 김상이, 윤방우, 양쾌술은 90도씩 태형을 당했지요."

실형을 살고, 또 처참하게 두들겨 맞은 사람들의 이름과 내역을 김병환이 상세하게 소개한다. 이병철이 듣고는 이를 우두둑 깨물면서 한탄한다.

"죽일 놈들! 원수를 어찌 갚을까! 하루라도 빨리 독립을 되찾고, 그 연후에는 나라의 힘을 길러서 당한 이상 백 배 천 배 앙갚음을 해줘야 할 텐데……."

이윽고 옥수수 가마니에서 폭탄을 꺼낸 두 사람은 그것을 미곡상 뒤편에 바로 붙어 있는 김병환의 집 안으로 가져가 마루 아래 깊숙이 숨긴다. 그리고는 만약의 사태에 대비하여 옥수수를 싸게 판다는 안내문을 상점 문에 커다랗게 써 붙였다.

"다시 연락이 올 때까지 폭탄들을 차질 없이 잘 보관하고 있어야 하네."

"거사는 서울서 하는데 폭탄을 보관하기 위해 형이 밀양까지 온 걸 보면 그야 불문가지 아니겠소."

"서울엔 아직 믿고 맡길 만한 사람이 없으니……."

이병철과 김병환이 밀양에서 그러고 있을 무렵, 중국에서는 2차로 열세 개의 폭탄을 제조하였다. 일곱 개는 도화선식, 여섯 개는 투척식이었다. 미제 권총 2정과 탄환 100발도 구했다. 이들은 그 후 배중세裵重世를 통해 경남 창원 동면 무점리 강상진 집 창고로 옮겨졌다.

무기들이 무사히 밀양과 창원에 반입되었다는 기별을 전해들은 의열단 단원들은 단동의 이낙준 집에 모여 향후 활동 계획을 논의한 후 속속 국내로 잠입했다. 황상규, 서상락, 김상윤, 김기득은 서울에 은신하여 때를 기다렸고, 윤세주는 밀양으로 갔다.

1차 무기 반입 때 국내로 들어온 이래 줄곧 서울에 머물렀던 곽재기도 이때 밀양으로 내려갔다. 당시 곽재기는 이번 거사를 국내에서 총지휘하고, 김원봉과 이종암 두 사람은 상해에 남아 향후 전개되어 가는 상황을 봐가며 적절한 추후 조치를 취하기로 역할 분담이 되어 있었다. 한봉근과 신철휴를 만난 곽재기는 상해에서 논의된 바를 재차 상기시켰다.

"아시다시피 이번 거사의 실행자로 누가 적임자인가를 두고 본부에서는 여러 차례 논의를 했는데, 두 분과 이성우 동지, 김기득 동지, 그리고 나, 그렇게 다섯 사람으로 정해졌었지요. 두 동지가 적임자라는 건 중론이었지요. 두 분께서는 결의와 용의에 변함이 없지요?"

총독부, 동척, 경성일보에 폭탄을 투척하는 임무를 초지일관대로 수행하겠느냐는 확인성 질문이었다. 신철휴에게 그 말을 전해들은 윤세주가 잰걸음으로 달려왔다.

"나도 실행자가 되겠습니다."

"폭탄 투척 실행자 다섯 명은 이미 정해져 있으니 계획을 바꿀 수가 없소. 윤 동지의 의기는 가상하나 다음을 기약하시오."

본래 '무기 도착 후 한 달 이내 결행'이 의열단 본부의 의결 사항이었다. 그런데 거사 날짜를 정하는 데 이견이 생겨 차일피일 투탄이 미루어졌다. 두 차례에 걸쳐 폭탄을 국내에 반입시키고 한 달 이상이 경과했는데도 아무 소식이 없자, 김원봉과 이종암은 이낙준을 시켜 20일 이내로 결행하고 실행자와 일시를 통지하라는 서한을 서울로 보냈다. 자금 조달차 대구에 가 있던 곽재기가 황급히 상경했고, 황상규·김기득과 함께 이낙준의 숙소인 서대문 정태준 집에 모여 긴급 회동을 가졌다. 6월 21일 밤이었다.

　이날 네 사람은 본부의 명령서 내용을 숙지한 다음, 사흘 후인 6월 24일에 다시 모여 최종 전략을 결정하기로 했다. 사흘 뒤인 24일, 황상규가 정태준의 집 대문턱을 넘으려는데 골목 끝에서 김기득의 고함소리가 들려왔다.

　"이성우 동지와 윤세주 동지가 피체되었소."

　네 사람은 서둘러 방 안으로 들어가 대책을 강구했다. 황상규가,

　"일이 화급하게 되었소. 촌음이라도 바삐 거사를 실행하지 않다가는 모든 것이 물거품이 될 판이오."

하며 다급한 처지부터 언급하였다. 황상규의 발언이 없다 하더라도 지금 상황은 곽재기·김기득·이낙준 모두가 본능적으로라도 모든 형편을 헤아리고도 남을 지경이었다. 네 사람은 폭탄이 구해지는 대로 당장 총독부, 동척, 경성일보에 폭탄을 투척하기로 합의했다. 본래 각각의 장소마다 거사를 실행할 사람은 따로 정해져 있었지만, 그와 무관하게 넷이서 감당하기로 결의했다.

　하지만 폭탄을 손에 넣기도 전에 김기득은 남대문역에서 일경에 붙잡혔다. 이낙준도 서대문정 숙소를 떠나 단둥으로 돌아가던 중에 피체되었다. 황상규도 서울을 벗어나지 못한 채 잡히고 말았다. 곽재기도 7월 5일 부산 영주동 복성여관福成旅館에서 피체되고 말았다. 김병환도 7월 8일 일제 경찰 김태석에게 잡혔다. 경기도경 소속인 김태석은 직접 밀양으로 내려와 김병환을 체포하고 폭탄도 압수했다. 김태석은 황상규와 곽재기 등을 천장에 매달아놓고 참혹하게 고문하여 혀가 입 밖으로 10cm나 튀어나오도록 만들었다. 두 사람은 거의 죽은 가사假死 상태가 되었다.

　이 무렵 김원봉과 이종암은 속이 탔다. 두 사람은 거사 추진이 엉망상태에 빠진 줄은 미처 알지 못했으므로, 진행 상황을 점검하고 실행 독촉도 할 겸 국내로 직접 가보자는 데 의견일치를 보았다.

"내가 가 볼 테니 의백은 기별을 기다리고 있다가 시기적절하게 지원을 해주시오."

이종암이 그렇게 말하면서 김원봉의 손을 잡았다. 김원봉은 결의에 찬 눈빛을 보이면서 이종암을 향해 걱정과 당부의 말을 하였다.

"부디 몸조심하시오. 그리고 꼭 거사를 성공시켜 주시오. 경과도 조속히 알려주기 바라오."

이종암은 압록강을 건너기 전에 참담한 소식을 들었다. 단둥에는 김병환이 피체되고 폭탄도 압수되었다는 소식이 당도해 있었다.

"김병환이 잡히고 폭탄도 빼앗겼소. 황상규와 곽재기도 피체되었고, 이낙준도 붙들렸소. 다른 동지들이 어찌됐는지 일일이 파악되지는 않았지만 머잖아 모두가 그리 될 게 불문가지요. 이 일을 어쩌면 좋단 말이오!"

황당하고 안타까운 나머지 이병철은 존칭도 동지라는 말도 쓰지 않는 채 피해 상황을 줄줄이 거론했다. 이병철의 얼굴과 입을 망연히 쳐다보다가 그만 기가 막혀버린 이종암은,

"어, 어!"

하면서 신음만 내뱉을 뿐 더 묻지도 못하고, 달리 무슨 말을 잇지도 못했다. 도대체 무슨 연유로 이 지경이 되고 말았단 말인가!

잠시 후 정신을 조금 되찾은 이종암은,

"이러고 있을 때가 아니오!"

하더니, 어떻게 하겠다는 언질도 없이 훌쩍 원보상회 문을 밀치고 나가서는 그 길로 곧장 압록강을 건너 국내로 들어가 버렸다. 이병철이 붙들고 말고 할 겨를도 없었다.

일제는 곽재기와 이성우에게 징역 8년, 김기득·이낙준·황상규·윤세주·신철휴에게 징역 7년, 윤치형에게 징역 5년, 김병환에게 징역 3년, 배중세에게 징역 2년, 이주현·김재수에게 징역 1년(집행유예 2년)을 선고하였다. 이때 윤세주와 윤치형에게는 1919년 3월 밀양 만세운동

때 궐석 재판으로 받았던 징역 1년6월이 추가되었다. 이성우에게도 징역이 추가되었다. 이성우는 청진 형무소에서 복역 중 탈옥을 도모하다가 2년 가형加刑을 받았다. 이성우는 1928년 3월이 되어서야 출감하지만 고문 후유증이 도져 그 이듬해에 순국했다.

제1차 암살 파괴 계획의 실패는 의열단원 모두의 마음을 무겁게 짓눌렀다. 감옥에 갇혀 고문을 당하고 있는 단원들도 그랬고, 국내에 남아 또 다른 거사를 준비하고 있는 이종암도 그랬고, 중국 본부에 있는 김원봉과 서상락도 그랬다.

"비록 우리의 제1차 암살 파괴 계획은 실패로 끝났지만 3·1운동의 좌절 이후 절망에 빠져 있던 조선 민중들의 가슴에 새로운 희망과 기대를 불어넣었소. 이제 조선 민중들의 독립 열망을 더욱 뜨겁게 불붙이려면 성공 사례를 보여줘야 하오! 의열단이 건재하다는 사실을 크게 한번 과시해야 마땅하다는 것이지요."

김원봉이 그렇게 말하자 서상락도 같은 의사를 밝혔다.

"의백이 말이 천 번 만 번 맞소! 우리가 총독부, 동척, 경성일보를 한꺼번에 부수려 했으니 실패로 끝나기는 했어도 그 담대함에 조선 민중들이 감동한 것이지요. 하지만 앞으로는 할 수 있다는 것을 보여주는 게 중요하오. 선두에서 싸우는 독립지사들이 실패를 거듭하는 것을 보면 민중은 기대와 희망을 잃게 되기 쉽소."

권준이 말을 이었다.

"나도 그렇게 보오. 하나의 목표를 정해놓고 소수의 동지가 일심동체가 되어 치밀하게 준비를 한 다음 거사를 감행하는 것이 바람직하오. 그렇게 하면 성공 가능성이 훨씬 높아지니 말이오."

김원봉이 찬동을 했다.

"옳은 말이오. 1차 암살 파괴 계획 때는 거사를 너무 크게 잡았소. 조급했던 것이지요. 하루라도 빨리 조국독립을 앞당기려는 마음이 결국 그런 결과를 낳고 만 것입니다. 얼마 전(1921년 2월 16일) 양근환 지사가 일본 도쿄역호텔에서 친일파 거두 민원식을 처단한 거사는 그런 점에서 훌륭한 교훈을 준다고 하겠소."

일제는 1919년 3·1운동 이후 이른바 문화정치를 시행하였다. 독립을 희구하는 조선인들의 열기를 누그러뜨리려는 것이 목적이었다. 일제는 일간신문과 잡지의 발행을 허가하고, 집회·결사의 금지를 다소 완화하여 일부 임의단체의 설립도 허용했다. 식민지 통치 질서가 온전히 유지되는 범주 내에서 조선인들에게 일부 제한된 자유와 자치권을 주는 방식이었다. 그렇게 하면 '좋아라!' 환호하는 친일세력이 육성될 것이고, 조선인들은 민족분열을 일으킬 것이었다. 이때 일제의 지원을 받아 전국 조직을 갖추고 화동한 반민족 단체가 국민협회였고, 회장이 민원식이었다.

민원식은 애초 민씨도 아니었다. 평안도 출신의 나가羅哥였던 그는 민씨 집안이 유력 가문인 데 착안하여 자신의 성명을 민원식으로 개명했다. 그런 정도의 인물이었으니 처세술과 친일 매국행각으로 일본인들의 눈에 들기는 식은 죽 먹기였다.

"민원식 처단 거사의 교훈에 대해서는 본인이 한 말씀 올리리다."

영어는 물론 독일어, 일본어 등 외국어에 능통해 의열단 최고의 국제통으로 인정되는 서상락이 나섰다. 아마도 근래에 일본 신문을 탐독한 적이 있는 모양이다.

"민원식이 일본에 와서 도쿄역호텔 14호실에 투숙한다는 사실을 알게 된 유학생 양근환 지사는 혼자서 그 자를 찾아갑니다. 그것에 한낮에 말입니다. 자신을 '유학생동우회 회장 이기령'이라고 비서에게 거짓 소개한 후, 유학생동우회에서 '민원식 환영회'를 열고 싶어 초청차 방문했노라 감언이설을 펼칩니다. 드디어 민원식과 방 안에 단 둘이 남게 되자 양 지사는 적당한 기회를 노려 민원식의 배를 비수로 찌릅니다. 만난 지 20분 만에 민원식은 숨이 끊어집니다. 체포된 양

지사는 사형 구형에 무기징역 선고를 받지만 철저하게 단독 거사인 까닭에 동지들 중에서는 피해자가 발생하지 않습니다. 우리도 앞으로 이처럼 최소 인원을 투여하여 최대 성과를 거두는 경제적 투쟁 방식을 채택하도록 하십시다."

모두들 고개를 끄덕인다. 김상윤이 사례를 덧붙인다.

"두 달 전에(1920년 7월) 임시정부가 미국 의원단의 방한을 맞아 서울, 평양, 신의주에서 투탄 거사를 일으켰을 때에도 13명의 실행 단원을 3개조로 나누어서 세 도시로 보냈습니다. 어떤 때는 규모가 크면 좋지만 다른 어떤 때는 시간과 경비가 절감되고 위험성이 줄어드는 소수 정예가 바람직할 겁니다."

잠시 후 다시 김원봉이 말했다.

"제1차 암살 파괴 계획 때 동지들이 부산과 밀양에서 많이 피체되었소. 그래서 생각해본 것인데…… 복수를 위해 부산과 밀양에서 거사를 일으켜 의열단의 건재를 과시하는 게 어떻겠소?"

그 말을 듣고 서상락이,

"좋은 생각이오. 아까 말한 바와 같이 소수 인원을 각 경찰서별로 나누어서 거사를 추진합시다. 시간이 너무 흐르면 '이제 의열 투쟁은 끝났나 보다' 하고 여기게 되니 올해 내로 투탄하는 게 좋겠소."

하였다. 그 결과 부산경찰서는 박재혁, 밀양경찰서는 최시봉 단원이 맡아서 폭탄을 투척하기로 결정되었다.

그리하여 이윽고 1920년 9월 14일 박재혁 지사가 부산경찰서장 하시모토橋本秀平를 폭탄으로 죽였다.

같은 해 12월 27일에는 최수봉 지사가 밀양 경찰서에 폭탄을 던졌다. 경찰서장 와다나베 스에지로渡邊末次郎 등을 죽이지는 못했지만 3개월에 걸쳐 잇달아 부산경찰서와 밀양경찰서가 의열단의 공격을 당한 일은 세상을 떠들썩하게 만들었다.

부산과 밀양 경찰서 투탄 의거 이후 의열단 본부에서는 조선총독부를 쳐서 왜적과 전면전을 벌이자는 논의가 무르익어갔다. 김익상이 나섰다.

"제1차 암살 파괴 계획 때 가장 많은 동지들을 체포한 부산 경찰서와 밀양 경찰서에 대해 보복을 했으니, 이제는 왜적의 심장을 겨누어야 하오. 왜적은 의열단이 경찰서만 줄곧 노릴 것으로 보고 향후 한참 동안 전국의 경찰서를 지키는 데 주력할 것이오. 우리가 총독부를 습격하리라고는 전혀 예상하지 못할 게요."

이윽고 1921년 9월 10일, 김익상이 북경을 떠나는 날이 왔다. 김원봉 이하 의열단 단원들이 모두 역까지 전송을 나왔다. 누군가가 김익상에게 농 삼아 작별 인사를 했다.

"장사일거혜壯士一去兮 불복환不復還이라 했으니 언제 또 만날 건가?"

장사가 한번 길을 떠나면 다시 돌아올 수 없다는 옛말이었다. 그 말을 들으며 심장이 덜컥 내려앉은 사람은 김익상이 아니라 김원봉이었다. 박재혁 동지가 순국했고, 최수봉 동지도 순국했다. 황상규, 곽재기, 이성우, 김병환, 신철휴, 윤치형, 배중세, 김기득, 윤세주 등 많은 동지들이 일제의 감옥에 갇혀 고문을 당하면서 고초를 겪고 있다. 김익상도 이번에 가면 돌아오지 못할 것인가!

정작 김익상은 껄껄 웃으면서 호언장담을 하였다.

"그게 무슨 소리요? 내가 한 주간 내로 총독부를 폭파하고 돌아올 테니 술상이나 거하게 잘 차려주시오."

모두들 웃었지만 마음은 못내 심란하였다. 거사가 성공할 것인가, 김익상 동지는 무사할 수 있을 것인가 …….

1921년 9월 12일 아침, 김익상은 전기 공사에 쓰는 기구들을 가득 넣은 가방을 둘러매고 왜성대에 있는 총독부를 향해 걸었다.

'이제 내 생애도 오늘로 끝이 나는 겐가 …….'

김익상은 문득 슬퍼지고, 불안해지고, 흔들리고, 어쩐지 망설여져서 총독부 정문이 바라보이는 곳에 잠시 멈춰 서서 숨을 골랐다. 한참 심호흡을 하고 나니 마음이 적이 편안해지는 듯하여 다시 발걸음을 재촉했다. 총독부 정문에 다다르니 보초를 서고 있던 헌병이 눈을 부라린다.

"누구냐?"

김익상이 곧장 배답한다.

"전기 공사하러 온 수리공이오."

다시 헌병이 추궁하듯 되묻는다.

"아까 저 앞에선 뭘 하고 있었나?"

김익상이 잽싸게 대꾸한다.

"아, 총독부에 들어가려면 복장을 단정히 하고 마음가짐도 반듯하게 해야지 않겠습니까? 그래서 옷매무새 살피고, 마음도 좀 가다듬었지요."

헌병이 피식 웃으면서 전기 수리용 가방을 한번 쳐다보더니 들어가라는 손짓을 보낸다.

김익상은 건물 2층으로 올라가 비서과 문을 열고 폭탄 하나를 집어던졌다. 그리고 옆방으로 신속히 이동했다. 그런데 폭발음이 들리지 않는다. 이런 낭패가! 불발탄인가? 어쩔 수 없다. 이것은 제대로 터져야 할 텐데……

김익상은 회계과 문을 열고 두 번째 폭탄을 던졌다. 순간, '콰콰쾅!' 하는 엄청난 폭음이 총독부 건물을 뒤흔들었다. 일본인 직원들의 비명소리, 유리창이 산산조각으로 부서지는 소리, 천정이 내려앉는 소리, 사무 집기들이 날아가는 소리…… 폭탄 터지는 굉음에 얹혀 온갖 소리들이 난무하니 총독부는 그대로 아수라장이 되었다. 회계과 바닥이 15cm나 파였고, 파편들은 온 사방으로 튀어 총독부 직원들을 모조리 바닥에 엎드리게 만들었다.

한참 후, 각 방에서 있던 직원들이 폭탄 소리가 멈추자 슬금슬금 기어 나왔다. 더러는 허리를 굽힌 채 사방을 두리번거리며 나오기도 하였다. 아래층에서 있던 헌병과 순사들은 황급히 2층으로 달려들었다. 김익상은 계단을 내려가며 그들을 향해 소리쳤다.

"아부나이(위험해요)! 아부나이! 앙앗쨔 이깡(올라가지 마우)!"

김익상이 손을 좌우로 흔들어대자 일인 헌병과 순사들이 흠칫 몸을 움츠렸다. 그들이 순간적으로 벽 쪽에 몸을 반쯤 숨기자 가운데에 길이 트였다. 김익상은 헌병과 순사들 사이를 줄곧 '아부나이! 아부나이!' 하고 소리를 내지르면서 유유히 걸어 총독부를 빠져나왔다.

김익상은 신의주로 가는 기차 안에서도 총독부 폭탄 투척 호외를 보며 '칙쇼! 후떼이 센징가 마다 곤나 고도오 앗따나(빌어먹을 불령선인이 또 이런 짓을 했구나)!' 하고 소리를 질러 일경과 밀정들의 눈을 속였다. 9월 17일 의열단 본부로 복귀한 김익상이 큰소리를 쳤다.

"내가 이곳을 떠나 서울로 가면서 '한 주간 내로 총독부를 폭파하고 돌아올 테니 술상이나 거하게 잘 차려주시오.' 했었는데, 술상은 어디에 있습니까?"

의열단 본부는 연회를 열어 그의 공로를 치하했다. 환영사에서 김원봉은,

"김익상 동지가 임무를 성공리에 수행함으로써 일제가 3·1운동 이후 소위 문화통치를 펼쳐 식민 체제가 안정되어 가고 있으며, 식민 지배에 대한 한국인들의 반감이 크게 수그러졌다는 선전이 허위라는 사실이 만천하에 드러났소. 심장부가 처참하게 뚫렸으니 일제가 더 이상 무슨 논리로 세계만방과 조선 민중들을 기만하려 들 수 있겠소!"

하면서 김익상의 총독부 투탄이 가지는 의의를 되새긴 후, 커다랗게 차린 술상을 김익상 앞에 내려놓으며 즐거운 표정으로 말했다.

"앞으로 우리 의열단 단원들은 장사일거혜壯士一去兮 필복환必復還이오! 장사일거혜 불복환不復還은 이제 의열단에 없는 말이오!"

단원들이 일제히 '맞소! 정말 그렇소!' 하며 맞장구를 치고 크게 웃는다. 술자리는 심야까지 이어졌다. 환한 달빛으로 가득 찬 창밖 뜰이 대낮처럼 밝았다.

의열단은 김익상의 총독부 투탄 후 몇 달 지난 1922년 3월 28일에도 상해에서 거사를 펼쳤다. 이 날 김익상, 오성륜, 이종암 세 사람은 상해 황포탄黃浦灘 세관 부두 앞에 서 있었다.

일본군 육군대장 다나카 기이치田中義一가 상해를 방문한다는 소식을 듣고 의열단 단원들이 모두 흥분에 젖어 몸을 떤 것은 지난 1월이었다. 그날 이후, 경남 창원에서 3·1만세 시위를 주도한 후 중국으로 망명하여 독립운동에 투신한 조선국권회복단 출신 변상태卞相泰가 의연한 3,000원으로 무기를 장만한 단원들은 하루라도 빨리 다나카가 나타나기만 기다렸다.

다나카는 일본이 추진하는 침략 전쟁의 최고 앞잡이였다. 일본의 1920년대 중국 침략 정책을 입안한 자로서, 1920년 10월 간도에서 이른바 '간도 불령선인 초토화 작전'을 자행하여 엄청난 수의 조선 사람들을 학살한 자였다. 그 자가 3월 28일에 상해로 온다는 것이다.

"제 발로 상해에 들어온 다나카를 처단하지 못해서야 조선 민중의 기대를 한 몸에 받고 있는 의열단의 명예에 누가 될 거요. 내가 앞장서서 다나카를 반드시 없애고 말겠소."

김익상이 먼저 이렇게 말하자 오성륜이 두 눈을 부릅뜨고 김익상을 바라보았다.

"무슨 소리! 김 동지는 총독부 투탄 거사를 성공시켜 이미 큰 업적을 쌓지 않았소? 어찌 혼자서 거사를 도맡으려 하는 게요? 나는 압록강 대교를 폭파하려다 실패해 가슴에 울분이 쌓이고 한이 서린 사람이오. 이번에는 내가 나서서 기필코 대사를 성공시켜야겠소."

여차하다가는 싸움이라도 벌어질 분위기였다. 거기에 이종암까지

가세를 하였다.

"두 동지는 모두 양보를 하시오. 나는 그 동안 국내에 머무르면서 많은 동지 단원들과 힘을 합쳐 부산 경찰서 투탄과 밀양 경찰서 투탄 등 여러 항일 투쟁을 벌였소. 하지만 박재혁 동지와 최수봉 동지의 원수를 아직 갚지 못했소. 내가 이번 일을 맡아 거사를 성공시켜야 저 세상에 갔을 때 두 동지를 볼 면목이 설 거요."

옥신각신 끝에 1선 사수 오성륜, 2선 사수 김익상, 3선 사수 이종암으로 결정이 났다. 오성륜은 다나카가 배에서 내릴 때, 김익상은 다나카가 자동차로 옮겨가는 중에, 이종암은 다나카가 자동차에 오를 때에 저격하기로 했다.

하지만 3월 28일 거사는 성공을 거두지 못했다. 오성륜은 다나카의 가슴을 정조준해서 방아쇠를 당겼지만, 총성에 놀란 서양 여인이 앞으로 나서면서 다나카를 잡아당겨 오히려 그녀가 죽고 말았다. 김익상이 달아나는 다나카를 부리나케 권총을 연발했다. 그러나 김익상이 쏜 두 발의 탄환은 다나카의 모자만 꿰뚫고 지나갔다. 김익상은 황급히 폭탄을 꺼내어 다나카의 자동차를 향해 힘껏 던졌다. 폭탄도 불발되고 말았다.

3선 사수 이종암은 마구 군중을 헤치면서 나아가 다나카가 탄 차를 향해 폭탄을 투척했다. 이미 차는 출발을 한 뒤였고, 폭탄은 차량 꽁무니 뒤에 떨어졌다. 그나마 불발이었다. 오성륜과 김익상은 체포되었고, 간신히 몸을 빼쳐 피신한 사람은 이종암 혼자뿐이었다.

1923년 1월 12월, 서울 종로 경찰서에 폭탄이 투척되었다. 닷새 뒤인 17일에는 서울 시내에서 김상옥 의열단원과 일제 경찰 사이에 대대적인 시가전이 벌어졌다. 김상옥 혼자 수백 명 일제 경찰과 벌인 엄청난 총격전이었다.

김상옥은 1922년 12월 1일 김구, 이동휘, 신익희, 조소앙 등 임시정부 요인들과 작별하면서 이렇게 인사를 했다.

"나의 생사는 이번 거사에 달렸소. 만약 실패하면 다음 세상에서 만납시다. 나는 자결을 하여 뜻을 지킬지언정 적의 포로가 되지는 않을 것이오."

밀정들은 김상옥의 국내 잠입 사실을 상해 주재 일본 경찰청에 보고했다. 상해 일경은 즉시 그 사실을 조선총독부에 알렸다. 의열단원들의 총독부 접근은 아주 불가능해지고 말았다.

김상옥은 종로 경찰서로 방향을 바꾸었다. 1923년 1월 12일 밤 8시 10분, 김상옥은 종로 경찰서에 폭탄을 투척했다. 동일당 간판점 모퉁이에서 종로 경찰서 서쪽 창문을 향해 폭탄 한 개를 힘껏 던졌다. 유리창을 깨고 경찰서 건물 안으로 들어간 폭탄은 '콰쾅!' 소리를 내며 폭발했다. 일제 경찰, 매일신보 사원, 남자 행인 7명, 여자 행인 1명이 파편에 맞아 다쳤다. 일제로 보아서는 일선 통치의 상징 기관인 종로 경찰서가 피습을 당했으니 체면이 구겨진 꼴이었지만, 우리나라 사람들에게는 속이 시원한 거사였다.

그 후 김상옥은 고봉근의 집에 은신해 있으면서 총독부와 사이토 총독 공격을 준비했다. 종로 경찰서 투탄 닷새 뒤인 1월 17일 새벽 5시, 종로 경찰서 우메다梅田 경부 등 20여 명의 일제 경찰이 몰려와 사방을 포위했다. 김상옥은 혼자 그들과 총격전을 벌여 다무라田村 형사부장 등을 살상하는 전과를 올리고 남산 쪽으로 탈출, 그 이후 효제동 이혜수 집에 은신했다.

1월 22일 새벽 5시 30분경, 경기도 경찰부장 우마노馬野 등 수백명의 일본 경찰이 다시 은신처를 포위해 왔다. 김상옥은 또 홀로 접전을 벌여 서대문 경찰서 경부 구리다栗田 등 16명을 사살했다.

마침내 총탄이 한 발밖에 남지 않았다.

김상옥은 최후의 총탄으로 스스로 목숨을 끊었다.

'나의 생사는 이번 거사에 달렸소. 만약 실패하면 다음 세상에서

만납시다. 나는 자결을 하여 뜻을 지킬지언정 적의 포로가 되지는 않을 것이오.'

지사의 유언은 압록강을 넘어 중국으로 훨훨 날아갔다.

김상옥이 자진 순국하고 20일가량 지난 2월 11일, 경기도 경찰부 경부(현 경감) 황옥黃鈺이 의열단에 가입했다.

황옥이 의열단과 첫 인연을 맺은 때는 1920년 9월이었다. 의열단의 제1차 암살 파괴 계획이 실패로 끝났을 때 대구 경찰서에 잡혀 있던 김시현을 서울로 압송한 경관이 바로 황옥이었다. 황옥은 이듬해인 1921년 4월 18일에는 광복회 재건 활동을 펼치고 있던 우재룡을 군산에서 체포하여 서울로 압송했다. 그만큼 황옥은 조선인이면서도 36세에 불과한 나이에 경부까지 승진했을 정도로 일제의 신임을 받아온 인물이었다.

황옥은 1922년 1월 21일 이래 열사흘 동안 모스크바에서 극동極東인민人民대표대회, 즉 코민테른 국제대회가 열렸을 때 김시현에게 여비 50원을 제공했다. 그해 12월에도 황옥은 둘 사이의 인연을 끈끈하게 이어주는 일을 만들었다. 김시현·유석현·김지섭·윤병구 등이 총독부 판사 백윤화白允和에게 독립운동 자금을 요구한 혐의로 지명수배되어 있는 중에 황옥은 경찰 상부에 기묘한 신청서를 제출했다.

"종로 경찰서 투탄 사건을 조사하기 위해 중국 출장을 가려면 정보원이 있어야 합니다. 김시현과 유석현을 포섭해서 활용할까 합니다. 허락해 주시기 바랍니다."

그 신청이 받아들여진 결과 김시현과 유석현은 황옥과 함께 중국으로 들어갔다. 황옥은 두 사람과 나란히 김원봉을 만났다. 황옥은 그 자리에서 의열단에 가입했다.

그 무렵 의열단은 제2차 암살 파괴 계획을 추진하고 있었다. 5월경 장건상이 거사 계획을 발안하고, 김원봉과 함께 총지휘를 맡았다.

고려공산당 당원이면서 의열단 단원인 김시현이 행동대장 역을 맡았고, 고려공산당 서울지부 서기이자 조선일보 안동현 지국장인 홍종우가 연락 중계 및 폭탄 반입 요원을 맡았다. 권총 5정, 마자알·현계옥·이동화 등이 제조한 폭탄 36개, 전단〈조선총독부 관공리에게〉3,000매,〈조선혁명선언〉등을 국내로 반입하는 것이 현안 과제였다. 김원봉이 말했다.

"상해에서 안동현까지는 1차 암살 파괴 계획 때처럼 쇼오가 여객선을 이용해 실어주기로 하였소."

모두들 고개를 끄덕이는데, 현계옥의 밝은 목소리가 들려왔다.

"나한테 좋은 계책이 있어요."

다들 현계옥을 바라보았다. 그녀는 유일한 여성 의열단원이다. 현계옥은 의열단에 폭탄 제조법을 가르치고 있는 마자알을 활용하자고 제안했다.

"마자알이 가진 치외법권을 활용하면 충분히 검찰대를 통과할 수 있을 거예요."

현계옥의 계책은 천진 역을 통과할 때 절묘하게 적중했다. 호화롭게 차려입은 서양 청년 마자알과 미모의 젊은 여성 현계옥은 흡사 부부 유람객인 양 팔짱을 낀 채 발을 맞추어 천천히 걸었다. 남자들은 폭탄으로 가득 채워진 트렁크를 들고 그 뒤를 따랐다. 누가 봐도 상류층 서양 귀족의 부부 나들이로 보이는 행렬이었다.

그런데 중국 관원들은 마자알이 지나가고 나자 나머지 일행들을 제지했다.

"잠깐! 트렁크를 열어 보시오."

마자알이 몸을 휙 돌리면서 큰 소리로 관원들을 꾸짖었다.

"무슨 소리를 하는 것이오? 모두 나의 일행들이오. 짐도 당연히 전부 내 것이고! 이곳에는 법도 없소?"

마자알이 남자들에게 서둘러 통과하라고 손짓을 했다. 중국 관원들은 더 이상 마자알을 막지 못했다. 현계옥의 계책이 기가 막히게 적중하는 찰나였다. 중국 관원들이 외국인(서양인)에 대하여 치외법권의 약점을 가졌기 때문에 얻게 된 성과였다.

이제 일행은 쇼오를 방문하여 선박 편으로 옮겨져 온 폭탄 상자들을 찾았다. 이제 무기들을 압록강 너머로 옮기는 마지막 과제가 남았다. 이때 큰 도움을 준 사람이 나혜석과 황옥이었다.

3·1운동에 적극 참여했다가 5개월 옥고를 치른 여류화가 나혜석은 당시 안동현에 거주하면서 여자 야학을 열어 조선인 학생들을 대상으로 교육 운동을 하고 있었다. 그녀의 남편 김우영은 일본 외무성의 발령을 받아 안동현 부영사로 재직 중이었다. 두 사람은 동경 유학생으로 만나 연애 끝에 결혼을 하였는데, 1921년 10월 26일부터 안동현에 와서 살고 있었다. 남편의 은밀한 후원을 받은 나혜석은 의열단의 폭탄 수송에 큰 도움을 주었다.

"이것들을 소지하고 계세요. 국경을 넘을 때 유용할 거예요."

나혜석은 일행 한 사람 한 사람에게 무슨 명찰 같은 것을 나누어 주었다. 의열단 일행이 국경의 검문을 통과하는 데에 아주 쓸모가 있는 여행증이었다. 그녀는 황옥에게 봉투도 주었다.

"얼마 안 되지만 여비에 보태 쓰세요."

황옥은 의도적으로 조선일보 안동지국을 개설하고 지국장으로 의열단원 홍종우를 앉혀 두었었다. 홍종우는,

"지국 문을 연 지 다섯 달이 지나 운영이 안정되었으므로 늦었지만 지금이라도 개설 축하연을 개최해야 예의범절을 지키는 것이 아니겠습니까?"

하고 너스레를 떨면서 김우영, 신의주 경찰서 최두천 경부, 영사관 경비 경찰들 등 10여 명을 초청하였다. 연회에는 김시현 등 의열단원 10여 명과 신의주 기생 10여 명도 동석했다. 밤이 늦도록 마시고 노는 중에 황옥이 호기롭게 외쳤다.

"2차는 본인이 신의주에 가서 크게 한 턱을 쓰겠소!"

모두들 환호성을 지르면서 황옥의 제안에 반색을 표했다. 황옥이 거듭 강조했다.

"본인이 마련하는 자리인즉 한 분도 빠짐없이 신의주로 동행해주시기를 바라오. 불참하시는 분이 계시면 크게 섭섭할 것입니다."

최두천이 맞장구를 쳤다.

"경성에서 중국 본토까지 출장을 오신 황옥 경부가 마련하는 자리인 만큼 여부가 있겠습니까? 모두들 다 참석하실 겝니다. 여러분! 저의 말에 틀린 점이 있습니까?"

황옥이 인력거를 불러 김우영과 최두천을 앞에 태운 뒤 출발을 명했다. 인력거 아래에는 폭탄과 권총을 넣은 트렁크들이 실렸는데, 나혜석은 거기에 '단동 영사관'이라고 쓴 종이쪽지를 붙여주었다.

하지만 잘 진행되고 있는 듯 여겨지던 제2차 암살 파괴 계획은 며칠이 지나지 않아 일거에 붕괴되고 말았다. 3월 10일경 고성능 폭탄들은 서울까지 배달되었지만, 거사 관련자들은 3월 13일부터 체포되기 시작하여 17일 유석현, 19일 황옥, 30일 김시현 등 모두 18명이 일제 경찰에 붙잡혔다. 김원봉은 뒷날 '같은 동지라 믿었던 자 가운데 왜적의 밀정이 끼어 있었을 줄을 몰랐다.'[10]라고 회고했다. 반면 류자명은 '계획이 실패하게 된 원인이 일본 외교관인 김우영 부부와 일제 고급 특무경찰인 황옥이 참가했기 때문이라고 들었다.'[11]라고 상반되게 언급했다. 제2차 암살 파괴 계획은 12명의 피체자들을 남긴 채 끝나고 말았다.

김시현, 42세, 징역 12년, 경북 안동군 풍북면 현애리

---

10) 김원봉 구술·박태원 기록, 《약산과 의열단》(깊은샘, 2015년 개정판), 175쪽.

11) 박걸순, 《류자명》(역사공간, 2017), 84쪽.

황 옥, 38세, 징역 12년, 경성부 삼각정 42
유석현, 24세, 징역 10년, 충북 충주군 충주면 교현리
홍종우, 31세, 징역 8년, 함남 원산부 북촌동 25
박기홍, 22세, 징역 7년, 경북 달성군 하서면 신동
백영무, 31세, 징역 6년, 평북 신의주 매기정 18
조 황, 42세, 징역 5년, 충남 논산군 부적면 감속리
남영득, 27세, 징역 5년, 경기부 봉익동 88
류시태, 33세, 징역 5년, 경북 안동군 풍남면 하서리
류병하, 27세, 징역 3년, 경북 안동군 풍남면 아서리
조동근, 28세, 징역 3년, 평북 용산군 양평면 길창동
이경희, 44세, 징역 1년6개월, 경북 달성군 용북면 사변리

　일제의 체포를 피한 김지섭은 그로부터 약 9개월 뒤인 1924년 1월 5일 동경에 도착했다. 일본 국왕이 사는 궁성과 일본 제국주의 국회를 파괴하겠다는 야심찬 거사였다. 김지섭은 최윤동이 3년 전에 제조한 폭탄 3개를 가지고 있었다.
　12월 31일, 후쿠오카福岡의 야와다八幡제철소 옆 해안에 도착한 김지섭은 동경행 열차표를 끊었다. 그런데 이게 무슨 일인가! 신문을 보니 지금은 제국의회가 문을 닫은 상태이고, 언제 개회를 할지 예정도 잡혀 있지 않다는 기사가 실려 있었다. 청천벽력과 같은 사태 앞에서 김지섭은 망연자실하고 말았다.
　'제국의회와 일본 궁성에 폭탄을 투척하려고 먼 길을 왔는데, 이를 어쩌면 좋단 말인가…?'
　곰곰 생각해 보았지만 달리 선택의 여지도 없었다. 남은 것은 왕궁뿐이다.
　'일본 왕궁은 일본인들이 성역시하는 곳이자, 일제의 심장부에 해당하는 곳이다. 그곳에 폭탄을 던지는 것은 큰 의미가 있는 일이지!'

1월 5일 저녁 7시경, 김지섭은 궁성 앞의 니주바시 사쿠라다몬二重橋櫻田門으로 갔다. 그는 폭탄 셋을 차례로 궁성을 향해 던졌다. 그러나 모두 불발되고 말았다.

김지섭은 무기징역을 선고받고 감옥에 갇혔다. 그는 혹독한 고문을 당해 허리와 옆구리며 가슴이 몹시 아파서 잘 거동을 못할뿐더러 20~30분 동안 바로 앉거나 서지를 못하는 지경이 되었다. 상해에서 발간된 《독립신문》 1924년 1월 19일자는 〈적 궁성에 의열 폭탄, 신년 새해 첫 소리, 딸각이들(일본인들) 가슴 놀래〉라는 제목으로 김지섭의 의거를 대서특필했다. 의열단도 니주바시 투탄 의거 직후 거사의 이유와 김지섭을 소개하는 선전문을 제작하여 각지에 배포했다.

투탄 장소가 왕궁인 만큼 일본 정부도 아연실색했다. 일본인들이 신성시하던 일본 왕궁은 더 이상 신성한 곳이 되지 못했고, 이 이후 일왕은 신성한 존재로 남지 못했다. 이제 일왕은 일제의 한국 침략과 식민지 지배의 원흉이자 주범으로서 처단 대상이라는 점이 분명히 부각되었다. '성상 폐하聖上陛下'로 불리고, '현인신現人神'으로까지 존중되던 일왕의 권위는 완전히 땅바닥에 내팽개쳐졌다.

"무죄로 석방하든지, 아니면 사형을 시켜라."

재판 내내 그렇게 외친 김지섭은 복역 중 20년으로 감형되지만, 끝내 옥중에서 의문의 죽음을 맞았다. 1928년 2월 20일이었다.

1925년 들면서 의열단 지도부는 암살과 거사가 대중 일반을 각성시켜 일제 봉기의 격발제로 작용할 가능성이 거의 없다는 결론에 이르렀다. 비록 시간이 걸릴지라도 농민·노동자·청년 대중을 조직하고 체계적으로 의식화해야 실질적 효과를 거둘 수 있다고 보았고, 그 결과 의열단은 '군대를 거느린 정당'으로 정체성이 바뀌었다.

북경의 군벌을 타도하기 위한 북벌을 준비 중이던 국민당 정부가 의열단에 황포군관학교(공식 이름은 중국中國국민당國民黨육陸군軍군관학교軍官學校) 입학을 제안해오자 김원봉은 학생으로 그곳에 입교하기로 결심했다. 김원봉은 의열단 단원들이 두루 모인 자리에서 자신의 생각을 밝혔다.

"우리는 7년 동안 폭력, 암살, 파괴, 폭동으로 독립을 이루려 하였소. 하지만 역시 그러한 수단과 방법으로는 결코 독립을 이룰 수가 없다는 것을 알게 되었소. 그렇게 해서는 도저히 혁명이 이루어지지 않는다는 말이지요.

물론 당초에도 암살과 파괴 정도로 쉽사리 저 역강한 일본을 구축하고 조국의 광복을 달성할 수 있을 것이라 믿지는 않았소. 우리가 왕성한 비타협적 투지를 발현하면 일반민중이 크게 계발되고 각오를 얻게 되어 이윽고 혁명이 이루어지리라 여겼소.

그러나 7년 동안 쉬지 않고 폭력을 행사했지만 민중을 각오시키지 못했소. 민중을 각오시키는 것은 오직 탁월한 지도이론이오. 교육과 선전뿐이오. 다른 길은 없소.

혁명은 제도를 변혁하는 일이오. 몇몇 요인을 암살하고 몇 개 기관을 파괴한다고 해서 결코 제도를 변혁할 수 없소. 제도를 수호하는 것은 군대와 경찰이지요. 우리가 일제 군대와 경찰의 무장을 해제할 수 있어야 비로소 혁명은 달성되는 것이오.

전 민중이 각오를 하고 단결을 하고 조직되어야 하오. 전 민중의 일대 무장투쟁이 아니고는 강도 일본을 구축할 도리가 없소. 그렇다면 급선무가 무엇인가? 나 자신부터, 민중을 무장시키기 이전에 나 자신부터 무장을 해야 한다는 것이오."

김상윤이 강력히 반대하고 나섰다. 그는 처음에는 약산이 본정신에서 하는 말이 아니라고 생각했다. 그런데 뜻밖에도 김원봉의 생각은 완고했다. 김상윤은 김원봉의 뜻을 굽힐 수 없다는 사실을 절감했다. 그는 김원봉에게 군관학교에 들어가더라도 업을 필하는(학교를 마치는) 대로 다시 의열단 사업을 계속하자고 빌었다. 하지만 군관학교를 나온 김원봉은 중국 국민당 군대와 보조를 맞추어 북벌에 참전해버렸다. 김상윤은 의열단도 이제는 더 볼 것이 없다고 비관한 나머지 복건성 천주의 설봉사로 들어가 머리를 깎아버렸다. 그는 이듬해 참선 중에 입적하였다. 불과 서른밖에 안 된 나이였으니 화병火病이었다.

류자명도 생각이 달랐다. 그는 중앙집권적인 정치 군사 조직이 필요하다고 본 다른 간부들과 달리 의열 투쟁 노선을 고집했다. 류자명은 의열단 본부 차원의 논의를 거치지 않고 이회영·김창숙 등과 협의한 후 1925년 3월 30일 다물단과 협조하여 밀정 김달하를 처단하였다. 이때 북경 안정문 안 차련호동 서구내로 북문패 23호의 김달하 집을 찾아가 그 자를 교살한 의열단원은 이종희李鍾熙와 이기환李箕煥이었다.

이종암도 의열단의 노선 전환에 반대했다. 그는 사회주의 운동자들이 의열단의 암살·파괴 노선을 실효성이 없다며 비난하자 1925년 동경에서 폭탄 거사를 결행하여 의열 투쟁의 일대 전기를 만듦으로써 그런 비판을 종식시키겠다고 결심하였다. 김원봉과 많은 단원들이 황포군관학교가 있는 광동으로 이사 갈 준비를 하는 동안, 이종암은 동경 폭탄 거사를 실행하는 데 필요한 군자금을 국내에서 모금할 계획을 수립했다. 그는 1만 원의 자금만 마련되면 혼자 동경으로 가서 폭탄 거사를 감행할 생각이었다. 동경 거사에 필요한 자금을 모으려다 체포된 동지들에 대한 미안한 심정도 작용을 했다.

1918년 2월 압록강을 건너 망명한 이래 여섯 번째로 국내로 들어온 이종암은 폭탄 2개, 권총 1정, 탄환 50발, 〈조선 혁명 선언〉 100장을 품에 숨긴 채 밀양 내일동으로 갔다. 그는 미곡상점 맞은편 골목에 몸을 숨긴 채 줄곧 주위를 살폈다. 점포 안에 손님이 없고, 길에도 행인이 없을 때를 기다리는 것이다. 1925년 7월 11일이었다.

한참 기다리니 이윽고 호기가 왔다. 이종암은 날렵하게 몸을 날려 가게 문을 드르륵 열었다. 손님이 왔나 싶어 고개를 들던 김병환이 달려와 그를 껴안는다.

"이게 누구신가! 부단장 동지 아니오?"

웃음꽃이 활짝 피어나니 김병환의 얼굴은 문득 화사한 봄날 진달래가 만발한 마을 뒷산처럼 따스한 기운으로 가득해진다.

김병환이 은밀히 사람을 시켜 밀양에 있는 고인덕과 한봉인, 마산의 배중세, 고령의 신철휴, 진주의 이동현 등 여러 의열단원들을 모았다. 한봉인을 제외한 다른 사람들은 모두가 제1차 암살 파괴 사업 때 일제에 붙잡혀 옥고를 치른 인물들이었다. 황상규와 윤세주는 여전히 감옥에 갇혀 있어 만날 수가 없다. 동지들과 반갑게 인사를 나누고 나서 이종암이,

"다들 아시다시피 김지섭 동지가 일본 왕궁에 투탄을 하는 엄청난 거사를 실행하였소. 비록 폭탄은 터지지 않았지만 추강이 살신성인의 자세로 보여주고자 했던 민족독립과 반침략 평화주의의 메시지는 일제와 세계 인류에게 뜨겁게 던져졌소. 다만 폭탄이 확실하게 터졌더라면 얼마나 좋았을까 하는 아쉬움이 남는 것은 사실이오. 일이 그렇게 된 것은 자금이 없어서 무기를 제대로 갖추지 못했기 때문이오. 그래서 몇 달 전에 여러 단원들이 동경 공격 자금을 모으기 위해 활동하다가 안타깝게도 일제에 대거 구속되고 말았소. 내가 아픈 몸을 이끌고 이렇게 단신으로 국내에 들어온 것은 나 혼자라도 동경을 부수고자 함이라오. 1만 원만 모이면 나는 단독으로 동경에 가겠소."

하며 사정 설명 겸 의지를 표명하였다. 모두들 심각한 표정으로 귀를 기울이고 있는 중에 배중세가 놀라운 발언을 하였다.

"1만 원만 있으면 혼자서라도 동경을 공격하겠다고 자임하시니… 감히 부단장에게 적의 심장부로 찾아가 목숨을 버리시라고 재촉하는 것만 같아 차마 입에 담기가 난감하오만, 내가 그 경비를 부담할까 하오. 새로운 방식으로 말이오."

아무도 예상하지 못한 뜻밖의 제안이었다. 다들 놀란 기색을 감추

지 못하는 채 그를 쳐다보기만 하는데, 다만 이종암이 차분한 음성으로 배중세에게 물었다.

"배 동지가 혼자서 1만 원을 의연하시겠다니 어떤 특별한 방도가 있다는 건가요?"

"나한테 그 정도의 군자금을 마련할 만한 수리 사업권이 있소. 우리 의열단원 중 재산이 좀 있는 동지에게 그것을 양도하겠다고 하면 애써 일반 부호를 찾아갈 위험은 감수하지 않아도 될 것이오."

배중세는 부산에 거주하는 의열단원 김재수에게 대구 달성군 달서면에 공사 중이던 수리 사업권을 넘기고 5,000원의 군자금을 조달했다. 김재수는 1차 암살 파괴 거사 때 일제에 구속되어 1년 징역에 집행유예 2년을 선고받은 동지였다.

또 배중세는 경남 하동군 하동면 박종원으로부터 포항에서 어장을 경영하는 데 투자하는 형식으로 5,000원을 받기로 하고 그 날짜를 10월 15일로 정했다. 그 후, 이종암은 각기병 요양을 겸해서 이리 저리로 은신해 다니면서 그 날을 기다렸다.

이종암은 달성군 달성면 노곡동의 동지 이기양의 산장에서 요양하면서 약속된 자금이 오기를 기다리던 중, 11월 5일 경북 경찰부 고등과장 나리토미成富文五가 이끄는 순사들의 습격을 받아 체포되었다. 이때 무기와 혁명 선언서를 모두 압수당했다. 약속한 날 그 돈만 입수되었더라면 무사히 동경으로 갔을 터인데, 박종원에게서 5,000원이 늦어지면서 대사를 그르치게 된 것이었다. 국내로 잠입한 4개월 만의 일이었다.

이때 일제에 피체된 단원은 모두 12명이었다. 이종암, 배중세, 고인덕, 한봉인, 김재수, 김병환, 이병태, 이병호, 이기양, 신철휴, 이주현, 한일근은 모두 경북 경찰부로 끌려갔다. 조사 과정에서 증거불충분으로 판명된 신철휴, 이주현, 한일근은 석방되었지만, 나머지 9명은 1년 동안 옥에 갇힌 채 온갖 악랄한 고문을 당했다.

1926년 12월 28일, 대구지방법원은 이종암에게 징역 13년, 배중세에게 징역 1년, 한봉인에게 징역 8개월에 집행유예 2년을 선고했다. 이른바 '경북 의열단 사건', 일명 '이종암 사건'에 대한 일제 법원의 판결이었다. 1926년 12월 28일은 나석주 지사가 순국한 바로 그 날이었다.

　나석주가 거사용 폭탄을 확보한 때는 1926년 5월 초순이었다. 그 무렵은 김창숙이 자신의 고향인 경상도로 잠입해 독립운동 자금을 모으다가 돌아온 직후였다.
　"내가 작년 말(1925년 12월) 국내로 들어가 독립운동 자금을 모아보았지만, 기대와는 전혀 동떨어진 성과를 거양했을 뿐이오. 목표가 20만 원(현 시세 100억 원가량)이었는데 겨우 3,350원(1억7천만 원가량)밖에 아니 모였으니 이를 어떻게 평가해야 마땅할지 그조차 모를 지경이오."
　한탄을 하는 김창숙을 바라보며 류자명이 묻는다.
　"선생께서는 우리의 독립운동이 앞으로 어떤 방향으로 가야 옳다고 보시는지요?"
　김창숙이 말한다.
　"무엇보다도 시급한 것이 독립운동의 결의를 북돋우고 친일 잔당들의 기세를 억누르는 일이오. 국내에 결사대를 파견하여 적의 주요 기관을 파괴하고, 비협조적인 친일 부호들을 응징해야 하오. 지금은 3,350원밖에 없는 형편이지만 이 돈을 활용해서라도 거사를 도모해야겠소."
　김창숙과 류자명은 천진 프랑스 조계의 한 여관에서 나석주를 만나 폭탄 세 개를 건넸다. 그 폭탄은 신채호가 언젠가 거사에 쓰려고 애지중지 보관해온 것들이었다. 폭탄을 건네받으면서 나석주가 류자명에게 물었다.

"단재 선생께서는 잘 지내십니까? 뵌 지가 언젠지 그것조차 까마득할 지경입니다만……."

"그렇군요. 세월이 너무도 빨리 흐릅니다. 이룬 것도 없이 시간만 소비하고 있다는 생각이 들어 참으로 안타깝습니다."

나석주가 북경에서 신채호와 류자명을 만나 의열단에 가입한 때는 1924년 초였다.12) 따라서 김창숙이 지금 류자명이 보는 앞에서 신채호가 보관해 온 폭탄을 나석주에게 주고 있는 것은 네 사람의 인연이 얽히고설킨 결과인 셈이다.

김창숙과 류자명이 신채호가 자식처럼 아껴온 폭탄들을 나석주에게 준 데에는 김구의 추천도 한몫을 했다. 김구는 이동녕이 동석한 자리에서 김창숙으로부터 '국내에 열혈 지사를 파견해 일제의 주요 기관에 투탄을 하려 계획 중'이라는 말을 듣고는 바로 나석주를 천거했다. 김구는 구한말 황해도에서 교육 운동을 할 때부터 나석주의 인간 됨됨이와 의열 투쟁에 대한 열망을 잘 알고 있었다.

1876년생인 김구는 우리 나이로 29세 되던 1904년 무렵부터 교육 구국 운동에 투신했다. 그 후 3년이 지나 1907년이 되었을 때 안악의 양산학교가 그를 교사로 초빙했다. 안악은 황해도에서 신교육 운동의 중심지였다. 김구는 양산학교의 소학교와 야학과를 담당했는데, 이미 나석주는 향촌의 보명학교 고등과를 졸업했으므로 양산학교에 와서는 중학부에 적을 올렸다.

김구는 학교 안에서도 물론이었지만 나석주의 고향마을인 황해도 재령군 북률면 나무리에 내왕할 일이 있을 때에도 거기서 나석주와 즐겨 만났다. 그만큼 나석주는 김구의 애제자였다. 그러나 김구가 나

---

12) 김원봉 구술·박태원 기록, 《약산과 의열단》(깊은샘, 2015년 개정판), 268쪽에는 나석주가 의열단에 1926년 5월 가입했다고 적혀 있다. 그러나 이 소설은 김성민, 《나석주》(역사공간, 2017), 98쪽에 따라 나석주의 의열단 가입 시기를 1924년 초로 본다.

석주를 한참 동안 만나지 못한 시기도 있었다. 1910년 8월 29일 경술국치를 전후한 몇 달 동안이었다. 1909년 10월 26일 안중근 의사가 이토 히로부미를 사살하자 일제는 관련자로 지목한 조선인들을 대거 체포했다. 이때 김구도 해주 감옥에 투옥되었다. 몇 달 후 김구가 출옥을 해서 보니 나석주가 눈에 띄지 않았다. 수소문을 해보니 이번에는 도리어 나석주가 옥살이 중이었다.

"무슨 일로 석주가 잡혀갔다는 것인가?"

장덕준 교사가 대답했다.

"나라가 망했는데 더 이상 국내에서 무슨 일을 하겠느냐면서 압록강을 건너려다가 체포되었습니다."

그 무렵 김구는 재령군 북률면 무상동 소재 보강학교의 교장도 겸임하고 있었다. 보강학교는 노동자들의 기부금을 모아 1909년 1월에 설립된 노동학교였다. 김구는 매주 하루씩 보강학교에서 근무했다. 김구가 장덕준과 마주앉아 나석주의 행방에 대해 말을 주고받은 곳도 보강학교 교무실이었다.13)

1910년에는 실패했지만, 1914년에 이르러 나석주는 마침내 북간도로 망명했다. 북간도로 온 나석주는 이동휘가 설립한 동림 무관학교에서 8개월 동안 군사 교육을 받았다. 1916년 어머니가 위독하다는 전갈을 받고 귀국해 국내에 머물던 1919년에는 3·1운동에 뛰어들었고, 1920년에는 서간도 유하현 삼원보에서 결성된 대한독립단에 가입하여 친일파 은률 군수 최병혁을 처단하는 거사에 직접 참여했다. 그

---

13) 1920년 동아일보 조사부장으로 재직하던 장덕준은 일제 군대의 만주 한인 참살을 취재하다가 피살된다. 봉오동 전투 패전을 보복하고, 3·1만세운동 이후 늘어나고 있는 독립군 세력을 억누르기 위해 일제는 간도 일대의 민간 한인들을 무차별 학살했는데, 그 참상을 조사하다가 변을 당한 것이었다.

후 일제의 체포를 피해 1921년 10월 목선을 타고 중국 천진으로 망명했다.

1924년 10월 나석주는 임정 내무총장인 스승 김구의 명에 따라 직접 행동에 나서기도 했다. 나석주는 당시 임정 경호국장이었다.

"장덕진·윤자영·윤기섭 등 임시정부 의정원 의원 20명이 독립운동 단체의 통일과 독립운동 방책의 쇄신을 도모하자면서 '독립당 대표회의 소집'을 요청한 것이 7월 12일의 일 아닌가? 벌써 석 달이 지났군 그래."

"예, 선생님! 차일피일 미루고만 있을 상황이 아닌 것 같습니다."

김구와 나석주가 모종의 거사를 앞두고 대화 중이었다.

"자네 생각도 그런가? 장덕진 군 등의 건실하고 미래지향적인 주장이야 백 번 맞는 말이지. 다만 대표회의를 개최하려면 비용이 있어야 하는데, 그게 임정에 없다는 것이 현재적 문제 아닌가?"

"그렇습니다. 100인 이상으로 조직된 독립운동 단체나 현저한 활동을 펼친 단체의 대표 1인씩과 임시정부가 지정한 대표들로 회의를 꾸려 '독립운동의 민족적 기초 조직을 공고히 하고 독립운동의 방침을 쇄신 여행勵行하여 독립대업을 촉성'하자는 의원들의 취지는 좋지만, 모든 일이 추진을 하려면 자금이 뒷받침이 되어야 하는데 그게 안 되니 현실적으로 실현가능성의 문제에 봉착하는 것 아니겠습니까?"

김구가 나석주를 그윽하게 바라보면서 물었다.

"민정식 알지?"

"예. 명성황후의 친척 되는 그 민정식 말씀이시지요?"

"그렇네. 민정식이 상해의 은행에 거금을 예금해 두었다는 소문이야. 민정식에게 대표회의 개최 자금을 기부하라고 하면 좋을 듯한데……."

나석주가 대뜸 대답했다.

"잘 알겠습니다."

임시정부 경호국장 나석주는 손두환, 최천호 등과 함께 활동에 들어갔다. 그들은 민정식을 구금한 후 대표회의 개최 경비를 부담하라고 요구했다. 그런데 일이 잘못되느라고 민정식을 구금한 일이 소문이 나서 큰 사건으로 비화했다. 결국 사건에 대한 책임을 지고 이동녕이 대통령 대리직을 사임하는 사태까지 빚어졌다. 이때 나석주도 경호국장에서 물러났고, 10월 25일 손두환이 후임으로 발령났다. 이 사건은 나석주가 김구에게 얼마나 깊은 신임을 받고 있었는지를 잘 말해주는 사례였다.

1926년 12월 24일, 나석주는 인천으로 가는 중국 배 이통호利通號에 몸을 실었다.

이통호는 이틀 뒤인 26일 인천항에 닿았다. 배에서 내린 179명 중에는 중국인이 172명, 일본인이 4명, 한국인이 3명 있었다. 형사들은 한국인만 끄집어내어 미주알고주알 캐물었는데 저희가 만족하기 전에는 절대 보내주지 않았다.

35세의 산동성 사람 마중덕馬中德은 인천부 지나정 38번지의 중국여관 원화잔元和棧에 들렀다가 진남포와 평양을 거쳐 27일 서울로 들어왔다. 그는 28일 오전 조선식산은행과 동양척식주식회사 경성지점을 사전 답사하여 투탄 계획을 세운 다음, 오후 2시 5분경 은행에 폭탄을 던지고 2시 15분경 동척으로 달려갔다.

동척 현관에서 일본인 고목길강高木吉江과 동척 직원 무지광武智光을 사살한 나석주는 2층으로 가서 토지개량부 기술과장실 차석 대삼태사랑大森太四郎을 거꾸러뜨린 뒤 달아나는 과장 능전풍綾田豊도 추격하여 쓰러뜨렸다. 이어 폭탄을 개량부 기술과실에 투탄했다. 그러나 불발이었다.

나석주는 동척 사옥으로 들어올 때 밟았던 길을 되돌아나가면서 일본인 두 명을 더 저격했다. 건물을 벗어난 나석주는 권총을 든 채

황금정 거리로 나섰다. 총소리를 듣고 달려온 경기도 경찰부 경부보 전전유차田畑唯次도 가슴을 쏘아 쓰러뜨렸다. 신고를 받고 달려온 순사들이 몰려왔다. 나석주는 황금동 2정 삼성당 건재약국 앞에 이르러 권총으로 자신의 가슴을 세 번 쏜 뒤, 순사들을 향해 남은 탄환을 발사하면서 그 자리에 혼절했다.

정신을 잃은 나석주는 경기도 경찰부 차량에 실려 총독부 병원 외과 수술실로 옮겨졌다. 나석주는 한참 지난 후 겨우 의식을 되찾았지만 굳게 입을 다문 채 아무 말도 하지 않았다. 나석주를 보고 일제 경찰이,

"너는 어차피 죽는다. 이름이라도 밝혀두는 것이 좋지 않으냐?"
하였다. 그제야 나석주는 대답을 했다.
"나는 황해도 재령군 북률면 남도리 나석주다."
일경이 다시 물었다.
"의열단원인가?"
"그렇다."

그 후 나석주는 더 이상 말이 없었다. 그리고 이내 숨을 거두었다. 1926년 12월 28일 오후 네 시경이었다.

1927년 10월 18일, 장진홍이 조선은행 대구지점에 폭탄을 터뜨렸다. 장진홍은 1907년 인명학교(현 구미 인동초등)에 다닐 때부터 장지필 선생에게 항일의식을 배웠다. 그는 1916년 12월 고향 출신 이내성의 권유로 광복회에 가입했고, 1918년 만주 봉천(심양)으로 가서 독립운동을 펼치다가 1919년 독립만세운동 이후 귀국했다.

1927년 4월, 기회를 엿보며 경북 경산시장에서 매약상을 하고 있던 장진홍은 이내성의 소개로 일본인 굴절무삼랑掘切茂三郎을 만났다. 폭탄 전문가인 굴절무삼랑은 일본인이면서도 한국의 독립을 염원하는 사람이었다.14) 그로부터 폭탄 제조법을 익힌 장진홍은 1927년 10월

1일 오후 자신이 직접 만든 폭탄의 위력을 칠곡과 선산의 경계 휘안고개에서 시험했다. 폭탄을 터뜨리자 양쪽 절벽이 완전히 붕괴되었다.

10월 16일 칠곡군 인동면 자택에서 폭탄을 제조한 장진홍은 다음날인 17일 오전 2시경 작은 폭탄 1개를 자살용으로 품에 지닌 채 큰 폭탄 4개를 자전거에 싣고 대구로 와서 덕흥여관에 머물렀다.

조선은행 대구지점은 경북도청(현 경상감영공원 자리)에서 불과 100여m 거리에 있었다. 도청 맞은편(현 중앙우체국 자리)에 대구우편국과 대구전신전화국이 있었고, 도청 서쪽(현 대구근대역사관 자리)에 식산은행 대구지점과 대구 경찰서(현 중부경찰서 자리)가 있었다. 조선은행 대구지점 주변은 정치, 경제, 정보통신이 밀집된 대구 최대의 중심가였던 것이다.

10월 18일, 장진홍은 여관 사환 박노선에게 부탁했다.

"내가 어제 다쳐서 잘 걸을 수가 없으니 이 벌꿀상자들을 조선은행, 도청, 식산은행, 경찰서에 순서대로 급히 배달을 좀 해 주시오."

벌꿀 선물로 위장된 상자들 안에는 장진홍이 직접 제조한 시한폭탄들이 들어 있었다. 그런 줄 알 리 없는 박노선은 상자들을 들고 조선은행 대구지점으로 갔다. 박노선은 국고계 주임 복지홍삼福地興三을 찾았다.

"선물 배달 왔습니다."

박노선은 복지홍삼에게 벌꿀 상자 하나를 건넸다. 그때 복지홍삼 곁에 있던 일본인 은행원 길촌결吉村潔이 화약 냄새를 맡았다. 그는 군인 출신이었다. 길촌결이 재빨리 포장 끈을 풀었다. 상자 안에는 도화선에 불이 붙은 폭탄이 이글거리고 있었다. 폭발 직전이었다.

복지홍삼이 비명을 질러댔다. 길촌결이 재빠르게 도화선을 잘랐다. 아직 불이 옮겨 붙지 않은 나머지 세 상자는 황급히 은행 앞뜰 자전

---

14) 국가보훈처 누리집 '독립운동가 공훈록' 중 〈장진홍〉 부분의 표현.

거 주차장로 옮겨졌다. 바로 경찰에 신고되었고, 박노선은 그 자리에서 체포되었다.

경찰은 주차장에 있는 폭탄 셋을 다시 한길로 내놓았다. 옮긴 지 1~2분 만에 폭탄 셋은 요란한 굉음을 내며 잇따라 폭발했다. 은행원, 경찰 등 5명이 파편에 맞아 중상을 입었고, 은행 창문 70여 개가 박살이 나면서 파편이 대구역까지 날아갔다.

폭파 의거는 '절반의 성공'에 멈추었지만 세상을 흔들었다. 장진홍이 '범인'인 줄 파악하지 못한 일제 경찰은 1928년 1월, 독립운동 경력이 있는 이정기 등 8명을 검거하여 대구 형무소에 투옥했다. 이때 이원록(이육사)도 자신의 형·동생과 더불어 옥고를 겪었다. 일경은 악독한 고문 끝에 이들을 진범으로 꾸며 재판에 회부했다.

대구 거사가 완전한 성공을 거두지 못한 것을 한탄한 장진홍은 1927년 11월과 1928년 1월 안동 경찰서와 영천 경찰서 폭파를 계획했다. 그러나 끝내 실행에 옮기지 못한 채, 검거의 포위망이 좁혀오자 몸을 피해 일본으로 건너갔다.

일본에서도 장진홍은 2차 거사 준비에 골몰했다. 하지만 동생의 오사카 소재 안경점에서 결국 일제 경찰로 복무해 온 조선인 형사 최덕술에게 붙잡혔다. 장진홍은 1929년 2월 19일 대구로 압송되었다.

혹독한 고문에도 장진홍은 모든 일을 혼자서 도모했다고 주장했다. 재판 결과는 볼 것도 없었다. 1930년 2월 17일 대구지방법원 1심 재판에서 장진홍은 사형을 언도받았다. 그 후 열린 대구복심법원 재판도, 고등법원 상고 결과도 마찬가지로 '사형'이었다. 장진홍은 사형 선고가 내려질 때마다 재판정에서 "대한독립만세!!!"를 외쳤다.

1928년 5월 14일, 조명하趙明河 지사가 대만臺灣 거사를 일으켰다. 장진홍의 조선은행 대구지점 거사 소식을 듣고 크게 기뻐했던 옥중의 이종암은 조명하의 대만 의열 투쟁 성공 기별을 들은 뒤 주위 사람들을 둘러보며 이렇게 말했다.

"안중근 선생의 이토 처단 이후 최고의 쾌거를 조명하 지사가 이루었군! 우리가 황포탄에서 다나카를 죽이지 못한 한을 스물셋밖에 안 된 조 지사가 풀어주는구나! 조 지사가 비록 몸으로는 의열단에 가입한 바 없지만 그 정신만은 한 치도 모자람이 없는 의열단 열혈 단원일세!"

조명하는 황해도 송화군에서 태어나 그곳에서 보통학교를 졸업했다. 21세 때(1926년) 서기 임용시험에 합격해 신천 군청에서 근무하던 중 6·10만세운동, 송학선의 금호문金虎門 의거, 나석주의 식산은행 및 동양척식주식회사 투탄 의거 등을 맞이했다. 그는 어느 날 벗들이 모인 자리에서 뜻을 밝혔다.

"일제의 앞잡이처럼 살 수는 없다. 나는 반드시 나라를 위해 목숨을 던질 터이니 너희들은 나의 주검을 찾으려고 애쓰지 마라."

독립운동에 헌신할 결심을 그렇게 밝힌 조명하는 여중구呂仲九 등 벗들이 모아 준 여비로 일본에 갔다. 그는 아키가와 도미오明河豊雄라는 가명으로 일본인 행세를 하면서 낮에는 전기제작소 직공, 메리야스 공장 노동자, 상점원 등으로 일하고 밤에는 상공전문학교商工專門學校에 다녔다. 그러나 일본에서는 마땅히 독립운동을 펼칠 계기가 마련되지 않았다.

'아무래도 임시정부가 있는 상해로 가는 것이 옳겠어.'

생각을 바꾼 조명하는 상해로 가기 위해 1927년 11월 경유지 대만에 도착했다. 그는 일단 대중시臺中市 소재 일본인 이케다池田正秀의 농장에 고용원으로 취직하여 노잣돈을 벌면서 때를 기다렸다. 그는 일하는 틈틈이 무술 연습을 했다. 칼은 대만 사람 장톈디張天弟에게서 구입한 보검도寶劍刀였고, 대상은 대만 총독 야마가미山上였다.

야마가미를 처단할 순간은 좀처럼 포착되지 않았지만 전혀 예상한 바 없는 천우의 기회가 왔다. 이듬해인 1928년 5월이었다. 그 무렵 대만에는 중국 본토를 공격하기 위해 일본군이 많이 주둔하고 있었는데, 일본왕 히로히토裕仁의 장인인 구니노미야久邇宮 육군대장이 검열차 온다는 신문보도가 떴다.

'상해로 가도 이보다 더 거물을 처단할 기회는 오지 않을 거야. 의열단이 황포탄에서 죽이려 했던 다나카도 일본군 육군대장이었어. 어디 그뿐인가! 구니노미야는 일본왕의 장인이니 그 자를 죽일 수 있다면 독립운동의 대단한 성과를 거두는 것이지!'

조명하는 구니노미야의 동정을 세밀하게 수소문했다. 구니노미야가 5월 13일 대중시에서 하룻밤을 묵고, 다음날인 14일 오전 10시에 대중역을 출발하여 대북으로 간다는 것이 확인되었다.

조명하는 구니노미야가 지나가기로 예정되어 있는 길을 걸어서 샅샅이 답사했다. 그는 대중시 대정정大正町의 도서관 앞길을 거사 실행지로 지목했다.

'길이 굽어 있으니 차가 속도를 늦출 거야.'

조명하는 5월 14일 아침 보검도에 맹독을 발랐다. 그는 칼을 고이 품에 숨긴 채 도서관 앞으로 가서 인파 속에 섞였다. 드디어 9시 55분이 되었을 때, 구니노미야가 탄 무개차無蓋車가 굽잇길 입구에 당도했다. 조명하의 예상대로 차는 달리는 속도를 떨어뜨렸다.

사람들이 소리를 지르면서 일본왕의 사위이자 육군 대장인 구니노미야를 환대했다. 구니노미야가 만면에 웃음을 머금은 채 인파를 향해 손을 내저었다. 조명하는 극렬한 환영객인 양 앞으로 밀고 나갔다. 구니노미야가 거의 앞까지 다가왔다. 조명하는 찰나를 놓치지 않고 차로 뛰어오르면서 구니노미야의 심장을 향해 보검도를 찔러 넣었다.

구니노미야가 비명을 지르면서 옆으로 쓰러졌다. 보검도는 구니노미야의 심장을 가르지는 못했다. 칼은 구니노미야의 왼쪽 목덜미와 어깨를 찌른 다음 운전병의 오른쪽 손등에 꽂혔다. 조명하가 다시 칼을 휘두르려 했지만 호위 군인들에게 저지되어 차 아래로 굴러 떨어지고 말았다.

  구니노미야는 현장 즉사는 모면했지만 온몸에 퍼진 맹독 때문에 6개월 후 결국 목숨을 잃었다. 구니노미야가 죽기 한 달가량 전인 10월 10일 조명하 지사는 사형 집행으로 순국했다.

  조명하의 일본군 육군대장 구니노미야 처단 거사를 듣고 그토록 기뻐했지만, 이종암의 병세는 점점 위중해졌다. 이종암은 대구형무소에서 대전형무소로 이감되었다가 위장병·인후병·폐병 악화로 사망 직전에 이르러 1930년 5월 19일 형 집행정지 처분을 받았다. 대구 남산동에 있는 형 이종윤의 집으로 돌아온 그는 불과 9일 뒤인 5월 28일15) 서른다섯의 나이에 죽음을 맞이했다. 이종암이 죽고 엿새 지난 1930년 6월 5일 밤, 서른여섯 장진홍이 대구 형무소에서 스스로 목숨을 끊었다.

  이종암이 서른다섯 젊은 나이로 순국한 이듬해(1931년) 9월 2일, 황상규가 마흔둘의 생애를 마감하고 이 세상을 떠나갔다. 1차 암살 파괴 거사 때 피체되어 7년 동안 일제의 감옥에 갇혀 살았던 그는 출소 후 신간회 중앙집행위원회 서기장을 맡는 등 사회운동에 매진했다. 하지만 이종암이 그러했듯이 그 또한 일제의 잔혹한 고문 후유증을 끝내 이겨낼 수 없었다. 황상규의 밀양 영결식에는 1만여 명이나 되는 조문객이 몰려와 깊은 애도를 표시했다.

---

  15) 국가보훈처 누리집 〈이종암〉 부분의 기술이다. 권대웅의 《달성의 독립운동가 열전》은 5월 29일, 안동대 《경북 독립운동사 7》에는 6월 10일로 되어 있다.

1930년대를 휩쓴 이봉창·윤봉길의 의열 투쟁

한인애국단

김구는 1926년 12월 14일 대한민국임시정부 국무령국무령에 취임했는데 흔히 '주석'이라 불렀다. 하지만 그 당시 김구는 '하루 두 끼 밥도 못 먹는 어려운 형편이었다. 그러나 그는 기어코 독립을 이루고야 말겠다는 생각으로 1931년 (11월)[1] 한인애국단을 조직했다. 한인애국단은 그 동안 일본의 요인 암살과 군사 시설을 부수는 일 등에 몸바쳐 활약한 의열단과 뜻을 같이하는 단체였다.'[2]

"임시정부가 국무회의 의결을 거쳐 한인애국단을 조직하기로 했단 말인가? 그것 참 놀라운 일이군!"

임시정부가 의열 무장 투쟁 단체인 한인애국단을 조직하여 산하 직속기관으로 두기로 했고, 단장에 김구를 벌써 임명했으며, 김구에게는 단의 활동이나 인물 선정 등 모든 권한을 주되 그 결과는 반드시 국무회의에 보고하도록 했다는 소식은 바람처럼 독립운동가들 사이에 퍼져갔다. 모두들 놀랐다. 밀정들도 놀랐고, 일본을 비롯한 다른 외국들도 놀랐다. 임시정부 산하에 암살과 파괴 목적의 한인애국단을 공식 설치하는 일은 충분히 그런 반응을 일으킬 만한 조치였던 것이다.

"임시정부가 9년 전에는 어쨌는가? 지금도 기억이 생생하네! 1922년 3월 28일이야. 의열단이 상해 황포탄에서 일본 육군대장 다나카를

---

1) 김상기, 앞의 책, 89쪽.
2) 이야기 한국역사 편집위원회, 《이야기 한국역사 12》(풀빛, 1997), 82쪽.

저격했을 때 말일세. 서양인 신혼 여성이 사망하는 불상사가 있었는데, 임시정부는 그때 '과격 단체와 우리 임시정부는 절대 무관하다'는 요지의 성명을 발표했어. 그때 그 다나카 기이치가 누군가? 몇 년 뒤 일본 총리가 된 자 아닌가? 그런데도 임정은 의열단을 폭력 단체에 불과하다는 식으로 비하했지."

그러자 대화를 주고받던 청년들 한 사람이 문서함에서 옛날 신문을 꺼내와 사람들에게 보여준다.

"여기 그 증거물이 있소. 《동아일보》 1922년 4월 7일자 신문인데, 제목이 〈폭탄 사건과 가정부假政府, 절대 무관계임을 성명〉이지요. 임시정부는 황포탄 거사와 아무 관계가 없다고 온 세계에 천명한 것이지요."

"비록 가정부이지만 한 나라를 대표하는 국가 대표기관인데 타국 국민을 살상하면 국제 문제로 비화할 여지가 높지 않겠습니까? 가정부로서는 그러고 싶다 하더라도 내놓고 의열 활동을 할 수는 없는 일이지요."

"그건 그래요. 지금까지도 의열 투쟁은 가정부가 직접 주도하는 것이 아니라 어떤 개인이나 단체가 진행하는 형식으로 이루어져 오지 않았습니까? 근래에는 병인의용대가 대표적이고요."

병인의용대는 1926년 1월에 결성되었다. 암살과 파괴를 운동 노선으로 채택한 단체였는데, 대장은 임시정부 국무위원 이유필, 부대장은 임시정부 내무차장 나창헌이었다.

그 동안 병인의용대는 세 차례에 걸쳐 상해 일본총영사관에 폭탄을 투척했다. 처음은 1926년 4월 8일에 김광선·김창근·이수봉이 투탄했고, 두 번째는 같은 해 9월 15일 나창헌이 직접 제작한 시한폭탄을 중국인 서윤쌍에게 주어 일본총영사관에 반입시킨 후 폭파하려 했다. 이 사건으로 최병선과 장영환이 체포되었다. 병인의용대는 배후에 강력한 단체가 있다는 것을 알리기 위해 한 차례 더 투탄했다. 그 외 최동윤, 박제건 등 상당수의 밀정들도 처단하였다. 나석주도 병인의용대 결성 초기부터 활동을 한 대원의 한 사람이었다.

"의열단을 폭력 단체로 비하하던 임시정부가 이제는 공식적으로 의열단과 같은 활동을 하겠다고 선포하다니, 시대상황이 많이 바뀌기는 바뀌었군 그래."

"그렇고말고! 1930년대 들어 임시정부가 어쨌는가? 계속 침체와 위기의 길을 걸어오지 않았나? 아무리 임시정부라지만 더 이상 지금 같은 모습을 보이면 국민적 지지를 유지하기 어려워! 면모를 일신해야 해! 새로운 활로를 모색해야 한다, 이 말이지!"

"그렇게 보면 가정부 안에 한인애국단 같은 조직이 설치될 필요성은 매우 높다고 할 수 있지. 지금은 의열단도 본래의 정체성을 잃어버렸고, 의열 투쟁을 제대로 하는 독립운동단체도 없는 상황 아닌가? 가정부가 국민들에게 희망을 주는 거사만 성사시킬 수 있다면 나라를 이끌어가는 지도력을 단숨에 회복할 수 있을 걸세! 안 그런가?"

"그렇지! 나는 한인애국단에 큰 기대를 거네."

사실 의열 투쟁에 대한 기대는 한인애국단이 만들어지기 이전부터 있어 왔다. 가장 두드러진 지지를 보내온 사람들은 멀리 하와이의 사탕수수밭까지 이민을 가서 힘들게 살아가고 있는 7천여 한인들이었다. 이들은 1925년 4월 1일 현순玄楯을 중심으로 '임시정부 후원회'를 결성한 이래 꾸준히 임정에 자금을 보내왔는데, 몇 달 전에도 김구에게 "우리 민족에 큰 빛이 날 사업을 하고 싶은데 거기 쓸 자금이 문제가 된다면 우리가 주선하겠다."는 연락을 보내왔다. 김구는 "아직은 무슨 사업을 하겠다고 밝힐 계제는 아니지만 간절히 하고 싶은 일이 있으니 조용히 자금을 모았다가 통지가 있을 때에 보내 달라."고 답신을 보냈다. 그 후 김구는 한인애국단을 창단했고, 이봉창과 '동경 의거'를 계획했다.

김구 본인도 임정 산하에 의열 투쟁 기구를 설치하겠노라 작심할 때 큰 희망을 품고 있었다. 그야 자신이 설계한 특무 공작에 대한 애정의 발로이니 어느 누구도 탓할 수 없겠지만, 김구가 한인애국단에 거는 기대는 다른 사람이 상상할 수 없을 만큼 컸다. 김구는 자발적으로 찾아와 한인애국단 단원이 되겠노라 자원하는 사람이 있어도 길고 긴 시간에 걸쳐 면밀히 인간됨이를 따져본 후 가부를 결정했다. 심지어 한인애국단 창단 이후 제 1호 단원의 입단식을 가지는 데까지는 3개월이나 시간을 썼다. 3개월 동안 단원을 한 사람도 뽑지 않으면 결국 한인애국단이 아무 사업도 못하게 되는 법인데, 그럼에도 불구하고 김구는 그렇게 했다. 아무튼 단장 김구와 독대한 이래 1년, 한인애국단이 창단된 후 3개월이 지나서야 입단식을 가진 제 1호 한인애국단 단원, 그는 서울 용산 사람 이봉창이었다.

1932년 1월 8일 오전 11시 40분 무렵, 이봉창은 동경 경시청 정문 앞에 서 있었다. 일대는 이미 왕의 행렬을 보려는 인파로 인산인해였다. 이봉창은 간신히 사람들 사이를 헤집으면서 계속 전진해 마침내 인도 끝까지 갔다. 거기서부터는 순사들이 경호선을 치고 막고 있어서 더 이상 앞으로 나아갈 수 없었다.

그가 선 위치는 도로 건너편, 일본왕의 마차가 지나갈 길에서 18m가량 떨어진 지점이었다. 이봉창은 양복 바짓가랑이 속의 폭탄을 매만지면서 그 거리를 눈가늠해 보았다. 그러자 마음속에는 저절로 '이 정도면 충분히 가능해!'라는 다짐이 들어섰다.

이윽고 일본왕의 마차 행렬이 나타났다. 의장대가 앞에서 요란하게 행진을 이끌고 있는 가운데 선두에 선 첫 마차가 위용을 뽐내고 있었다. 그런데 그 마차에는 탑승자가 한 사람뿐이었다. 이봉창은 왕이 혼자 마차를 타지는 않을 거야, 하고 생각했다.

이어서 두 번째 마차가 나타났다.

'이 마차다!'

이봉창은 오른쪽 주머니에서 폭탄을 꺼내 힘껏 마차를 향해 던졌다. 11시 44분쯤이었다. 폭탄은 마차의 뒤쪽 마부 옆에 떨어졌다.

콰- 콰광!

폭탄은 엄청난 소리를 내며 터졌다. 사람들이 모두 흩어졌다. 상해에서 김구는 "폭탄의 성능을 확인해 보고 싶다."는 이봉창에게 "여섯 일곱 칸(10.8m~12.6m) 내에 있는 것들은 모두 파괴할 수 있다."[3]면서 "시험 투탄은 할 필요가 없다."[4]고 했었다.

그런데 이게 무슨 일인가! 2호 마차가 쓰러지지도 않고 그냥 달리고 있었다. 이봉창은 눈을 의심하며 5~6보 더 앞으로 나아가 정황을 살펴보았지만, 마부도 순사도 의장병도 그 어느 누구 하나 큰 부상을 입지 않았다. 마차의 피해도 왼쪽 뒷바퀴의 일부가 조금 부서지는 등 미미한 상처뿐이었다.

실패야……!

이봉창은 넋을 잃은 채 제자리에 가만히 서 있었다. 마차들도 사라지고 없었지만, 일본왕을 처단하지 못했다는 실망감에 빠진 나머지 왼쪽 주머니에 남아 있는 다른 한 개의 폭탄을 던질 생각조차 잊어버렸다. 그때 일본 순사들이 무명옷을 입은 사내를 체포해서 이봉창의 옆을 지나가려 했다. 사건과 전혀 무관한 사람이 애꿎게 끌려가서 무지막지한 고문을 당할 찰나였다.

'내가 무슨 해서는 안 될 일을 하였나? 왜 다른 사람에게 죄를 덮어씌운단 말인가?'

이봉창이 일본 경찰들을 가로막고 말했다.

"그 사람이 아니야. 폭탄을 던진 사람은 바로 나다."

그로부터 3개월쯤 지난 4월 29일 아침, 윤봉길은 자신의 시계를

---

3) 김도형, 앞의 책, 90쪽.
4) 김도형, 앞의 책, 69~70쪽.

풀어서 김구에게 내밀었다. 김구가,

"시계는 왜?"

하자, 윤봉길은,

"이 시계는 6원을 주고 산 새 것입니다. 그런데 선생님 시계는 2원짜리 헌 것입니다. 저는 이제 한 시간 후면 시계가 필요 없는 사람이 됩니다."

하였다. 김구가,

"이 사람도, 참······."

하면서 윤봉길의 시계를 받았는데, 그도 윤봉길에게 무엇인가를 주었다. 도시락과 물통으로 위장된 폭탄, 일장기 하나였다. 어제 〈상해 일일신문〉에 '홍구 공원 천장절 축하식에 참석하는 자는 물병 하나와 도시락, 일본 국기 하나씩을 가지고 입장하라'는 광고가 났었다.

이윽고 차가 공원 앞에 도착했다. 잠시 머뭇거리던 김구가 윤봉길에게 손을 내밀어 악수를 청했다. 윤봉길도 두 손으로 김구가 내민 손을 꼬옥 부여잡았다. 김구가 말했다.

"우리, 지하에서 다시 만나세."

그 순간, 두 사람 모두 설움에 북받쳐 눈물을 터뜨리고 말았다.

이윽고 윤봉길 혼자 행사장을 향해 걸어가기 시작했다. 그리고 얼마 지나지 않아 공원 정문에 도착했다. 중국인 수위가 입장권을 보자고 했다. 윤봉길이,

"감히 일본인에게 입장권을 요구해? 당신 제 정신이야?"하고 고함을 지르니 수위는 흠칫 물러났다.

경축식장은 한가운데에 식단이 배치되어 있고, 식단 앞면의 좌우 양측에 일본군 장교들이 도열해 있었다. 식단의 뒷면에도 경비 병사들이 배치되어 있었다. 뿐만 아니라, 여기저기 말등에 올라탄 채 사방을 경계하는 기마 헌병대들이 2열로 경계를 서고 있었다.

윤봉길은 아주 기분이 유쾌한 일본인 표정을 지으면서 일본 거류

민 관람석 맨 앞줄에 착석했다. 앉아서 보니 식단까지는 20m 거리였다. 식단 단상에 상해 파견군 시라카와 대장, 노무라 기치사부로野村吉三郎 중장, 제9 사단장 우에다 겐키치植田謙吉 중장, 상해 총영사 무라이 구라마츠倉松村井, 주 중국 공사 시게미쓰 마모루重光葵, 상하이 거류민 단장 가와바다河端貞次 등이 정확하게 보였다.

'식이 끝나갈 무렵까지 기다려야 한다. 그 시점쯤 되면 분위기가 느슨해지면서 경계가 흐트러질 것이야.'

그런 생각을 하면서 윤봉길은 계속 기다렸다. 그러면서 가끔 폭탄을 만져보기도 했다. '단 한 방에 놈들을 모두 죽여야 한다. 나머지 하나는 스스로 목숨을 끊는 데 써야 한다.'

두 시간이 흐르자 기갑 부대와 병사들이 펼친 관병식이 끝났다. 이어서, 30분의 휴식 시간을 보낸 후 축하식이 열렸다. 이제 외국 사절들은 행사장을 떠났고 일본인들만 남았다.5) 김구 선생으로부터 받은 시계를 보니 주최 측의 예정대로 11시 30분이었다.

'낡은 것이지만 시간은 잘 맞추는군.'

개회사와 축사가 진행되고, 이어서 일본국가 합창이 시작되었다. 노래가 울려 퍼지니 분위기는 삽시간에 봄꽃처럼 흐드러졌다. 일본국가 합창이 마지막 고비를 향해 달아오르는 찰나, '지금이다!' 하고 결

---

5) 김상기, 앞의 책, 140쪽에 따르면, 이회영, 신채호, 류자명, 이을규, 이정규, 정현섭, 백정기 등이 1924년 중국 북경에서 조직한 '재 중국 조선 무정부주의자 연맹'이 1930년 상해에서 재조직한 남화연맹도 이날 홍구 공원 거사를 기획하였는데, 이들은 김구 측과 달리 당일 참석하는 외국 사절들도 일본인들과 같은 부류로 보고 모두 처단할 생각이었다. 그래서 윤봉길의 거사 시각(11~12시 예상)보다 조금 앞서는 10경에 투탄하기로 했다. 하지만 백정기는 폭탄을 지닌 채 행사장 정문에서 출입증이 도착하기를 기다리던 중 이미 윤봉길의 거사가 성공하는 폭발음 소리를 듣는 데 그쳤다.

심한 윤봉길이 식단 바로 아래까지 달려들어 수통을 던졌다. 시라카와 대장과 우에다 중장 바로 앞에 떨어진 폭탄은 윤봉길의 기대에 정확하게 부응해주었다. 요란하게 터진 폭탄은 단상의 시라카와 요시노리 대장, 우에다 겐기치 중장, 해군 사령관 노무라 요시사부로 중장, 주중공사 시게미쓰 마모루, 주중 총영사 무라이 구라마쓰, 거류민단 행정위원장 가와바타 사다쓰구, 일본거류민단 행정위원회 서기장 도모노 등 7명은 단숨에 쓰러뜨렸다.

중상을 입고 쓰러졌던 상해 사변 총지휘관 시라카와는 결국 그해 12월 19일 죽었다. 상하이 거류민 단장 가와바타는 현장에서 즉사했다. 중장 노무라는 중상도 입었지만 특히 오른쪽 눈을 실명했다. 중장 우에다는 오른쪽 발가락이 절단되었고, 중국 공사 시게미쓰는 오른쪽 다리가 없어졌다. 총영사 무라이와 거류민단 서기장 도모노도 중상을 입었다.

윤봉길은 남은 폭탄으로 자결하려 했지만 고모토後本武彦 등 일본 군인들에게 붙들리는 바람에 미처 실행하지 못했다. 그는 12월 19일 총살을 당해 순국했다. 일본은 시라카와가 죽는 시간에 맞춰 윤봉길의 머리에 총을 쏘았다.

그러고도 분이 풀리지 않은 일본은 윤봉길의 시신을 육군묘지 아래 일반인이 왕래하는 통로에 암매장했다. '윤봉길의 유해는 그로부터 13년 후(1946년 3월 6일) 발굴되기 전까지 지나다니는 사람들에 의해 밟히고 밟혔다.'6)

---

6) 김상기, 앞의 책, 154쪽.

독립을 앞둔 마지막 의열 거사

부민단 의거

　악명높은 친일파 박춘금朴春琴이 (1945년) 7월 24일 부민관에서 '아세아 민족 분격 대회亞細亞民族憤激大會'를 개최한다는 소식이 유만수柳萬秀, 강윤국姜潤國, 조문기趙文紀, 우동학禹東學, 권준權俊, 조동필趙東泌, 유태현柳台鉉 등 애국청년들에게 접수되었다. 아세아 민족 분격 대회는 일제에 충성을 다시 한번 맹세하고, 아시아 민족이 태평양전쟁에서 크게 일본을 도와야 한다는 것을 강조하기 위해 박춘금이 의욕적으로 기획한 행사였다.
　"좋아! 일제 고위 간부들과 친일 모리배들이 대거 참석할 게야. 놈들을 한꺼번에 폭사시키자."
　"그래야지. 이거 원, 박춘금이한테 고맙다고 인사를 해야겠군. 흉악 도당들을 한자리에 모아줘서 말이지."
　"하하하!"
　거사 준비는 유만수가 인부를 가장하여 서울 수색 변전소 작업장에 침투, 다이너마이트를 입수함으로써 거의 완료되었다. 다이너마이트는 금세 폭탄 2개로 바뀌었다. 단원들은 사제 폭탄 두 개를 고이 품고서 대회 전날 밤 자정 넘어 부민관 뒷담을 월장했다. 그들은 무대 뒤에서 화장실로 통하는 통로에 폭탄을 장치했다.
　드디어 24일 저녁, 일본 내각총리로 있다가 제9대 조선총독으로 (1944년 7월 21일) 부임한 아베 노부유키阿部信行를 비롯한 총독부 고관들, 괴뢰중국 대표 정위안간丁元幹, 만주국 대표 탕춘톈康春田, 일본

측 대표 다카야마 도라오高山虎雄, 그 외 국내 친일파 다수가 참석한 가운데 대회가 시작되었다. 이제 주최자 박춘금이 환영사를 마친 뒤 고관들을 단산에 올려 참석자들에게 소개를 하게 되면 그 순간에 맞추어 폭탄을 터뜨릴 예정이었다.

그런데 아직 박춘금이 연설을 하고 있는 중에 폭탄이 "콰콰쾅!" 하고 요란한 굉음을 내며 터져버렸다. 박춘금의 수하 하나가 화장실로 가다가 폭탄 선을 잘못 건드리는 바람에 예정보다 일찍 폭발해버린 것이었다. 장내는 수라장이 되고 대회는 그것으로 무산되었다.

연기가 자욱한 속에서 단원들은 태극기를 펴든 채로,

"조선독립 만세!"

"일본은 망한다. 젊은이들이여 징병을 거부하자!"

"조선독립 만세!"

"일본은 망한다. 젊은이들이여 징병을 거부하자!"

"조선독립 만세!"

"일본은 망한다. 젊은이들이여 징병을 거부하자!"

하고 거듭해서 외쳤다. 그리고는 잽싸게 현장을 벗어났다. 일제 경찰이 극장 문을 닫았지만 이미 때는 늦었다. 일제는 강윤국을 주모자로 보고 현상금 5만 원(현 시세 16억 원 정도)을 내걸었지만 끝내 체포하지 못했다.

"총독 이하 여러 놈들을 한숨에 처단할 기회였는데……."

부민관을 벗어나 정신없이 경기도 화성군 매송면으로 도피하는 와중에서도 강윤국은 내내 아쉬움을 토로했다. 그러는 강윤국을 지켜보면서 유만수가 말을 이었다.

"빨리 독립이 되어야 할 텐데……. 부민관 거사가 우리 독립운동 시기의 맨 끝 의열 투쟁이 되었으면 좋겠어."

그의 말처럼, 부민관 의거는 우리나라 독립운동사의 마지막 의열 투쟁으로 역사에 남았다. 그로부터 22일 뒤 우리나라는 독립했다.